幼儿园备课·说课·听课·评课

俞春晓　余巧娟　舒秀珍　王　芳◎著

中国轻工业出版社

图书在版编目(CIP)数据

幼儿园备课·说课·听课·评课/俞春晓等著.——北京：中国轻工业出版社，2015.12（2024.1重印）
ISBN 978-7-5184-0760-6

Ⅰ.①幼… Ⅱ.①俞… Ⅲ.①幼儿教育－研究 Ⅳ.①G61

中国版本图书馆CIP数据核字（2015）第291872号

保留所有权利。非经中国轻工业出版社"万千教育"书面授权，任何人不得以任何方式（包括但不限于电子、机械、手工或其他尚未被发明或应用的技术手段）复印、拍照、扫描、录音、朗读、存储、发表本书中任何部分或本书全部内容。中国轻工业出版社"万千教育"未授权任何机构提供源自本书内容的电子文件阅览、收听或下载服务。如有此类非法行为，查实必究。

责任编辑：张天怡　　责任终审：杜文勇
策划编辑：高　君　　责任校对：刘志颖　　责任监印：吴维斌

出版发行：中国轻工业出版社（北京鲁谷东街5号，邮编：100040）
印　　刷：三河市鑫金马印装有限公司
经　　销：各地新华书店
版　　次：2024年1月第1版第18次印刷
开　　本：710×1000　1/16　印张：18.25
字　　数：159千字
印　　数：83001—88000
书　　号：ISBN 978-7-5184-0760-6　定价：42.00元
读者热线：010-65181109
发行电话：010-85119832　010-85119912
网　　址：http://www.chlip.com.cn　http://www.wqedu.com
电子信箱：1012305542@qq.com
如发现图书残缺请拨打读者热线联系调换
232127Y1C118ZBW

前　言

课与教学活动

"课",是教育机构中永恒的话题。但在幼儿教育中,教师们对"课"的认识已经发生了根本性的变化。首先,幼儿教育中的"课"被"教学活动"这个概念所取代。这表明大家已经明白,幼儿教育和中小学教育有着很大的差异——摆脱以传授学科知识为核心的"上课",而让幼儿在学习过程中充分体验、感受、操作、摆弄,充分"活动"。其次,在领悟了"游戏"的重要价值后,幼儿教育的重心开始从高结构化的"上课"转向了低结构化的"游戏",减少了不必要的教学活动,其本身也越来越追求游戏化。这些变化让我们欢欣鼓舞。可同时,幼儿园还要不要开展教学活动,则成为很多专家争议的焦点,也成为普通教师非常纠结、困惑的问题。因此,在本书开讲之前,我们有必要对教学活动的本质达成一些共识。

第一,正确认识教学活动在幼儿园课程中应有的地位。在实际工作中,我们要看到幼儿园教学活动依然是目前我国学前教育课程的重要组成部分。它和区域活动、游戏活动一起组成了幼儿园"高结构化—中结构化—低结构化"的多种活动形式,使儿童的学习呈现出多样性、生态化的良好格局。在教学活动中,孩子们在教师有目的、有计划的指导下,可以更好地朝"最近发展区"发展。所以，既不要过分夸大教学活动的作用，也不要害怕和逃避教学活动的开展。我们要做的是改变长久以来"教学活动占主导"的做法，减少教学活动在一日生活中的量，把更多的时间还给孩子，让孩子自主、自由地发展。

第二，重新认识教学活动，优化和改革教学活动的组织。我们要把幼儿园的集体教学活动看作是一种共同生活。我们要认识到，在集体教学时，大家围坐在一起就共同的话题展开交流和思维的碰撞。这个过程不是知识传递的过程，而是幼儿了解他人想法、尝试相互认同、建立核心价值系统的过程。我们更要认识到，在集体教学时，幼儿需要保持注意力的集中，以便跟上集体思维的进度；需要关注他人的反应，以调整自己的思路；需要有勇气提出与众不同的意见等等。这些都有效地促进了幼儿的情感、态度、能力的发展。所以说，在集体中学习是幼儿不可或缺的一种生活方式，其价值就在于发挥集体的力量，让幼儿从个体走向群体。但是，这种生活不是唯一的，只是幼儿在园一日生活中一个小小的组成部分。

介绍了对教学活动的新认识，我们就要开始进入本书的话题。在本书中，我们还是要用到"备课""说课""听课""评课"这样的概念，因为这些是教育界约定俗成的概念，以方便大多数人理解。只要我们自己内心能把握住幼儿园的"课"和中小学的"课"有本质的区别就行了。

本书包括四章，按照实际工作的顺序，分为备课、说课、听课及评课。其中，第一章（备课）由浙江省特级教师，杭州市第一层次学科带头人，杭州市下城区的幼教教研员俞春晓老师撰写；第二章（说课）由浙江省特级教师，富有教育经验的余巧娟园长撰写；第三章（听课）由浙江省杭州市教坛新秀，杭州市府机关幼儿园骨干教师舒秀珍老师撰写；第四章（评课）由浙江省特级教师，浙江省学前教育领军人物王芳老师撰写。

全书由俞春晓老师统稿。

四位名师从自身的实际工作经验出发,尽可能把文字、案例写得深入浅出,若有不尽之处,欢迎幼教同行批评指正。

2015 年 10 月 15 日

目 录

第一章 幼儿园备课
——教学活动筹备 ... 1

第一节 幼儿园备课概述 ... 2
  一、备课的意义 ... 2
  二、有效备课的原则 ... 4

第二节 幼儿园备课内容 ... 7
  一、贯彻宏观的教育目标 ... 7
  二、把握智能领域重点 ... 9
  三、抓住儿童发展的特点 ... 24
  四、审议主题进程脉络 ... 32
  五、修订具体的教学内容 ... 37
  六、研究现有的教学资源 ... 39

第三节 幼儿园备课流程 ... 41
  一、制订教学活动目标 ... 42
  二、设计教学活动环节 ... 49
  三、撰写教学计划文稿 ... 55
  四、做好教学活动准备 ... 62
  五、预留活动后的反思 ... 65

第四节 幼儿园备课案例 ... 68

第二章　幼儿园说课
——教学活动预设与反思 ········ 81

第一节　幼儿园说课概述 ········ 82
　　一、说课的含义 ········ 82
　　二、说课的价值 ········ 83
　　三、说课的类型 ········ 84
　　四、说课的原则 ········ 90

第二节　幼儿园说课内容 ········ 102
　　一、议议设计意图 ········ 102
　　二、谈谈策略实施 ········ 106
　　三、说说活动反思 ········ 111

第三节　幼儿园说课技巧 ········ 112
　　一、如何写好说课稿 ········ 113
　　二、如何表述说课稿 ········ 125

第四节　幼儿园说课案例 ········ 127

第三章　幼儿园听课
——教学活动观摩 ········ 145

第一节　幼儿园听课概述 ········ 146
　　一、听课的概念与意义 ········ 146
　　二、听课的原则 ········ 154

第二节　幼儿园听课方法与内容 ········ 162
　　一、听课的方法 ········ 162
　　二、听课的内容 ········ 167

第三节　幼儿园听课类型 ········ 185
　　一、观摩型听课 ········ 185
　　二、评比型听课 ········ 189
　　三、检查型听课 ········ 191
　　四、调研型听课 ········ 195

五、反思型听课 …………………………………………………… 197

第四节　幼儿园听课记录 …………………………………………… 202
　　一、完整式听课记录 ………………………………………………… 202
　　二、摘要式听课记录 ………………………………………………… 208
　　三、符号式听课记录 ………………………………………………… 211

第四章　幼儿园评课
——教学活动反思与评价 ……………………………………… 217

第一节　幼儿园评课概述 …………………………………………… 218
　　一、评课的作用 ……………………………………………………… 218
　　二、评课的原则 ……………………………………………………… 221
　　三、评课的标准 ……………………………………………………… 227

第二节　幼儿园评课内容 …………………………………………… 230
　　一、评教学目标的适宜性 …………………………………………… 230
　　二、说活动准备的合理性 …………………………………………… 239
　　三、述教学过程的科学性 …………………………………………… 241
　　四、讲师幼互动的充分性 …………………………………………… 250
　　五、论教学成果的有效性 …………………………………………… 254

第三节　幼儿园评课方法 …………………………………………… 255
　　一、评课的形式 ……………………………………………………… 255
　　二、评课的技巧 ……………………………………………………… 259

第四节　幼儿园评课案例 …………………………………………… 266

第一章

幼儿园备课

——教学活动筹备

【引言】

"备课"这个概念来自中小学教学,是教育界约定俗成的说法。我们更乐意在幼儿园教育中称之为"教学活动筹备"。

《现代汉语词典》中对"备"的释义为:①具备,具有。②准备。③防备。④设备。⑤齐全。引申到"备课",可以理解为:要具备教学活动的过程,准备好各种材料和设备,做好各种突发状况的防备工作,把儿童的学习过程组织得周到、齐全。那么该怎样做才能实现上述理想呢?下面我们就来具体谈谈,怎样筹备才能把儿童的学习过程组织得周到、齐全。

第一节 幼儿园备课概述

> 如果把教学活动看作是一次快乐的自助旅行，那么备课就是计划旅程的行程表。做好行前攻略，是顺利旅行的重要保障。

备课，即教学活动筹备，是教师需要具备的非常重要的教育技能之一，它不仅是教师认真对待孩子每一次学习的具体行为体现，也是教师不断积累、反思、总结教学经验的过程。

一、备课的意义

古人云："凡事预则立，不预则废。"这说明人们很早就明白，想做好一件事就必须要认真准备。教学活动是教师有目的、有计划地对儿童的发展施加影响力的活动，因此，准备更重要。同时，在长期的教育实践中，大家清楚地认识到，备课还是教师开展教学研究、不断提高自身专业能力的有效途径。因为备课的过程，就是教师输出自己的教学思想、梳理教学理念、研究儿童发展的过程。

（一）有助于提升教师的课程观

教学活动虽然只有20～30分钟时间，但是教师在活动筹备中却不能只看到这几十分钟，而要看到这个活动在本学期课程中的地位和价值。

当前，幼儿园的课程通常都是主题式的，也就是说所有的教学活动都来自一个共同的话题。这个话题为儿童的认知提供了基础，同时它也是每个教学活动的线索和来源。因此，教学活动筹备的过程，是教师研究本学期主题安排、研读主题发展脉络、深入落实主题整体教育目标的过程。这个过程有助于教师对学期课程的基本任务和主要目标有更清晰的认识。因为，只有当教师对学期的整体课程有统揽全局的能力后，才能准确地把握住其中的每一个具体的教学活动目标，从而让活动与儿童认知发展的脉络相吻合。

（二）有助于改变教师的儿童观

教学活动实施的对象是儿童，对儿童前经验的了解是开展教学活动的重要基础。因此，教师在筹备教学的时候必须要首先研究儿童的原有发展情况，而该研究的过程，既包括在日常生活中对儿童发展情况的观察与记录，也包括根据教学目标对儿童的"最近发展区"进行合理的假设。此假设在教学实施的过程中会不断地得到验证或否定，让教师不断地反思自己对儿童发展的判断是否准确。这个不断磨合的过程，能有效地改变教师的儿童观，调整教师对儿童发展状况的认知。

（三）有助于教师建立教学整合观

教学活动的筹备中最重要的是筹划教和学的环节和步骤，这就需要教师事先考虑教学活动可能涉及的各种因素。比如，图片按照怎样的顺序来呈现才能符合儿童的认知规律，推动儿童的思维发展？操作台和材料如何摆放，才能既方便孩子们取放又利于他们相互合作？怎样分组，才有利于不同个性和性格的幼儿参与活动……这个谋划的过程，既能促使教师思考在学科领域上儿童可能获得的发展，又能促进教师更多地思考儿童的行为习惯、情感态度、个性品质的培养，从而建立更全面的整合理念，让每一个教学活动从教"死"的知识向促进儿童的全面发展进行转化。

（四）有助于增强教师的教学信心

军事上说，"不打无准备之仗""知己知彼，百战不殆"。教学活动也一样，如果教师对当天所开展的活动的目标、内容以及儿童的经验心里没底，又怎么能清楚地解释和回答孩子们提出的疑问，应对活动中出现的种种变数呢？只有当教师对所要开展的活动的内容、儿童发展的目标有充分的了解后，才能从容地阐述、解释、回答，从而引导儿童的认知发展；只有当教师对活动的前后流程、材料的呈现次序等有充分的考虑后，才能灵活地组织、协调、应对，让儿童的学习过程愉悦、流畅；也只有当教师对整个教学活动做到心中有底后，才不会紧张、慌乱，避免出现失误和差错，才更有可能让师幼在教学活动中感到满意、快乐，享受成功的喜悦。所以，认真筹备教学活动，从某个角度上讲，能为教师顺利开展活动带来信心，增强教师追求自身专业发展的动力。

二、有效备课的原则

幼儿教师要想有效备课，必须遵循以下原则。

（一）独立思考原则

教学活动的筹备，是教师研读教学内容、分析儿童发展、确定教学目标、安排教学流程的过程。这个过程，教师必须经过充分的思考，才能在心中留下印记。很多教师打开备课本就想查阅其他教师的教案或网上现成的案例，这样虽然便捷，却"不走心"，无法对该活动有深刻的理解，导致在教学活动现场依然茫然和糊涂。当活动过程中产生混乱或问题时，他们才发现原来这些混乱或问题本来是可以避免的，早知道……而这个"早知道"就是认真备课应该达到的效果。而且，参考他人的备课还会导致自己的思想被束缚,容易被他人的思路带着跑,从而使自己的大脑麻木、僵化。

所以,教师在筹备教学活动时,独立思考是很重要的。不要急着去看其他人的已有教案,而应自己先来分析一下本教学活动是在什么主题背景之下产生的,主题的目标是什么,本活动承载的目标又是什么,本活动涉及的领域发展和情感态度发展有哪些,儿童在前一段时间都有怎样的经验积累,等等。如此这般地把事前研究与课后反思结合在一起,一定会为教师的能力带来很大的提升。

(二) 交流讨论原则

当然,独立备课只是一个人的思考,而每个人都有可能受个人局限等原因而无法把教学活动筹备得十分完善。尤其是年轻教师,他们对教材不够熟悉,对儿童的发展状况不够了解,更容易出现思考不够全面、设计安排不够科学等问题。因此,备课时除了独立思考外,教师还可以与同伴进行交流讨论,这也被称作"集体备课"。很多幼儿园把集体备课作为平行班教师教研活动的一项重要工作,目的就是整合大家的智慧,共同思考如何更加科学、合理地开展教学活动。需要注意的是,集体备课的基础是每位教师事先都进行过独立的思考,不然,大家坐下来时都是稀里糊涂的,既没有思路也没有困惑,又能讨论些什么呢?有些幼儿园在集体备课时会进行分工,比如,某人备某几个活动,某人备另几个活动,等等。这样一来,集体备课时间,大家就习惯于只听某人谈想法,"嗯嗯嗯""好好好"地附和,争鸣和讨论消失了,可能出现的问题也就不会被发现了。所以,集体备课时,每位教师都需要事先对所要讨论的活动进行独立思考,带来自己独特的想法以及感到困惑、迷茫的问题,在讨论的时候尽可能把困惑、问题都抛出来,并把自己对某个问题的不同想法及理由也提出来，从而产生讨论、质疑、争议，这才是真正有效的集体备课。

（三）实事求是原则

教学活动筹备的结果是要真实地实施活动，所以在备课的过程中尽量尊重现实是非常重要的。有的教师为了显示自己备课态度认真，有时候会把所使用的教具材料设计得非常先进、高端、复杂，而在实际工作中却根本无法使用，这样的"备"，是毫无意义的。所以，教师在备课过程中，一定要根据幼儿园的实际条件、课程的实际进程及幼儿的实际发展来筹划整个教学活动。比如，筹备教唱新歌时，要思考自己班级的孩子是否已具备理解这个歌曲内容的经验，如果没有，是否应该增加一个谈话环节；如果已经有了，是否可以缩短开场的启发环节，抑或把这个经验的准备放在该教学活动之前的生活环节去渗透……总之，要想筹备一个高质量的教学活动，教师一定要有实事求是的态度。

（四）充分准备原则

备课，就是要教师在活动开始前做好一切准备。这个准备既包含教师思想上、心理上的准备，也包括教具、操作材料、器材设备、辅助资料等的物质准备，更包含儿童的前期经验准备。思想和心理上的准备，要求教师能认真对待每一次活动，认真对待每一个孩子。老教师不要有"反正我以前开展过这个活动，没啥大问题"的骄傲心态，年轻教师则不要有"大概就这样了"的马虎心态。一名优秀的教师需要践行"终身备课"的理念，即每一次教学活动都要认真地思考，从而不断地提升自己的专业能力。物质准备，是帮助教师顺利完成教学计划的重要保障，它既包括教学内容呈现的载体（如图片、动画、手偶等），也包括设备和环境的准备（如电脑的运用、桌椅的摆放等）。这些准备如果不充分，很有可能会引起环节之间的不流畅，进而打乱幼儿顺畅的思维，或分散幼儿的注意力，破坏他们愉快而饱满的学习情绪。而儿童的前期经验准备则是教学活动是否能有效开展的基础，也是教学活动设计的出发点。因为学前教育不像中小学教育那样有严密的学科知识体系，集体教学的最大意义是帮助儿童在现有的经验基础上向"最近发展区"迈进，所以儿童到底在前期已经拥有了哪些知识、能力和情感，是教师在教学活动筹备中最需要考虑的。

第二节 幼儿园备课内容

> 旅行，重要的不是目的地，而是沿途看风景的心情。同样，对于教学来说，重要的也不是传授知识，而是帮助幼儿在经历学习过程中习得的能力和态度。

本节所讲的备课的内容，不是指具体的某个活动内容，而是指教师在教学活动筹备中究竟应该指向什么。它涉及很多方面，我们选择以下几个重点话题进行讨论。

一、贯彻宏观的教育目标

所有的教育活动都是贯彻宏观教育目标的过程，因此备课的过程就是教师把宏观教育目标渗透到具体教学活动中去的过程。《幼儿园教育指导纲要（试行）》（以下简称《纲要》）、《3—6岁儿童学习与发展指南》（以下简称《指南》）等纲领性文件为我们在教学活动中贯彻正确的教育方向提供了保障。这些文件不仅能告诉我们幼儿教育的性质和根本任务,也能告诉我们为幼儿的发展创造良好条件的方式和方法,还能为我们提供在幼儿园教育过程中必须遵循的基本原则。这些纲领性的教育目标就是我们备课的基础,教师只有吃透这些原则和要求,才能让教学活动对儿童有效和有意义。我们可以从以下几个方面去把握。

(一)教育是为一生发展奠基

《纲要》指出:"幼儿园教育是基础教育的重要组成部分,是我国学校教育和终身教育的奠基阶段。城乡各类幼儿园都应该从实际出发,因地制宜地实施素质教育,为幼儿一生的发展打好基础。"这就告诉我们,幼儿教育不是小学的提早教育,知识的传授不是幼儿园教学的根本任务,而素质教育才是幼儿园最需要重视的。那么什么是素质教育呢?就是能促进幼儿在品德、智力、体力、审美等多方面协调整合发展的教育,尤其是帮助幼儿形成良好的个性、性格、行为习惯、学习品质的那些教育。这样的教育才能为孩子的一生打好基础。因此,教师们在备课时就要思考:"我的这个教学活动能培养孩子的综合素质吗?这个活动能为孩子的终身发展做点什么呢……"

(二)教育要紧密联系儿童的生活

《纲要》指出:"幼儿园应与家庭、社区密切合作,与小学相互衔接,综合利用各种教育资源,共同为幼儿的发展创造良好的条件""幼儿园应为幼儿提供健康、丰富的生活与活动环境,满足他们多方面发展的需要,使他们在快乐的童年生活中获得有益于身心发展的经验"。这就告诉我们,幼儿的学习来自他的生活,来自周围的环境以及与他人的互动。一个孩子在幼儿阶段获得的是宝贵的"经验",是一种体验和感受,是在生活中发展、在发展中生活的,而不像小学生那样主要通过学科教学来获得间接、抽象的知识。因此,教师们在备课时就要思考:"我的教学活动是真的和孩子的生活有链接呢,还是远离了孩子的生活经验?教学内容是需要教师抽象地描述呢,还是可以让孩子们通过操作体验来理解?"

(三)教育必须尊重儿童的天性

《纲要》指出:"幼儿园教育应尊重幼儿的人格和权利,尊重幼儿身心发展的规律和学习重点,以游戏为基本活动,保教并重,关注个别差异,促进每个幼儿富有个性的发展。"这就告诉我们,教育的基础是尊重,对于幼儿来说,不仅要尊重他们的人格和权利,而且还要尊重他们的身心发展规律和学习特点。比如,游戏就是儿童学习的主要方式,所以幼儿园要以游戏为基本活动,教师组织教学则要以游戏为基本方法。同时,幼儿期是人生的起始阶段,每个孩子的生长发育可能各不相同,所以教师不仅需要尊重幼儿的常态发展,而且还需要尊重幼儿的个体差异,在促进幼儿发展的过程中要凸显幼儿的个性特点。因此,教师们在备课时应不断地推敲到底怎样设计才能遵从幼儿学习与发展的天性。

综上所述,想要备出一节好的教学活动"课",首先要看教师是否具有正确、先进的教育理念。

二、把握智能领域重点

幼儿园的教育是全面的、启蒙性的,幼儿的发展也是多方面的、综合的,因此从理论上讲,我们的教学是不需要分学科体系的。然而,多元智能理论告诉我们,人的智能包括多个方面,每个智能都有其独特的表现形式,在每个人身上的发展也不是整齐划一的。所以,从实践操作层面上,我们需要为教师,同时也是为了更好地观察幼儿不同智能强项的发展,提供一些依据。因此,《纲要》和《指南》都把幼儿的学习内容相对划分为健康、社会、语言、艺术、科学五个领域,教师可以此从不同的角度去关注并促进幼儿的情感、态度、能力、知识、技能等方面的发展。这就要求教师从不同的领域入手,了解各种智能的基本特点,以便更好地促进儿童的全面发展。下面我们就列举健康、社会、语言、艺术、科学五个领域中,教师应该关注和把握的要点。

(一)健康领域的备课要点

一说到健康领域,很多教师就会习惯性地想到儿童的动作发展,于是备课中就非常关注儿童走、跑、跳、钻、爬等的教学。但是要注意,《指南》非常明确地提出,健康领域还应该包含幼儿的身心状况的发展以及生活习惯与生活能力的培养。因此,在备课中教师首先要注意以下教育细节。

1. 注意材料器具的卫生、安全、适宜性

比如,美术活动中计划让幼儿在哪里作画?桌、椅的高度是否能让幼儿双脚自然着地,大腿基本保持水平状?是否能让幼儿的身体坐直,不驼背、不耸肩?计划使用哪类笔作画?画笔的大小、粗细是否适合本年龄段的幼儿?又如,语言活动中计划使用图片还是课件?其大小适合吗?摆放的远近距离是否适合幼儿的视线?科学活动中计划让幼儿使用怎样的操作材料?是否有尖锐的角?废旧材料是否已经做过消毒?体育活动中的器械牢固度如何?活动过程中幼儿走动的空间是否足够大?是否能帮助幼儿有序地取放材料而不是你推我挤……这些都是教学活动中非常不起眼的小细节,但都和幼儿的身体发育、行为习惯等紧密联系在一起,是教师在备课过程中关于健康领域需要考虑的问题。

2. 考虑儿童的情绪体验

正确的健康观念是要同时重视幼儿的身体健康和心理健康。针对小

年龄的孩子，在他们学习的过程中营造温暖、轻松的心理环境，让他们体会愉悦感和成功感尤其重要。比如，活动开始时，计划用怎样的情境来吸引孩子？用怎样的口吻和孩子说话？如果孩子遇到困难了，该怎样安慰他们？设计怎样的游戏，有利于孩子获得愉快的体验？等等。

在一次小班音乐游戏活动中，一位年轻教师设计了一个"猫捉老鼠"的练习情境。该教师本以为孩子们会跟着音乐玩得很开心，结果却因为她自己扮演的老猫情态过于逼真，当场把几个孩子吓哭了。

这就是教师没能恰当地把握好小班儿童情绪体验的特点，而得到的一次教训。所以，在备任何一节教学活动"课"时，教师都要预设如何使自己保持良好的情绪状态，以积极、愉快的情绪影响幼儿。同时，设想能通过哪些环节和语言来表扬、鼓励幼儿；在哪些地方需要避免幼儿与同伴做横向比较，以免造成他们的失败感；而在哪些地方又需要给幼儿一些竞争压力，以提升他们的抗挫折能力等。

上面所说的是备课中关于儿童心理及其卫生方面需要注意的教育要点，这些教育要点不能局限在健康类活动中，而应该渗透于所有领域的教学活动中。下面我们着重对儿童体育锻炼中需要注意的要点进行阐述。

传统的体育活动中，教师们往往从走、跑、跳、钻、爬等基本动作出发来思考教学活动的设计，这往往让体育教学活动演变成机械的动作训练。而真正的体育锻炼应该是运动能力的培养，这种能力不是简单的基本动作，而是指具有一定的力量、速度和耐力，动作协调、灵敏、柔韧，具有平衡性，等等。比如，跑——是否能跑得快、跑得远，是否能在跑动中灵活地躲避他人或障碍；走——是否能走得快、走得稳，在一定高度走而不掉下来……这一切的组合才是能力。所以，我们不是在教幼儿学会走、跑、跳、钻、爬的某个动作，而是应该关注他们在各个动作中是如何控制自己的身体的，是如何不断地挑战自己的"最近发展区"而变得更快、更好、更灵活、更强的。因此，在体育活动的备课中，教师应注意以下要点。

（1）**改变教动作的习惯，重视创设适宜发展的环境和材料。**比如，要想提高幼儿的投掷能力，最好的办法不是把所有的幼儿集中起来，告诉他们"脚要一前一后，身体侧转，手臂要先往后伸再举起来用力往前投"，然后教师示范、个别幼儿示范、小组练习、集体练习等，这样会导致幼儿看、听的时间大于练习的时间。教师要知道，体育活动备课的重点，不是研究这个动作怎样做才是最正确的，而是应该研究怎样为幼儿提供合适的投掷材料和目标，才能让他们有足够的兴趣去投掷，有充足的机会去体验和感受投掷这个动作，从而慢慢地让自己的动作变得协调、正确和熟练。因为对于儿童来说，"做"永远比听和看有效。所以，在备课中教师更需要研究、思考的是，要想激发幼儿投掷的兴趣，是使用贴在墙面上的圈形投掷靶好呢，还是使用小动物图案的投掷靶好？或者使用挂在树上的铃鼓更好……

（2）**改变整齐划一的要求，重视不同能力的儿童的需要。**其实，在备课中教师们还是能够注意学习层次的递进的。比如，在跳高活动中，教师们会把障碍从5厘米高逐步提升到15～20厘米高；投掷活动中，也会把目标从2米逐步拉远。只是这种逐步递增还是整齐划一了些，教师高度控制的成分多了些。所以，在备课中教师需要思考为幼儿提供更多、更丰富的选择，以满足每一个幼儿不同的需求。比如，在投掷活动中，是否每次都可以同时提供平面的靶和立体的靶？是否能让投掷靶的大小每次都不同？是否能让投掷靶的高低每次都不同？是否每次都能在投掷靶的前面设定不同的投掷距离？同理，跳高的障碍是否也能够同时设有多种高度让幼儿自由选择？甚至是否可以让幼儿自己去调节高度？

如果教师在备课中关注到了这些方面，那么组织的体育活动一定充满了灵性，幼儿也就能更积极、主动地参与了。

（二）社会领域的备课要点

一说到社会领域，很多人的第一反应就是德育教育。所以，动不动就是谦让教育、合作教育、分享教育……很容易走入空洞说教的死胡同里。其实，社会智能直接影响的是个体日后担任的社会角色以及适应社会生活的能力。所以，它包括对自我的认识、对他人的理解、对社会规则的掌握。谦让也好，分享也罢，都不是社会领域教育的全部，只是属于应该掌握的社会规范，而一个人只有很好地认识自我、理解他人才能更有效地掌握社会规范。因此，在社会领域的备课中，教师需要注意以下几点。

1. 不要只讲规则，要重视儿童的个性和品格培养

个体要成为合格的社会人，首先在于对自己和他人的认识。比如，发现自己的与众不同之处；发现在某个事件中自己有和别人不同的态度；在某些问题中，自己会得出和别人不同的结论……当儿童慢慢有了这些认识之后，才会逐步产生自尊和尊重他人的意识。所以，在备课中教师要把重点放在对儿童的解读上，为每个儿童提供更多的能自由思考、自主表达的机会，让儿童能更多地与其他儿童产生思维及行为上的互动，从而让他们在实践中去认识自我、发现他人。

2. 不要空讲道理，要把道理融入到具体情境中让儿童明白

规则和道理是成人已经"抽象"过的概念，通常以"要……""不要……"为逻辑来描述。可儿童对"对"和"错"都充满了好奇，你越是说"不可以"，他越有可能想试一试。所以，教师关于社会领域备课的重点是寻找一些儿童生活中的典型事例，在具体事件中让儿童去发现怎么了、怎么会这样以及应该怎样，这样的教育效果可能会更好。

文明礼让的好孩子

某大班教师在日常活动中发现，班里的孩子经常喜欢一窝蜂地去抢着干某件事，而忽视了礼让和有序。于是，她设计了一个体验活动"运粮食"，让孩子们分组比赛，看哪组能最快地把"粮食"（小椅子）运送到教室外面。刚开始的时候，孩子们争抢着都想快点儿把"粮食"搬出教室，但是在教室门口时你推我挤，不但谁也过不去，还互相磕碰着很危险。于是，教师请孩子们自己讨论应该怎么做，孩子们几经讨论和实践，找到了分左右路线进出以及在教室门口互相礼让等能让速度加快的好办法。以后在生活中，孩子们也经常运用这次教学活动得来的经验，遇事互相提醒，渐渐养成了相互礼让的好行为。

这位教师的智慧在于发现了孩子们行为上的问题后，没有进行空洞的说教，而是设计了相关的实践性活动让孩子们自己去发现问题，讨论办法。孩子们通过这种方式获得的经验，比老师告诉他们应该怎样或者不应该怎样要深刻得多。

3. 不要光说不练，要重视儿童的亲身经历和内心体验

社会性教育并不是简单地让孩子知道一些道理，而是要激发他们愿意这样去做的动力。所以筹备社会性的活动重在设计一些能让儿童身体力行的环节，让儿童去经历和体验。

某教师设计了一个社会活动"我很棒"，其中不仅会让孩子们说说自己棒的地方，而且还要让他们找到同伴们很棒的地方。很多孩子听到同伴夸奖自己原本都没有意识到的优点时所流露出的幸福表情令人动容。这样的设计就非常好地走进了儿童的内心世界。

4. 要慎重选择适宜开展集体教学的社会性活动内容

在传统的思维中,教育总是要"教"的。所以有些教师总是非常重视集体教学,总觉得上过课、开展过专门的活动,孩子才能学到知识。其实教育在很多时候就是一种潜移默化的影响,尤其是社会性教育,更是渗透在各领域活动及生活活动中。所以,社会领域的备课还有一个要点,就是不要把什么都拿到课堂上作为教学活动来讲解、传授,而是要把这些内容巧妙地放在一日生活的常态中去让儿童练习,让这些行为逐步成为儿童日常的习惯和内在的素养,那么社会性教育的效果就达成了。

爷爷奶奶,我爱你们

重阳节快到了,大一班的教师特地设计了一个"爷爷奶奶,我爱你们"的教学活动。她首先出示了老人的图片,请小朋友们说说爷爷奶奶为自己做了什么,接着介绍了一大段老人们年轻时辛苦工作,退休后为儿孙操劳的动人事例,最后请小朋友们每人制作了一个小礼物并准备好一句慰问的话,回家带给爷爷奶奶。

大二班的教师则在重阳节那天组织了一个"爷爷奶奶来做客"的生活活动。上午,她让孩子们为爷爷奶奶制作了小汤圆,并请食堂工作人员在下午烧成甜羹。孩子们午睡起床后,他们的爷爷奶奶也如约来到幼儿园。教师先请孩子们为爷爷奶奶表演了1~2个节目,然后为爷爷奶奶按摩肩颈,最后为爷爷奶奶盛上一碗甜羹让他们品尝。活动结束后,爷爷奶奶正好把孩子接回家。

大三班的教师则把重阳节活动安排到了周日,设计成一个亲子活动。那天,爷爷奶奶和孩子们一起去爬山登高。在路上,孩子们必须为爷爷奶奶背一瓶水,必须一路挽着爷爷奶奶走;到了山上,大家为爷爷奶奶唱祝福的歌,并且每人赠送给爷爷奶奶一个自己制作好的小礼物。

从上面三位教师实施的活动可以看出，教育活动可以设计成各种形式，不一定非要是集体教学。不过从情感教育的角度分析，第一个集体教学活动是最表面化、说教式的，教师只是告诉了孩子们一些道理，并不知道孩子们究竟做得怎样。而后面两个活动都是简单易行的生活实践活动，形式宽松，时间也随意，重要的是这两个活动都是针对孩子们的实际行动的，能让孩子们在日常生活中潜移默化地进行。可见，选择恰当的内容来开展集体教学活动很重要。

5. 不放过任何能帮助儿童形成良好行为习惯的小环节

良好的行为习惯不是靠讲道理讲出来的，而是在潜移默化中慢慢习得的。所以，教师在备课的过程中要注意对一些小细节进行筹划。比如，需要人手一份材料时怎样分发？是否有可能让孩子们学习自我服务或学会分享？如果在操作环节中可能会产生一些废弃物，是否有合适的器皿让孩子们学习收拾整理？有些活动环节不能让所有的孩子同时参与，那么是否有合适的方法可以让他们习得轮流的规则……虽然都是一些小细节，但考虑周到了就能保证教学活动的顺利进行，同时也能更好地促进孩子的全面发展。

（三）语言领域的备课要点

3—6岁是儿童语言发展的关键期。儿童语言的发展贯穿于各个领域，也是其他领域学习与发展的重要基础。幼儿运用语言进行交流，不仅能提高思维能力，而且还能促进人际交往、理解他人等能力，使学习逐步超越直接感知。儿童语言的发展重在有效地运用语言完成与生活和学习相关的任务，如听懂别人的话，发音正确清晰，愿意与他人讨论问题，能有序、连贯、清楚地讲述一件事情等。教师可以从语意的理解、发音的准确、语法规则的掌握及语言的实践运用几个方面去着力培养。在语言领域的备课中，教师应该注意以下几点。

1. 结合所有领域的学习来关注儿童语言的发展

众所周知，要促进儿童语言的发展就要为儿童创设自由、宽松的语言交往环境，鼓励和支持幼儿与成人、同伴交流，让幼儿想说、敢说、喜欢说，并能得到积极的回应。但这不应该只是局限于语言教学过程中，而是要渗透在所有领域的学习中。比如，在美术活动中每人需要"三支笔"，就是数量词的学习；在体育或舞蹈教学活动中，帮助幼儿理解"先……再……最后……"，则是让他们学习对一件事情的发生过程的描述。因此，教师在备所有领域的课时都应该注意挖掘其中所蕴含的语言学习的元素，为儿童提供语言学习的机会。

2. 避免机械的语言训练，要把语言学习与思维发展紧密相联

语言是思维的外壳，思维的运转是语言学习的动力所在。也就是说，如果教师为了让幼儿掌握某个词语或句式而刻意让他们反复练习，那么幼儿不仅会兴趣索然，所学的知识也掌握得不牢固。如果教师是让幼儿开动脑筋参与精彩的讲述、猜测、游戏，那么他们就会自然而然地掌握这些知识。

绿油油

某位教师，在教学中非常注重儿童词汇的学习。在一次诗歌教学活动中，因为诗中出现了"绿油油"，教师就想让孩子们重点学习这个新词语。于是，这位教师在解释了"绿油油"的意思之后，就请孩子们说说还有什么是绿油油的。这下孩子们大胆发挥想象力，想出了"绿油油的裤子""绿油油的桌子""绿油油的窗帘"等似是而非的搭配。

类似的造句训练是很多教师喜欢的，他们常常在开展某个儿歌或故事教学时加以运用。事实上，很多词汇是在一定的情境中被自然习得的。

儿童在借助故事或儿歌的情境、情节理解这些词汇时，往往正确而恰当；可一旦脱离了这样的情境，儿童就会想当然地创造出"绿油油的裤子"这样的搭配，这对于儿童的语言学习没有任何意义。

禁　　止

某教师很注重孩子们的词汇积累。在一次教学活动中，故事里出现了一个"禁止"的标志，当孩子们说这是"不可以"的意思时，教师拓展说："对，也是'不行''不允许'的意思。"这时，一个孩子突然叫道："也是'禁止'的意思！"教师惊喜地问："你是从哪里知道'禁止'这个词的？"孩子说："因为有禁止停车！"教师连忙总结道："对，这个图形就是'禁止''不行''不可以''不允许'的意思。"

这位教师的语言支持策略就比较适宜。当孩子们说出某个词汇时，教师列举了更多的同义词来帮助幼儿拓展，并由此引发了幼儿与自己日常生活积累的链接，这样学会的词语才是儿童能够真正理解并在以后能真正使用的。

3. 要合理区分语言学习中的"吸纳"和"输出"

《纲要》和《指南》都提到要让孩子想说、敢说、能说，所以在很多的语言教学活动中教师总是千方百计地让孩子自主地进行述说。但是，幼儿能用什么来说呢？这里就涉及一个"吸纳"的问题，也就是说，教师需要为孩子们提供充分的倾听、理解那些准确、优美、规范的语言的机会。当这些丰富的词汇、正确的语法及优雅的表达方式大量存储于儿童的语言库中的时候，他们就拥有了讲述的能力，也就会积极主动地参与对话和交流。因此，在语言领域的备课中，教师应该认真分析教学素材内含的语言元素，筹划好如何让孩子们能在倾听、阅读、理解的过程中存储不同的语言元素，为"会讲"做准备。

我的幸运一天

在一次早期阅读活动中,教师没有让孩子们看图讲述画面,而是大声朗读了下面的文字:"一天,一只饥饿的狐狸正准备出门找午餐。在他修爪子的时候,门外忽然传来一阵敲门声。狐狸打开门——门外站着一只小肥猪。'哎呀,我找错门了!'小猪尖叫起来。'啊,没错,'狐狸喊着,'你找的正是地方!'他一把夹住小猪,使劲地把他拖了进来。'这真是我的幸运一天!'狐狸大声叫道,'什么时候午餐竟然自己送上门来了!'"

在很多的早期阅读教学活动中,对于让儿童观察图片并用自己的语言来描述,教师非常重视。然而,如果你大声朗读上面的文字就会发现,书面语言是如此精致而规范——用"午餐"一词点出时间,用"修爪子"来表明狐狸想找怎样的午餐。此外,还有旁白和人物语言的前后位置变化等。这些规范的遣词造句正是幼儿从口头语言向书面语言发展的桥梁,是需要让孩子们在倾听中积累的。

4. 要注意活动设计的实用性,关注儿童语言的表现力和美感

语言能力表现在自己讲得清,别人听得懂。所以,让儿童对时间、地点、事件、因果关系进行表述以及开展人物创造、角色对话、情节描述等,都是提高儿童语言表现力的非常有效的方法。同时,语言发展不仅仅表现在遣词造句的能力方面,还包含文明礼貌用语。因此,教师在进行教学设计时要注意多创设情境,让儿童在实际运用中去体会语言表达的方法、策略和礼仪。

在一次中班的语言教学活动中,教师设计了游戏情境,让孩子们扮演小蜜蜂、小蝴蝶去向小乌龟讨花蜜吃。当这些"小蜜蜂""小蝴蝶"吃饱了"花蜜"高兴地飞回座位时,教师立即提醒道:"你们就这么回家了?你们吃了小乌龟的花蜜什么都不说就走了?"经老师一提醒,孩子们顿时醒悟，纷纷向"小乌龟"招手说："谢谢你！"

（四）艺术领域的备课要点

反思我国当前的艺术教育，尤其是学前儿童艺术教育，经常被等同于技能训练。人们容易把艺术当作德育和智育的辅助手段，而忽视艺术本身的美；也容易重技能技巧的训练，而轻儿童的情感表达及想象与创造能力。比如，画画就是要画得像，唱歌、跳舞就是要反复练习直到熟练掌握，等等。事实上，我们应该认识到艺术的本质是"美"，美是客观事物能引起人们美好情感的一种本质属性，是一种最精彩、最辉煌、最动人心魄的存在形式。对于人类来说，追求美是一种本能，而不应该是机械的技能练习；感受和表现美也应该是一种享乐，而不是为了完成下达的任务。因此，幼儿无论是参与音乐还是美术活动，都应该是一种积极情感高度投入的状态，是一种自我享受，一种由此产生的快乐和舒适的状态。教师在开展艺术领域的教育时要注意以下几点。

1. 艺术教育的首要任务是保护儿童的艺术天赋和潜能

要记住，每个儿童心里天生就有一颗美的种子。教师要做的不是把自己以为的大树去种到孩子的心里，而是要精心呵护、浇灌孩子心里的种子让其发芽、开花、结果。所以，幼儿艺术领域教育的关键在于创造条件和机会，让儿童得到美的熏陶和培养，在大自然和日常生活中萌发儿童美的天性，激发儿童发现美、表现美、创造美的情趣。

2. 艺术教育要尊重、肯定和接纳儿童独特的审美感受和表现方式

国外有研究表明，儿童的艺术本能随着年龄的增长和理性思维的发展而逐步减弱。西班牙大艺术家毕加索曾说过："我一生都在向儿童学习。"我们成人要认识到，在某些方面我们的艺术天赋可能还不及儿童。

因此，在艺术教育中教师要针对儿童的不同特点和需要，学会解读和理解儿童的独特想法，鼓励他们用不同的艺术形式大胆地表现，并体会和分享他们进行艺术创造的快乐。

独特的房屋

在一次大班纸工活动中，教师请孩子们制作房屋。很多孩子都选用了完整的纸张，用剪刀剪出自己想要的房屋形状并粘贴在背景图上。有个孩子却没有使用剪刀，他只是捡起同伴们丢弃在桌上的残片用来粘贴。虽然他的画面毫无章法，但教师没有制止他，也没有贸然地"帮助"他，反而表扬他懂得节约。等这个孩子在这些奇怪的残片上添画上窗户时，教师惊讶地发现他的作品极其特别，突破了其他孩子千篇一律的造型，显示出独特的富有童真童趣的艺术感。教师对于自己刚才的做法非常庆幸。

3. 要把儿童的技能学习过程作为载体而非目标来完成

比如，儿童在作画时一定会涉及线条、形状、色彩、构图等技术问题，教师不需要刻意地去教儿童这些技能，而应该让他们在表现的过程中去思考：怎样才能表现出粗壮或纤细？（考虑粗细线条的作用）怎样表现头和身体的不同？（考虑不同形状的作用）看到的天空是什么颜色的？（考虑阴晴、早晚等各种因素产生的不同色彩）这样做就不会出现让儿童一画天空就是蓝色，一画树就是几个三角形叠加等千篇一律的做法，就能真正地让每个儿童都能尝试像大师一样去作画。这个思路在音乐活动中同样适用。学会演唱一首歌曲或学会表演一个舞蹈并通过反复训练达到熟练的程度，并不是音乐教育的主要目标，感受歌唱、舞蹈带来的愉悦才是重点。当幼儿发现用一些方法让歌声变得更美好了，用几个漂亮的动作把自己的想法表现出来了，他们自然就会乐意学习一些技能，由此一来，他们学习音乐的兴趣和积极性就真正被激发起来了。

所以，艺术教育不是培养操作工匠，而是培养儿童具有发现美的眼睛；艺术教育不是让儿童进行机械的模仿训练，而是让他们多观察、多感受，从而尝试用一定的线条、色彩、声音、动作等去进行创意表达。

（五）科学领域的备课要点

人们对科学的认识经过漫长的阶段不断地在发生着变化。曾经，人们认为科学即知识体系（反映客观规律的概念、原则和理论体系），带给教育的影响就是让儿童死记硬背一些知识原理。慢慢地，人们认识到，科学应该是一种认识活动，是探求事物意义的一种过程和经历；反映在教育上，就是开始重视儿童的探究过程，强调让儿童"走科学家发现真理的道路"，让他们学会"假设—探究—论证"等科学发现的方法和策略。如今，人们认为，儿童的科学学习是具有多重性的，它包括科学探究的过程体验及对探究结果的理解；幼儿的科学教育目标应以科学素质的培养为核心，要突出幼儿的科学精神、科学态度、科学方法、科学能力的养成。

幼儿科学教育应着力引发、支持幼儿的主动探究和发现，要鼓励幼儿积极获得有关周围物质世界及其关系的经验，要让科学活动成为幼儿乐学、会学的过程。由此，教师在科学活动的筹备中应该注意以下几点。

1. 处理好目标与载体之间的关系

所谓目标，就是我们的科学教育究竟是为了什么。是为了让幼儿掌握一定的知识原理，还是为了激发幼儿好奇、好问、好探究的天性？大多数教师的答案都会是后者，但问题在于要达成这样的目标，还必须依靠一定的载体，这个载体就是某个知识原理。譬如说，我们要培养幼儿探究的兴趣和探究能力，一定会选择"空气"或"磁力"这样的话题作为载体。这时候，教师们就容易被这个话题所涉及的知识点所牵绊，不自觉中会把教学的目标指向幼儿是否掌握了这个知识。

一次，在"认识磁铁"的教学活动中，教师虽然设计了充分的活动环节让孩子们去操作实验，但落脚点还是"磁铁能吸住铁的东西"这样一个知识点，并希望孩子们能记住和理解。当孩子们出现了个性化的操作，并偶然发现磁铁有不同的磁极和不同的磁力时，教师却回避并"引导"幼儿回到自己预设的"磁铁能吸住铁的东西"这个知识点的掌握上。至于幼儿对于新发现的惊喜以及他们是如何发现这些新特点的，又是如何全面理解磁铁这个物质的，教师则没有给予关注。

这样的场景在我们的幼儿园科学教学活动中经常出现，这都是由于教师们还不能真正地把握幼儿园科学教育目标所造成的。我们需要认识到，幼儿在活动中最终会对不同的科学现象、科学知识有所理解。但是，这样的知识学习只是笔者所说的"载体"，并不是目标，我们的目标应该是幼儿在这个探究过程中的所思所想、所遇到的问题和困惑以及解决问题的方法等。这些经历才是幼儿学习中获得的最宝贵的财富，是支持他们一生学习所需要的能力。因此，只有当教师能恰当地处理目标和载体之间的关系时，在科学活动的设计和筹备的过程中才不会僵化地灌输和传授知识，才会考虑到儿童在学习的过程中所出现的各种可能性，才会重视每个孩子不一样的观察视角和实验方法，才能真正达成《纲要》所提出的"引导幼儿对身边常见事物和现象的特点、变化规律产生兴趣和探究的欲望""让每个幼儿都有机会参与尝试，支持、鼓励他们大胆提出问题，发表不同意见，学会尊重别人的观点和经验"的要求。

2. 处理好"真探究"与"伪模式"之间的关系

现代科学教育强调要让儿童"走科学家发现真理的道路"，意思就是幼儿园的科学教育不能灌输科学知识，而应该重视对幼儿在学习过程中探索、发现、动手实践等能力的培养。尤其是法国"做中学"项目在国内幼教界的推广，使得大家都开始模仿其"假设—实验—发现—验证"的活动模式。然而，很多教师并没有深刻地理解此模式所蕴含的让儿童学会发现问题、解决问题的内涵，只是学习了表面的形式，产生了许多假猜测、假探究的现象，结果适得其反。所以，在儿童科学活动的筹备中，教师要仔细推敲儿童学科学的兴趣点，寻找适合儿童探究的真问题，准备好能让儿童真实体验、探究的好材料，从而为教学的有效性打下基础。

一位教师开展小班"制造声音"的活动时，在开始环节拿出了一个罐子，请小朋友猜猜里面有什么。于是，孩子们天马行空瞎猜一通，不仅浪费了时间，而且这些答案和后面的环节也没有太多联系，这样的猜测没有多大意义。

另一位教师同样也设计了这样的环节，不过她在请孩子们猜测的时候晃动了罐子，让孩子们根据声音来猜测里面有什么，并说说理由。这样的猜测比上面那位教师的设计就有效得多，因为儿童把听到的声音和自己日常的经验进行了链接，猜测是有根据、有目标的。

第三位教师在设计这个教学活动时，则把猜测放在最后。她让孩子们把石头、沙子、纸片等装进罐子里制造出声音后，再请孩子们来倾听教师提供的罐子所发出的声音，从而判断罐子里装的是刚才的哪种材料。这个猜测是最有意义的，因为孩子们可以提取刚才的操作经验来进行猜测。这不仅巩固了幼儿刚刚获得的操作经验，而且还提升了他们辨析问题并进行逻辑判断的能力。

三、抓住儿童发展的特点

教学活动和自由游戏的最大差别就是，教学活动是教师高度预设的，而这个预设的准确性与否会直接影响幼儿学习的效果。如果你预设的内容是孩子正好感兴趣的,预设的目标正是孩子努力一下就能达成的,预设的过程也正是孩子们喜欢参与的,那么你的活动一定是可以让孩子积极参与并获得满足的。可是我们在现实中经常发现,孩子们在教师预设的活动中往往表现出倦怠、消极、游离等情况,很重要的原因是教师对儿童发展的基本特点没能较好地把握。这里我们就来谈谈应该从哪些角度去把握儿童发展的基本特点。

(一)正确认识儿童的发展

"儿童期是个体身心整体、连续、迅速变化、成长的时期,发展具有发育、成长、分化、成熟、改变、长大、转变等多重意义。"[1] 相信大家对这样的论述都能理解。然而这样的阐述比较理论化,很多教师感到在现实生活中不容易恰当地把握班级里孩子的发展及其最近发展区。要解决这个问题,教师首先要重点关注以下两点。

1. 儿童的发展有普遍性,更具有个别性

儿童的发展是向着稳定的方向前进的,每个阶段都意味着不同的发展水平。而且这个发展水平在某个年龄阶段在群体儿童中也呈现出特定的普遍特征,如俗话说"七坐八爬",就是讲七个月的婴儿基本可以坐起来了,八个月的婴儿开始会爬行了。又如,皮亚杰关于儿童"感知运动阶段—前运算阶段—具体运算阶段—形式运算阶段"的研究就是对儿童不同阶段群体发展共同特征的划分。知道这些特征,能让我们在教学活动中更容易把握儿童的普遍发展规律。

然而,这些理论研究的是所有儿童的普遍规律,当我们面对具体的活生生的孩子时,还需要考虑个别差异。也就是说,在同样的发展阶段,

---

[1] 姜勇,等. 儿童发展指导【M】. 北京:北京师范大学出版社,2004.

每个个体在发展的速度和质量上存在着很多的不同。我们不能将每个儿童都看成普通意义上的儿童而开展整齐划一的教学；如果我们忽略每个个体的特殊性，我们的教学就失去了"让每个孩子在自身的基础上有所发展"的意义。

在一个大班的关于"跳过一定高度"的体育活动中，教师根据理论数值设定跳过 20 厘米为目标，并依次出示了 10 厘米、15 厘米、20 厘米三个层次的运动材料让孩子们练习。现场观察发现，这群同样年龄的孩子中，个头就相差很多，矮的才 90 厘米不到，而高的将近 110 厘米。因此，在第一层次的材料出现时，很多个子高的孩子毫无兴致；而当第三层次的材料出现时，最小个头的两个孩子则屡屡受挫，而高个头孩子的挑战欲望依然没有得到满足。

所以促进儿童发展，是要让不同能力和水平的孩子在活动中都有自我发展的机会，而怎样给以不同的机会则是教师在教学活动筹备中首先需要思考的。

某教师设计了一个大班投准活动，让孩子们都来扮演孙悟空打妖怪。她用废旧物品制作了很多大大小小的"妖怪"，有的贴在墙上，有的挂在树杈上，有的贴得高，有的贴得低。这样，孩子们在练习的时候就非常自在，无论是个子高的、个子矮的，还是能力强的、能力弱的孩子都找到了适合自己的目标，而且很多孩子在成功后还不断地自发寻找更难的目标进行挑战。

2. 儿童的发展是整体的，而非孤立的

发展是向成熟迈进的过程，这个过程包含身体动作、认知、情感、社会性等各个方面。教师们要认识到，这些方面在发展中是整体的，是

具有内在联系的,是互相促进的,而不是孤立的、单独的、割裂的。就如上面的案例,虽然是体育活动,强调的是儿童身体动作机能的发展,但在这个过程中我们却不能无视儿童的情绪情感体验以及自尊和自信心的建立。当教师在体育活动中发动所有的幼儿来为小个子的孩子加油时,虽然看上去很美,有时候却会使被加油的孩子满脸通红、尴尬不已。所以,在教学活动的筹备中,教师应该考虑在促进儿童重点领域的发展时还会涉及其他哪些领域的发展,努力让活动能够促进儿童的全面协调发展,而不要顾此失彼。

(二)理解儿童发展的多元化

上面我们说到要让儿童全面协调发展,那么是不是只要考虑五大领域的教育内容就可以了?五大领域的发展确实是教师们把握儿童全面发展的重要依据,但我们还需要从"多元化"的角度更深刻地认识儿童的发展。下面我们就以身体动作、认知及情感、社会性为例来谈谈怎样注意儿童发展的多元化。

1. 身体动作发展的多元维度

教师在日常教学活动中非常熟悉的是教孩子走、跑、跳、钻、爬、平衡、攀登等动作技能,教学活动往往围绕着这些方面的训练来展开。这些不同的动作技能确实是儿童身体动作发展中的多元表现。但是,仅仅注意到这些并不够,我们还要深入思考的是,在同样的动作中,儿童有着更多的发展可能。

比如,男孩和女孩在跳的过程中就可能出现不同的学习点:女孩喜欢鱼贯地、轻巧地跳过障碍,而男孩们则在忙着比谁跳得高或跳得远。由此可见,发展是多元的,它可以表现为跳的连续性,也可以表现为跳的力量性。就像运动员,跳高运动员要用到跳,跳远运动员也要用到跳,而在体操中也有跳的动作，但是其跳的特点和要求是有差异的——一个要求"高"，一个要求"远"，一个要求"稳"——这就是多元。同理，舞蹈演员、运动员、工匠等都有着动作技能发展的需要，只不过舞蹈演员追求的是协调和美，运动员追求的是力量，而工匠则追求灵巧。所以，在教学活动的筹备中，教师不能过于死板地去追求统一的发展，而是要顾及到儿童发展的多元表现，并尝试创设更多的机会让儿童根据自身的特点去向更高的水平发展。也就是说，教师在活动筹备中要更多地考虑让儿童用自己的方式去活动，让儿童自己尝试如何发展自己。正如投掷活动中，有的儿童会发现身体的转动有助于手臂力量的提高，有的会发现挥动的力量决定投掷的远近，也有的会发现离得越近就越容易投准。这些都是儿童的发展，我们要让儿童用多种方式去发现自己的能力，寻找自己独特的发展道路。

张老师设计了一个大班的投准活动。她原计划在墙上贴很多靶子让孩子们练习投准，但是考虑到孩子们的发展是多元的，应该给予他们多元的机会，所以她在墙面上贴了很多投掷目标，又在树上挂了几把倒挂的小伞，还在地上放了大大小小的箩筐，让孩子们去练习。在这个过程中，她没有教孩子们投掷的正确动作，而是让孩子们运用侧臂投、正面投、抬手抛等各种方法去感受并逐步调节动作要领。

在一般的教学活动设计中，大多数教师对预设很重视，而这个预设往往局限于教师自己对某个知识、某项技能的单一的理解，所以在教学中就会刻板地引导幼儿用同一的方式去完成。比如投掷，教师常常训练孩子们用侧身肩上甩臂这一种方式去投，于是孩子们就机械地模仿教师，为学动作而练习，影响了活动的兴趣。上面的案例中，教师没有要求幼儿学习统一的动作，而是给予他们多种投掷的可能性，让孩子们自己在抛、投、掷、扔等不同动作中去提升手眼协调能力、视觉空间感觉能力以及动作的方法和力度等，这才是学习投掷的基本要义。

2. 认知发展的多元维度

认知发展是儿童发展中最复杂的一个方面。在传统的思维中，我们总是以掌握没掌握、理解不理解学习的内容为标准来认识孩子的认知发展。但是这些都没有考虑到儿童认知发展中学习品质的提升。因为我们的教学不是灌输知识，而是要让儿童"学会学习"，这个意义上的"学会"就涉及了智力的各种维度。它们是人们认识、理解客观事物并运用知识、经验等解决问题的通识能力，包括观察、注意、记忆、思维、想象等方面。虽然《纲要》中没有明确提及这类认知能力的培养，但它们又是贯穿在所有的领域发展中的，也是个体发展的基本方面。因此，教师需要重温书本上的理论知识，联系实践深入地体会，才能在教学活动中有效地促进幼儿认知能力的多元发展。

（1）**观察力**：是指大脑对事物的觉察能力，是个体的感觉器官对事物的各种信息的集中收集，从而产生对事物本质的认识。比如，在语言教学活动中，我们让孩子们通过看图片来理解故事的内容，其发展的基础就是观察，儿童通过观察来识别人物的表情、时间地点的变化和事件的发展过程，从而串联起故事的情节。又如，在科学活动中，我们让孩子们欣赏收集来的树叶，也是在有效地促进他们的观察能力的发展。孩子们通过观察树叶的形状和颜色、摸树叶的表皮、闻树叶的香味等，有效地收集了树叶的各种信息，从而得到了对树叶的完整印象。

（2）**注意力**：是指人的心理活动指向和集中于某种事物的能力。对于个体来说，注意力是智力发展的基础，是最重要的智力品质；而对于幼儿来说，他们正处于无意注意为主导，有意注意开始发展的阶段，这就特别需要教师在教学活动中给予充分的关注和培养。很多教师在教学活动中没有强化儿童安静倾听的习惯,活动过程中幼儿总是闹哄哄、思维涣散,或者幼儿正在专心做某事,而教师经常运用不恰当的指导干扰和打断幼儿的思维,这些都会损害儿童注意力的发展。

(3)记忆力:是指个体识记、保持、再认识和重现客观事物的能力,也是发展的基础智力。幼儿期以无意记忆为主,记忆的时间短,也缺少记忆的策略,所以需要教师在教学活动中随时加以关注。很多教师在讲述故事或朗诵完一遍儿歌后都会习惯性地问幼儿:"故事(儿歌)的题目是什么?故事里有谁?"他们没有意识到,这就是在培养儿童的记忆能力,是在促进他们从无意记忆向有意记忆转化。

(4)思维力:是指人脑对客观事物间接的、概括的反映能力,是个体在观察事物之后,通过把各种物品、事件、经验分类归纳,从而产生概念、判断、推理等思维过程的能力。思维能力是一种较为高级的智力类型,是在幼儿期萌芽发展的,因此需要教师给以巧妙的引导。比如,教师在教学过程中故意示误,或者先呈现结果然后让儿童猜测原因等都是在促进儿童思维能力的发展。

(5)想象力:是指人在已有形象(表象)的基础上,在头脑中创造出新形象的能力。它是创造的源泉,是人最宝贵的智力。幼儿期是人想象力最丰富的时期,因此需要教师精心地呵护和鼓励。比如,在美术活动中,有的孩子创作的作品虽然画面一团糟,但是他能头头是道地说出画中的一大通故事来,这就是想象力。在这种状况下,教师尤其应该保护孩子的想象力。

上述这些基本的智力活动存在于所有的教学活动之中,所以教师们在筹备教学活动的过程中应该细致分析本活动可能重点涉及哪些方面的智力发展,从而为推动儿童该方面的发展做出着重安排。

李老师在针对绘本《鼠小弟的小背心》设计阅读活动时,就注意到该绘本中的数学元素，于是重点设计了这样几个问题：(1)小背心为什么变大了？是哪些动物让小背心变大的？(2)你从这些动物身上发现了什么？(3)你能给动物排排队吗？

在讨论第一个问题时，孩子们不断地回忆刚才故事中出现的动物，考验了记忆力。而当孩子们观察了所有动物后，发现了一个有趣的现象——动物们是从小到大依次出场的，每一个动物都比上一个动物大一点，所以小背心就一点点被撑大了。在回答第三个问题时，教师让孩子们自己按照从小到大的顺序为小动物排队，这更加巩固了幼儿对大小的认识。

3. 情感、社会性发展的多元维度

自《纲要》颁布以来，学前教育要重视儿童的情感、态度、社会性发展已然成为幼儿园教师改变教育观念和行为的指南。然而，我们在推动儿童情感、社会性发展的过程中，却时时流露出"德育为上"的惯性思维，永远把团结友爱、谦让、合作等"高大上"的目标列为情感、社会性教育的重点，而没有意识到情感、态度、社会性的发展是渗透在儿童学习与发展的方方面面的。

情感、态度、社会性是指人的需要是否得到满足时所产生的情绪体验和内在感受，以及由此产生的行为倾向。因此，不光是儿童学习成功了才有情感、社会性的发展，即使儿童在学习过程中受挫、失败了，依然还有情感、态度、社会性发展的机会和空间，因为这在带给他们伤心、难过等情绪体验的同时，也能让他们学习不气馁、坚持、努力等品格。所以，教师在教学筹备中应该关注以下几点。

（1）**兴趣的差异**：既要理解儿童对不同类型学习的兴趣差异，也要包容儿童在同一类学习中有不同的兴趣点。

（2）情绪的转化：既要关注儿童学习中兴奋、愉悦的体验，也要发现儿童在学习中激动、紧张、焦躁、伤心、难过等的情绪表现，更要重视儿童在学习过程中情绪变化的原因，从中解读儿童的发展过程。

（3）心理的健康：既要关注儿童自主、自信、自豪感的建立，也要关注儿童对他人的敬佩、赞扬、关爱、包容等心理的形成，更不能忽视儿童的愤怒、嫉妒、生气等心理的产生及其原因。

张老师是一位对美术很有研究的教师，她在教学活动中非常关注孩子们的美术表达能力的提升，所以很重视孩子们美术创作后的点评。她有时候会从孩子们的作品中选择几幅自认为比较优秀的进行展示和点评，有时候会让孩子们来选择最棒的作品贴五角星……时间长了，孩子们在创作时总是很在意她的评价，常常眼巴巴地把作品呈现给她看，希望得到她的肯定。而在点评时，那些没有被贴五角星或没有被表扬的孩子总是一脸落寞，羡慕地看着其他人……

王老师则不同，她虽然也很重视孩子们的美术能力的提升，但是对孩子们最终创作的作品表现得很宽容。她总是能在每个孩子的作品中找到亮点，如很有想象力、色彩很丰富、构图很大胆、用笔很果断等，她总是让所有的孩子都能展现自己的作品，并且从不评"最××的作品"。于是，她班里的孩子们在美术活动中总是兴趣盎然，每个孩子都觉得自己非常棒……

四、审议主题进程脉络

当前，幼儿园大多开展的是主题课程，因此教学活动之间不应该是孤立的，它应该是儿童的经验积累到一定程度或儿童的发展有了一定的需求后自然产生的学习内容。所以，教师在进行教学活动筹备时必须很好地审议主题活动开展的脉络，掌握本教学活动在该主题活动中应有的地位和发展价值，从而更好地把握该教学活动推动儿童发展的实质。

（一）理解主题课程的意义

主题课程，是指在一段时间内围绕一个话题展开的课程。其特点是：打破了学科界限，将各领域的学习内容有机地整合；注重儿童经验的联系，较好地体现了儿童认知的自我建构。其价值体现在以下几个方面：

- 告诉儿童他们将参与什么样的话题。
- 让成人了解儿童将从中获得哪些关键经验。
- 链接主题中所有的活动，使儿童的经验有连续性。
- 引导教师合理选择内容、材料，恰当地创设环境，展开活动。

可见，在主题活动中，每一个教学活动的设计和实施都不是凭空而来的，而是根据主题的产生、发展、延续积累起来的，都具有内在的联系。所以，教师在进行教学活动筹备时必须要仔细研读主题意图及教育脉络，理解每个活动在主题背景下的价值和意义，这样才能更好地把握该教学活动的目标和过程。

有位教师计划开展美术教学活动"月亮的故事"，目的是让幼儿能以月亮为背景勾画完整的画面，并能通过大胆的想象来表现发生在月亮上的故事。

如果孤立地来开展这样一个教学活动，效果可能并不好。因为孩子们是否观察过月亮，对可能发生在月亮上的故事是否有兴趣，教师不一定了解。但是，如果这是一个在"你变我变大家变"这样的主题背景下开展的活动，效果可能就不一样了。因为孩子们一直在关注生活中各种变化的事物，同时他们刚过完中秋节，在最近一段时间内观察过月亮的变化特点，也了解了很多关于月亮的民间故事、童话故事，他们前期获得的经验正需要通过一种方式来表达和表现,所以此时开展这个美术活动就有意义了。

(二)明晰主题的教育目标

了解了主题背景对于教学活动筹备的意义后,教师在使用主题式教材时,首先应该认真研读主题介绍和主题目标,明晰该教学活动从本主题出发的落脚点在哪里。

某大班教师在6月份时计划带孩子们开展最后一个主题活动。于是,她拿出两套教材来研究。

一套教材里的主题叫"离园倒计时",主题说明是:这是一个特殊的时刻,孩子们即将离开幼儿园。三年的朝夕相处谱写了人生初始最动人的篇章;离别的不舍、升学的惊喜,交织成离园之际的复杂情感。在"离园倒计时"这个洋溢着感情色彩的主题里,我们营造温馨、感人的氛围,让幼儿园里原本习以为常的人、事、物在孩子们眼前鲜活起来。在情感、愿望的驱使下,孩子们之间、孩子们与教师之间进行着有意义的互动:做个惊喜留念盒,说句感谢的话,许个朴素的心愿……几分激动,几许留恋,自在其中。正是在这个互动的过程中,幼儿对周围的一切充满感激,主动地表达着自己对幼儿园的依恋,体验着合作与成长的喜悦,建构着和谐的人格。

另一套教材的主题叫"再见了,幼儿园",主题说明是:经过三年的幼儿园生活,大班幼儿即将告别老师和小伙伴们。三年中,大家亲亲热热、朝夕相处,共同度过了幸福又美好的时光。也许许多幼儿长大成人后,回头眷恋的是童年,而忆童年最难忘还是幼儿园。在分别时刻,无论是老师还是幼儿,大家的心情都很复杂。老师们一方面为孩子们的成长感到欣慰,另一方面也有几许恋恋不舍。幼儿虽然还不明白老师们充满矛盾的心理，但当他们一遍又一遍地念着毕业诗，一遍又一遍地唱着毕业歌时，总有几个幼儿会情不自禁地落泪，他们知道自己真的要离开老师和小伙伴了。我们期望幼儿能理解"分别"的含义，就像故事中所说的，分别是一种游戏，大家说好不见面，比一比谁能在很久很久以后还记得对方的样子。我们期待每个幼儿都能记住快乐而幸福的童年，记住幼儿园的滑梯，记住幼儿园的游戏，记住启蒙老师和第一批小伙伴。

通过两套教材主题说明的对比，该教师发现，虽然是相似的主题，但出发点是不一样的，前面的主题重在"感恩"，突出激发孩子们对幼儿园中的人、事、物的留恋之情；第二个主题紧扣的是"分别"，鼓励孩子们在眷恋中走向新的生活。这样一分析，不管教师选择了哪套教材里的内容，都能很好地把握每个教学活动的基点，也容易找到活动筹备的方向。

（三）理清主题的学习线索

主题是由一系列的活动组成的，其中既有集体教学活动，也有区域活动及各类游戏。这些活动并不是孤立的，而是相互间存在着千丝万缕的联系，贯穿其中的就是儿童的学习与发展。所以，教师在进行活动筹备时要仔细研究所有的活动，理清活动之间的关系和发展脉络，从中找到儿童学习发展过程中不断积累的经验点及进一步学习的需求，这样才能更好地把握活动内涵。

下面是主题活动"离园倒计时"的线索解析：

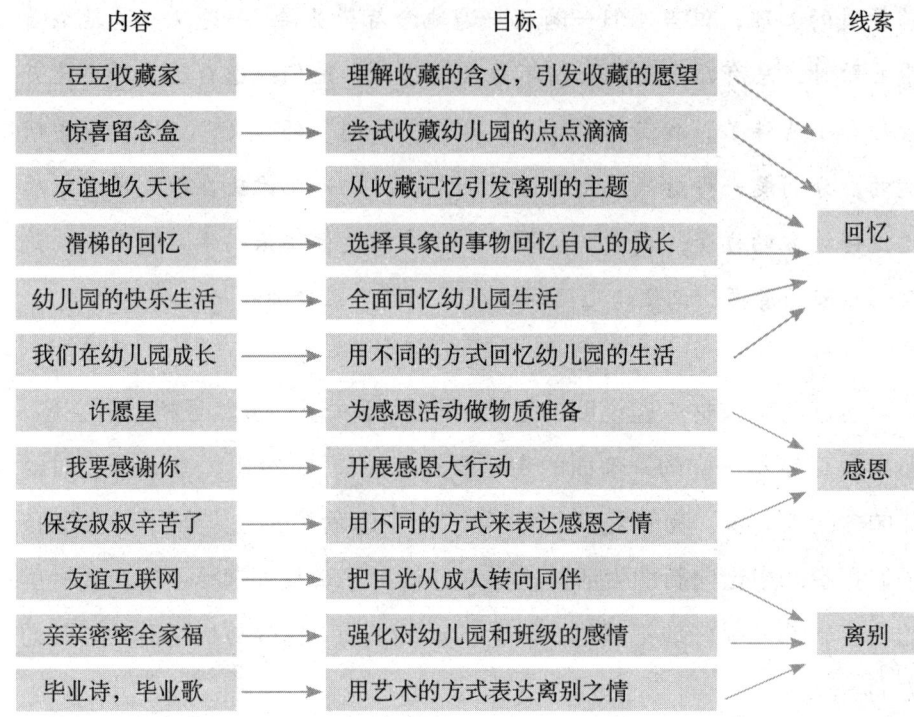

主题线索是儿童对某事物理解和参与的心理过程，所以我们要按照一定的进程来梳理所有教学活动的顺序。从上面的案例中我们可以看出，"离园倒计时"的主题活动是从一个关于收藏的故事开始的，当儿童理解了收藏有助于保留记忆，并尝试自己开始收藏时，对幼儿园点点滴滴的回忆就展开了。这些回忆的情感积累就是后面开展感恩活动的基础，如果没有前面这么多的活动作为铺垫，儿童的感恩之情就不会那么深刻，而这一切让孩子们最后的离别来得如此从容和深情。因此梳理出"回忆—感恩—离别"的线索，把教学活动按此脉络进行组织，既能帮助教师把握好所涉及的每一个教学活动的筹备重点，也能帮助教师衍生出相应的生活活动、区域活动的内容，让儿童的成长更加顺理成章。

五、修订具体的教学内容

通常,在开展主题活动时,教师会事先对主题目标及其中的多个教学活动进行大致的预设。但在具体备课时还需要对活动内容和目标进行修订,因为在主题活动的推进中,每个班级的孩子其认知能力和情感、社会性的发展都不可能是一模一样的。所以根据前期活动中孩子们的具体发展情况,对接下来要开展的活动内容及目标进行适度的修订,还是很有必要的。一般来说,教师可以从以下几方面来考虑。

(一)让内容更贴近现实中儿童的生活

备课就是备儿童,教学活动的有效性应该体现在活动要贴近儿童的生活,因为生活经验是学习的基础。所以,教学内容修订的重点就是考虑活动是否贴近了自己班级孩子的生活经验。如果不够贴近,就要想办法让教学内容与儿童的生活经验进行链接。

从关节到骨折

大班正在开展"从头到脚"的主题活动,教师在对"我的关节会表演"内容进行备课时忽然想到,最近班里有个孩子的手臂骨折了,孩子们和家长对这个话题都很关注。于是她灵机一动,把教学活动进行了适当的修改:在前面环节增加了关于班级幼儿骨折的话题讨论,引导孩子们认识骨头的作用,在中间环节才展开关于关节的作用的研究,最后环节则把重点定位在自我保护教育上。

这样的修订,虽然增加了些内容,但是从幼儿的生活出发,契合了幼儿当下的成长需求,使教学活动对幼儿的发展真正起到了推动作用。

（二）让内容更适合当前儿童的实际水平

认知的特点和水平是影响儿童学习与发展的重要因素。教师如果能把握住儿童的实际水平，就能让教学内容更契合儿童的兴趣和需要。因此，教师在修订教学内容时要认真评估班级儿童在平常活动中所表现出的实际水平。

制造声音

某教材中有一个小班教学活动——"制造声音"，其活动目标为：(1) 主动借助各种材料发出不同的声音。(2) 感受自制声音的乐趣。其过程是要让幼儿利用盒子、塑料袋、塑料瓶、易拉罐、酸奶瓶、纸等各种废旧材料来制造声音。

某教师在备课时联系自己日常生活中对班级儿童认知水平的观察，觉得运用那么多的材料制造声音会让小班的孩子难以集中注意力，干扰他们的观察和思考，所以修改为仅在易拉罐中放进3～4样不同的物品，通过"摇"这一种方式来制造声音。

结果显示，这样的修订非常成功，孩子们不仅在操作过程中显示出高度的专心和耐心，而且对声音是怎么制造出来的也有了非常清晰的了解。

（三）让内容更符合儿童当下的兴趣点

教学内容是指为实现教学目标而需要掌握的知识、技能和行为经验的总和，是教学活动中传递教育信息的主要载体。这个载体如果远离儿童的兴趣点，就难以激发他们学习的积极性。所以在教学活动筹备的过程中，教师要能分析儿童的兴趣所在，灵活调整教学内容。

小熊商店 VS 小朋友的衣帽店

某教师计划开展一个关于物品分类的小班教学活动。在备课的时候，她原本设计了一个"小熊商店"的情境，准备了很多小图片，想让小朋友们帮小熊来整理水果和蔬菜。但是，她发现最近因为天气原因，孩子们戴了各种手套、帽子等来幼儿园，平时经常喜欢拿来玩。于是她修订了原计划，把情境改为要建"小朋友的衣帽店"，在准备了一些真实物品的基础上，请孩子们把自己的大衣、围巾、帽子、手套等也加入进去进行分类和整理。结果，孩子们兴致盎然，不但学习了如何管理自己的物品，还在不知不觉中认识了类别。

在这个案例中，教师对内容的调整非常及时，水果、蔬菜图片和实际生活中自己的衣帽物品相比，当然是后者更能吸引孩子。同时，幼儿在学习的过程中除了学习分类，还能养成整理自己物品的习惯，让教育目标更多元。

六、研究现有的教学资源

备课意味着对活动开展进行筹备，以保障活动的顺利进行。因此，对活动开展的条件和资源进行分析就很关键，因为设想得再好，如果没有实施的可能，那么筹备就是空的。所以，在备课中教师必须实事求是地分析现有的教学资源是否充足，已有的资源能否得到利用，等等。

面包店与食堂

某位教师在对中班幼儿开展"小鬼显身手"的主题活动时，为了让孩子们体验成人的工作，原计划带他们去参观附近的蛋糕店，看一看糕点师是怎么制作蛋糕的，然后结合美术活动让孩子们尝试来做一做蛋糕上的裱花。可是，在备课时她到实地了解情况后发现，附近的蛋糕店没有操作间，如果要看制作过程需要到很远的总店去，非常不方便。另外，核算了活动费用后，她还发现让孩子们自己来做蛋糕也很不现实。于是，这位教师根据主题目标"体验成人的工作"，把参观蛋糕店修订为参观幼儿园食堂，让孩子们观摩了食堂里叔叔阿姨的工作，了解这些肉和菜的原材料是如何变成美味午餐的，并让孩子们在接下来的活动中帮助食堂工作人员摘菜、剥豆等，非常圆满地完成了既定目标。

这个案例中的教师就是在备课中非常认真地分析了现实条件，没有盲目追求外在形式上的效应，这样反而使教学活动的实施更轻松自如。在备课时，教师可以从以下几方面去筹备教学资源。

1. 课程条件资源

课程条件资源，是指当前课程实施中已有的教学资源储备，这是教师需要重点筹备的内容。比如，目前幼儿园教材都配备了教学图片、操作材料、音像制品等，教师需要认真研究本次教学活动原配的课程资源，思考在哪些环节如何正确、合理地使用它们。

2. 物质条件资源

物质条件资源，是指在教学活动过程中需要使用到的物质设备，这是教师需要细致考虑的问题。比如，本次教学活动需要黑板张贴图片或范例吗？需要书架摆放教师用的大书吗？需要使用投影仪或电脑吗？能提供何种工具让幼儿作画？有合适的场地让幼儿分组合作吗？筹备好这些细节问题，教师在教学组织中就不会手忙脚乱，也不会影响进程。

3. 教师能力资源

教学活动是在教师主导下的儿童主动学习，所以教师自身的能力素养是支持有效教学的重要资源。教师要充分发挥自身优势，把个人专长作为重要的教育资源加以运用。比如，有的教师能歌善舞，可以把一首简单的乐曲改编成幼儿喜爱的舞蹈或游戏；有的教师心灵手巧，可以为教学制作优质的操作教具；教师之间也可以根据各自的特长互相协作、互帮互助，等等。以上这些都充分发挥了教师能力资源的作用。

某幼儿园根据主题教学内容，请具有美术特长的教师制作了很多演示用的手偶教具，请擅长计算机技术的教师制作了一些有趣的课件，请唱歌好的教师录制了一些示范歌曲。同时，各班级在实施主题活动的过程中还相互交换各自收集的绘本、课件等资料，极大地丰富了课程资源。

4. 家长支持资源

除了教师自身的能力，家长群体也是重要的教学支持资源。比如，有的家长具有某方面专长，教师遇到相关问题时可以进行咨询，以保障教学内容的科学性；有的家长所从事的工作能为教学活动的开展提供便利；有的家长工作中所产生的废旧材料能为教学提供物质支持，等等。

有位教师在组织"爱护牙齿"的教学活动时，邀请了班里的牙医家长，请他带来各种牙齿模型和牙医工具，并从专业的角度解答了孩子们的很多问题，使教学活动生动、直观。

第三节 幼儿园备课流程

> 流程，是从起点迈向终点的脚步，是串起目标和结果的那条线，将引领着你和孩子找到共同前进的方向。

备课流程，是指为设计教学活动而采取的途径、步骤、手段，是教师通过一连串有特定逻辑关系的行为、流程来完成教学设计任务。一般来说，备课从以下几步展开。

一、制订教学活动目标

教学活动是教师有目的地组织儿童开展学习的活动，是一种教师主动推进儿童发展的过程。教学目标就是教师预设的儿童的发展点，是教师期望儿童得到的发展结果。有效的教学始于准确地把握希望儿童达成的目标，所以在备课中教师首先要思考的就是教学目标，它是评价一切教学活动有效性的逻辑起点。

（一）把握教学目标的丰富内涵

幼儿园教学活动的过程是丰富的、整合的，是促进学习者全面发展及多维心理建构的，因此备课中教师也应该从认知、技能、情感态度等多个维度去把握目标。这些不同维度的目标在整个教学过程中的落实，能促进儿童获得全面、整合的发展。

1. 正确定位认知目标

所谓认知目标，是指儿童在学习过程中需要了解和掌握的概念、经验以及所获得的信息等。在备课中，教师首先要研究的就是这些信息的正确性，以免给幼儿错误的认知。其次，要判断这样的知识点是否是学前教育应该教授的，应尽量避免让教学活动的认知点太深、太难、太偏。最后，教师还需要记住美国著名教育家布鲁纳指出的，"认知是一个过程，而非一种产品"，在制订目标时要更多地考虑儿童将如何获取这些概念和信息。

烟 和 蒸 汽

某个故事中有老奶奶蒸馒头的情节，孩子们看到图片上的厨房里热气腾腾的景象，说："冒烟啦！"教师顺口说："对，你们看得真仔细！"

烟和蒸汽是两个概念，教师之所以这样回应幼儿，是担心本节活动不是科学活动，怕在这个概念的解读上浪费太多时间。在集体教学活动中聚焦主题是对的，但是让孩子留存错误的概念并不可取。如果教师这样回应幼儿——"噢，你们看到饭锅里冒的热气（或蒸汽）啦"会更好，这样既没有纠缠它（蒸汽）到底是什么，又暗示给孩子们以正确的概念。在教学延伸活动中，教师则可以和孩子们一起来探索蒸汽的产生。

麦比乌斯圈

李老师在中班手工活动中让孩子们用纸条做纸环，为了提醒孩子们纸条有正反面，不要粘错，她想到了"麦比乌斯圈"，觉得这是一个有趣的科学现象。于是，她先请孩子们在正常的纸环外面画线，然后在"麦比乌斯圈"的外面画线，通过比较来发现这个有趣的现象。然而中班的孩子虽然画出了不同的线条，却怎么也无法理解老师想让他们看什么。因为这样的内容对他们来说，显然是太难、太深奥了。

2. 重点突出技能目标

所谓技能目标，是指为完成某种任务所必须掌握的方法。教师千万不要认为它单纯是指动作技能，其实更重要的还包括思维方式、学习方式等综合技能。通常，我们可以从以下三方面来理解：

- 动作技能：洗手、穿衣、绘画、做操、打球、跳舞等。
- 智力技能：观察、感知、记忆、想象、思维、推理等。
- 自我认知技能：自我调节和监控能力。比如，会自己做计划，会检查自己的记录，会评价自己或他人的行为，会发现自己的错误并能纠正，等等。

技能目标的本质是儿童在学习过程中"学会学习"的能力发展过程，是伴随儿童一生发展的重要指标，也是教师在备教学目标时需要重点突出的要素。

3. 彰显情感态度目标

所谓情感态度，是指人的社会性需要是否得到满足时所产生的情绪体验和内在感受，以及由此产生的个性行为倾向。它是一整套和参与有关的机制，是儿童学习的内在动力，直接影响着儿童是否参与活动、如何参与以及参与的程度等，有些学者称之为心智倾向或学习品质。比如，儿童对学习的兴趣、热情、求知欲；在学习中的情绪体验和感受，如愉快、激动、紧张等；遇到困难能坚持，遇到问题会求助等信念的建立；对他人行为的敬佩、赞扬、羡慕等心理活动，等等。

学习和发展是儿童在参与中实现的，所以参与很重要。儿童只有在学习过程中学习坚持、勇于尝试，使灵感不断地迸发出来，才能成为有能力、有自信的学习者，而这是掌握知识和能力的基石。因此，情感态度的培养是幼儿园教学活动筹备的根本目标，体现了教育者对儿童发展的正确的价值取向。

不过，值得教师注意的是，以上三方面的目标是一个有机的整体，比如，情感态度与价值观的发展离不开知识与技能的学习，知识与技能的学习又必须以有利于其他目标的实现为前提，所以教师在备教学目标时要关注儿童的人本发展与社会要求的统一，强调目标的科学性与人文性的协调，努力达成对真、善、美的价值追求，体现可持续发展的理念。

（二）确定教学目标的具体定位

理解了教学目标的丰富内涵后，教师需要针对不同的教学活动来确定具体的教学目标。一般可以从以下几步来展开。

1. 根据任务落实发展要点

确定教学目标的第一步，就是要从主题脉络或社会培养的需要出发来寻求教育方向。它是成人的教育意志在教学活动中的体现。

在教唱歌曲《大中国》的活动设计中，教师制订了"理解歌曲中对祖国美好事物的描绘，激发热爱祖国的情感"这一目标，就是从成人的教育意图出发，针对儿童的思想品德教育而产生的目标。

2. 根据观察结合儿童需要

确定教学目标的第二步，就是要从儿童的角度来思考教学目标的定位，是教师通过日常对儿童的发展现状及问题的观察来对第一步的思考进行完善的过程。只有把成人的教育意图与儿童当下的发展需求和水平结合起来，才能找到真正适宜的活动目标。

比如，上面"大中国"的活动设计中，教师虽然从成人的教育意图出发制订了目标，但是目标并没有定得很宏大，而是有针对性地从"理解歌曲中对祖国美好事物的描绘"这一角度出发来教育幼儿热爱祖国，这就符合儿童当下的认知了。

交 通 标 志

某教师为提升幼儿的安全意识设计了一个"交通标志"的教学活动，她把目标定位为"了解马路上的各种交通标志"。于是，不仅是红绿灯、人行横道线等行人需要注意的交通标志，就连限速标志、禁停标志等有关汽车行驶的标志也成为她教学的重点内容。

从这个案例可以看出，幼儿之所以学了很多不必要的知识，正是因为教师在确定目标时只从成人的角度去考虑而没有对接儿童当下的需求造成的。如果把目标修改成让幼儿"了解一些在马路上应该遵守的交通规则"，那么教师对整个教学活动的重点就会把握得更准确了。由此可见，教师只有在日常生活中时刻关注幼儿的行为表现，了解他们的发展需要或近期的兴趣点，及时发现教育的契机，才能使目标制订得更准确、更适宜。

3. 结合素材特点进行精确定位

确定教学目标的第三步，就是要深入分析活动内容的特点，对儿童的"最近发展区"进行精确定位，使儿童的发展方向更明确。

某教师在"小鬼显身手"的主题活动中，为达到让幼儿"体验自己的能力，促进自主发展"的目的，决定开展一个让幼儿自我服务的活动。通过对幼儿当前的兴趣点进行解读，她决定让孩子们自己制作一份简易的便当，于是"能自己动手制作一份可口的饭菜"就成为该活动的第一个目标。而在分析便当的制作特点时，她发现艺术造型也是非常有意思的角度，于是"能合理地使用各种食物材料，有创意地设计饭菜造型"成为该活动的第二个目标。

从这个活动的设计中我们可以看出，对目标的精确定位能使教学活动重点突出、层次递进，能让教师在活动组织过程中清楚地了解儿童发展的方向，使目标落到实处。

（三）清楚表述教学目标

教师对教学目标准确的表述，对于整个活动的筹备有着举足轻重的引领作用。因此，教师在制订目标时需要字斟句酌，力求用最简洁的语言将心中的目标准确、到位地加以表述。

1. 教学目标表述的要求

在表述教学目标时，要符合以下三点要求。

（1）**突出现实性**。教学目标是针对教学活动制订的，所以它的表述应服务于具体的教学活动，能对整个教学活动起到实实在在的指引、调控和检测作用。

　　在大班美术活动"蚂蚁和西瓜"中，其活动目标——"能正确使用水粉合作绘制西瓜；学习用简单的笔画表现蚂蚁的各种动态"，对活动中幼儿要学会使用水粉这种材料、要和同伴共同制作背景西瓜、要用简笔画的方式表现蚂蚁的动态等提出了明确的要求，很好地帮助教师了解了在活动中要重点关注什么，也为教师随时检查幼儿的活动状况并进行及时的指导提供了依据。

　　（2）**保证逻辑性**。要保证目标表述的逻辑性，首先，要确定行为主体。当前，我们习惯于从儿童为学习主体的角度来思考目标的表述，比如，使用"能……""了解……"等，而不是以教师为行为主体的"使幼儿……""让幼儿……""提高幼儿……"等，重要的是不要让这两种提法混淆在一起。其次，教师要注意每一句话前后的逻辑关系。比如，"尝试用不同的速度表现歌曲"和"尝试用不同的速度表现歌曲前后两段的节奏"，虽然只相差了几个字，但目的大相径庭，前者意味着幼儿将用不同的速度来演唱整首歌曲，而后者是要求幼儿用速度来区分歌曲中两个不同的段落。

　　（3）**符合语法规范**。一个完整、具体、明确的教学目标表述应该包括四个要素[1]，首先是要点明行为主体，如"（幼儿）要……""（儿童）应该……"等；其次是要说明行为活动，如"唱出/数出/记住/辨别/比较……"等；再次是要确立行为标准，即学习者针对目标所达到的最低

---

[1] 朱家雄. 幼儿园教育活动设计与实施[M]. 北京：高等教育出版社，2008.

表现水准，如"和上音乐节拍""正确拆装玩具中的电池"等；最后，还可以加入行为条件，提示教师让儿童产生预期学习结果的特定限制或范围，如"根据音乐……""在读懂图片的基础上……""在教师的提示下……"等。

根据上述理论，教师可以获得极具操作性和可观察性的目标表述方式，对教学活动具有很强的实践指导意义。

2. 教学目标表述的方法

下面我们从认知、技能、情感态度三个维度来列举一些目标的表述方法。

（1）认知目标：包括对概念、信息的记忆、理解、掌握，以及对知识的应用、分析、综合、反思等各种综合智力活动。此类教学目标一般表述如下：

- 在操作中感知电动玩具的共同特征——有电才会动。
- 能根据经验理解愉快、不高兴、愤怒等情绪。
- 能理解故事内容，并记住故事中各种动物的特点。
- 能根据所提供的事物的不同特征进行分类。
- 熟悉乐曲的旋律，初步了解乐曲的结构和内容。
- 能仔细观察和比较两种物体的异同。
- 认识国旗、国徽、国歌，了解这些是中国的象征，应该表示尊敬。

（2）技能目标：既包含骨骼、肌肉的运动和协调，也包括完成某项任务时各种操作方式和方法的运用。此类教学目标一般表述如下：

- 在观察的过程中会使用自创的符号进行记录。
- 能运用所提供的多种材料创造性地表现人物的五官。
- 在练习双手抛的基础上，学会单手肩上投掷的基本动作。

- 能在教师的提示下仔细观察图片的细节。
- 能用较生动的语言讲述小刺猬的硬刺被烫卷又还原的原因。
- 能在游戏情境中尝试调控自己的情绪。
- 能根据音乐用动作来表现乌龟和兔子的形象。

（3）情感态度目标：包含对周围事物的态度（如注意、意识、觉察、接受等），对某些刺激做出的反应（如认同、遵守、支持、参与、乐意承担、感到愉悦等），进行价值判断（如选择、辨别、决策、制订计划、权衡利弊等），个性和性格（如大胆、内向、坚持、退缩、开朗、畏惧等）。此类教学目标一般表述如下：

- 能大胆参与戏剧活动，体验角色扮演的快乐。
- 对电动玩具有好奇心，乐意参与探索活动。
- 充分体验替换想象画带来的乐趣。
- 能为自己是中国人感到自豪。
- 体会中国象形文字的有趣，产生认识文字的兴趣。
- 敢于挑战游戏中的困难，体验成功的喜悦。
- 能遵守游戏规则，积极参与竞赛。

二、设计教学活动环节

　　教学活动一般由导入部分、基本部分、结束部分三个大环节组成，在这三个大环节中可以演变出唤醒、呈现、练习、巩固、结束等各个小环节。这些环节为教师掌握教学过程提供了一定的操作程序，能帮助教师合理组织教学内容呈现的顺序，同时为幼儿的学习提供了逐步递进的接受过程。教学环节就像是一个个支架，通过把复杂的学习任务进行分解，为幼儿的学习理解搭建起一个个台阶，以便把幼儿的学习逐步引向深入。

（一）导入环节的设计

高结构化的教学活动通常由教师发起话题，所以通过有效导入能引起幼儿积极的情绪反应，激发幼儿作为参与主体进入最佳学习状态。

1. 直接导入法

直接导入法，是指教师用简洁、明确的语言告知幼儿活动的内容或目标，使幼儿立即明白活动的任务。比如，教师出示一本大图书，告诉幼儿："今天老师带来一本好看的书，请你们看看书里讲了谁的故事，它遇到了什么有趣的事情……"

这样的导入适用于大多数的教学活动，它比很多故意绕一大圈而浪费时间的导入要有意义得多。

2. 问题导入法

问题导入法，是指教师设计与教学内容相关的问题，以激发幼儿的好奇心，引发幼儿参与活动的兴致。比如，在讲故事前教师先出示一张蛤蟆的图片说："蛤蟆今天在等好朋友青蛙来吃晚餐，可是到现在青蛙还没有来，它到底出什么事情了？"又如，在科学活动"电动玩具"中教师说："这个玩具今天不会动了，到底是怎么回事呢？"

这样的导入非常适用于科学探究类的活动，因为它容易激发起孩子学习的积极性。当然，在讲有趣的故事时，或者要学习有情节的歌曲或舞蹈时，也比较常用。

3. 前经验导入法

前经验导入法，是指教师根据前期幼儿的已有经验来发起活动，吸引幼儿积极参与到活动中。比如，教师在教学活动开始时说："小朋友，你们还记得上次我们唱过的那首歌吗？歌里唱了什么？"又如，在上科学活动"磁铁"时教师说:"前两天小朋友们在区角游戏里玩了小火车,请你们说说那些车厢是怎么连接起来的,你们有什么奇怪的发现吗?"

如果新的学习内容需要有一定的经验支持,那么比较适合采用此方法。

4. 游戏导入法

游戏导入法,是指教师通过游戏引发幼儿的兴趣,触动幼儿的原有经验,为活动的正式开始做好准备。比如,在开展中班"各种各样的水果"活动时,教师拿出一个布口袋,请个别幼儿伸手去摸里面的水果,判断是哪种水果。又如,在"沉和浮"的科学探究活动中,教师先请幼儿玩水,然后把各种玩具材料放入水中观察等。

要让孩子在活动中动手动脑时,就可以使用这个方法。

(二)基本环节的设计

基本环节是教学的核心部分,是教师展开内容,实施"教—学"互动的过程。其中既涉及教师对教学内容的呈现,也涉及幼儿如何学习、理解。教师可根据不同的教学活动选用不同的策略进行设计。

1. 情境表现法

情境表现法,是指教师通过情境来呈现教学内容,使幼儿自然卷入活动。通常情况下在设计音乐活动、美术活动、体育活动时,使用此方法较多。

在律动活动"美丽的蝴蝶"中,教师播放音乐,请幼儿想象蝴蝶飞舞的样子,然后自由表演蝴蝶飞的动作;当音乐停止的时候,要学着小蝴蝶摆个漂亮的姿势停在"花朵"上。就这样,教师通过音乐和情境的创设,使幼儿一步步自然而然地学会按节奏进行律动了。

2. 学练同步法

学练同步法，是指让幼儿一起跟着教学的进程边学边做，也就是说教师在呈现教学内容的同时也让幼儿开始了操作练习。一般在歌唱教学和舞蹈教学中都会用到同步练习的方法，教师一边呈现内容，一边带着孩子们学唱或学跳。此外，在美术活动和体育活动中这种方法也比较常见。

在图画书《爷爷一定有办法》的教学活动中，教师打开大书开始讲述故事。当讲到约瑟有一床小毯子的时候，教师发给每个孩子一张漂亮的花纸做毯子；当故事讲到爷爷用小毯子做了一件外套时，教师便带着孩子们一起用花纸折外套；当讲到爷爷用外套做背心时，教师便请孩子们一起学着把外套剪成背心……

3. 后置体验法

后置体验法，是指教师抛出任务后请幼儿分组或单独进行操作练习。比如，大多数的绘画活动往往是在教师引题后，让幼儿自主创作；大多数的科学活动也是在教师引导幼儿发现问题后，就放手让他们自己去探索、操作、尝试。这种类型的练习或者操作，往往具有探究的性质，是激发幼儿学习自主性和积极性的有效方法。

4. 先行组织法

先行组织法，是指把学习任务中的重点或难点放在活动开始阶段让幼儿练习操作，以引导幼儿更顺利地完成后面的学习。通常情况下，教师在分析了教材内容后，如果发现里面有些内容对儿童来说有一定的难度，或者某些重难点是贯穿于这个教学内容的，就可以使用此方法。

在儿歌《小花布》中，乌龟的背壳花纹和蜜蜂的黄黑条形纹是幼儿不太熟悉的。于是，教师在活动的开始阶段首先设计了一个"找衣服"

的操作活动,让幼儿通过为衣服配对来熟悉各种动物身上的花纹。这样在接下来的儿歌教学中,当教师出示动物的部分图案时,幼儿就能猜出是哪个动物了。

5. 迁移巩固法

迁移巩固法,是指请幼儿运用所学的内容去尝试解决问题,以巩固对所学内容的更深入的理解。同时,也有助于让幼儿体验学习与生活的关系。此方法适用于各种活动,是教学延伸活动或生成活动的基础。

在学习并了解了磁铁的特性后,教师请幼儿自己利用磁铁制作一个"小猴转圈"的玩具,或者为老奶奶找出掉落在米里的回形针,等等;在儿歌教学中,当幼儿已能熟练地朗诵儿歌时,教师可请幼儿根据原有的韵律和内容进行仿编等。

(三)结束环节的设计

结束,并不意味着到此为止。一个完美的结束,不仅能对教学活动起到总结、提升的作用,而且还能给幼儿留下回味和留恋,激发他们继续研究、后续探索的兴趣。

1. 自然结束法

自然结束法,是指教师直接告知幼儿活动结束,并带领幼儿收拾整理材料用品。这是非常自然朴素的方法,一般用于活动已经让幼儿玩得非常尽兴,他们的情绪已从高潮回落到平静的情况下。比如,在美术活动或体育活动的最后,教师对幼儿说:"今天,我们就玩到这里!请大家收拾好工具(玩具)回教室洗手休息……"大多数的教学活动都可以用此方法来结束。

2. 画龙点睛法

画龙点睛法，是指教师在结束时对本次活动的关键或核心问题进行精辟的总结或概述，使幼儿在认知或行为上得到提升。当某些关键问题在教学活动的过程中没有得到清晰的解答时，或者为了帮助幼儿进一步澄清认识时，教师可以运用这种方法。需要注意的是，画龙点睛要点到为止，不要洋洋洒洒的长篇大论，那样会让孩子厌烦。

在科学活动结束时，教师点评道："小朋友们，今天你们真能干，自己动脑筋发现了磁铁的秘密，以后再遇到问题，老师相信你们也能自己解决！"在故事《金色的房子》教学活动快结束时，教师请幼儿思考："为什么小姑娘最后和小动物们在一起那么开心呢？"从而得出"有朋友真好，宽容待人才能得到朋友"的道理。

3. 后续延伸法

后续延伸法，是指根据本次活动的重点在活动最后突然再次设置疑问，使趋于平静的幼儿的思维再起波澜，然后把这种疑问延伸到后续的活动中，激发起幼儿不断想学的欲望和兴趣。这种延伸可以针对本次活动单独形成，以鼓励幼儿在活动后自由探索，也可以为了与接下来的教学活动相衔接而特设。

在"可爱的小兔"的观察活动最后，孩子们提出："小兔到底还喜欢吃什么食物呢？"于是，教师就把这个问题作为结束，鼓励幼儿在接下来的自由饲养活动中逐步去寻找答案；在谈话活动"我要上小学"的最后，教师提出："那么小学到底是什么样子的呢？你们想了解小学吗……"这是针对下一次组织幼儿参观小学的活动而提出的。

在主题活动背景下进行教学设计时，教师应该多考虑使用这个方法。

因为主题活动的各个内容之间都应该有延续性，教师可以在每个教学活动的最后含蓄地为下一个活动的开展搭起桥梁。

三、撰写教学计划文稿

备课是教师思索和计划自己的教学活动如何开展的过程。因此，光在头脑中思考还不够，教师还需要把思考落在纸上，这样才能做出进一步调整和修改，也为活动实施后进行反思提供了依据。

一般来说，幼儿园会为教师提供统一的备课文本格式，以便于教师备课。不过，不同经验、层次的教师，文稿的撰写可以有所不同。年轻的教师应该撰写详细的文案，因为详细的文案能把自己思考的方方面面都写下来，使思考趋于成熟，这样在开展教学活动时才能真正"有备而来"。教学经验丰富的教师则可以撰写简案，只要把基本的教学环节和思考的重点撰写下来即可。需要注意的是，备课文稿中有几个关键点要重点体现。

1. 点出教学活动的来源

在上面的章节中我们谈到，幼儿园的教学活动内容来源比较广泛，有的是从教材中直接选用，有的则是教师根据课程主题生成的新内容。所以，在备课文本中应该突出对教学内容的来源的解释，这能促使教师去关注教学主题发展的脉络及儿童发展的进程，能帮助教师更好地把握本教学活动的核心教育目标。

大班故事教学活动：猴子捞月亮

活动来源

选自主题"神奇的世界"，教材第121页。本教学活动意在进一步引导幼儿关注周围世界中的各种有趣的现象，激发幼儿"发现-探究"的兴趣。

2. 突出重难点的分析

备课就是教师对教学内容的研究和处理，是教师对教学过程的设想，所以写清楚在活动过程中什么是幼儿可能遇到的难点，什么是教师需要把握的重点很重要。这需要教师对活动做出准确的预估，也意味着教师要对儿童的身心发展特点进行准确的解读，因此写好这个板块能提升教学的有效性。重难点的分析可以是儿童认知方面的要点，也可以是教学组织过程中的注意点。

大班故事教学活动：猴子捞月亮

活动目标

（1）理解故事内容，能发现物体在水中成像的现象。

（2）能通过小实验深入理解故事情节。

（3）能对科学现象有观察、了解的兴趣，知道遇事要多动脑筋。

活动重难点

重点：通过合作实验来发现现象。

难点：观察和理解物体在水中成像的现象。

3. 强调幼儿的经验准备

一般的备课文稿中都会有"活动准备"栏目。物质的准备是大多数教师都会写下来的，但是，只注重物质准备而不清楚儿童的经验准备是不够的。所以，在撰写教案文本时在"活动准备"一栏中增加"经验准备"，能促使教师在实施教育活动前关注幼儿的已有经验，为幼儿提供必要的学习储备。比如，要开展美术活动"画螃蟹"，就应先让幼儿观察螃蟹，最好在画前1~2周让幼儿在自然角中饲养螃蟹，这样的教育才更有效。

大班故事教学活动：猴子捞月亮

活动准备

（1）物质准备：故事图片一套；每桌一盆水，一只手电筒。

（2）经验准备：幼儿观察过月亮，有 2～3 人合作活动的经验。

4. 展开引导策略与提问设计

通常在备课中教师最容易把教学过程写得像流水账一样，这样既费时，又达不到备课应有的效果。教师们可以在"教学活动计划"中把教学过程分成"教育策略"和"有效提问"，让自己思考应该运用什么方法才能达到目标，以及提出什么样的问题才能有效启发幼儿。如果能在活动结束后，再对过程策略及自己的提问情况进行回顾分析，又将有效地提高教师指导幼儿活动的能力。

大班故事教学活动：猴子捞月亮

教育策略	有效提问
1. 以猜谜语的方式导入，激发幼儿的兴趣——有时挂在山腰，有时挂在树梢，有时像个圆盘，有时像把镰刀	（1）你猜这是什么？ （2）你在哪里见过月亮？
2. 教师讲述故事《猴子捞月亮》的前半段，帮助幼儿重点理解故事的发生及猴子们的想法	（1）猴子们在夜晚发现了什么？ （2）猴子们是怎么认为的？它们决定怎么做？
3. 继续讲述故事的后半段，和幼儿讨论倒影的现象，鼓励幼儿表达自己对该现象的认识	（1）猴子们用什么方法捞月亮？捞到了没有？ （2）你知道猴子为什么捞不到月亮吗？

续表

教育策略	有效提问
4. 把手电筒当月亮，把水盆当井，让幼儿分小组进行"水中成像"小实验 5. 教师小结：我们在生活中遇事应该多动脑筋，认真思考 6. 完整欣赏配乐故事《猴子捞月亮》	（1）你发现水中的"月亮"是什么样的？ （2）用手去捞，"月亮"变得怎么样了？ （3）你怎么看这些猴子？你觉得它们是怎样的一群猴子？

上述案例清楚地显示了教师备课的思路，左边是整个教学活动计划开展的几大环节，右边则是每个环节中教师需要重点把握的几个关键提问。这样的撰写方式既便于教师对教学活动的整体把控，也有助于教师对细节的思考。

5. 选用适宜的教学文案文本格式

下面提供一些教学文案的文本格式供大家参考。至于上面提到的备课文稿中的几个关键点，即活动来源、活动准备、活动重难点以及活动过程中的教育策略和有效提问等，不同的教师可根据自己在当前备课中需要关注的重点进行调整和选用。

（1）**适用于骨干教师的文案格式**。本文案格式通过表格化的呈现方式在目标设定上突出了对重难点的思考，在过程设计上强调了对教学步骤及提问引导的思考，尤其在最后强调对活动实施后的分析与反思，可以记录教学活动从备课到实施的完整过程。

表格式教学活动计划及效果分析

第（　）周

活动内容		内容来源	
活动目标		重点	
		难点	
活动准备	儿童经验基础		
	物质材料准备		
过程策略			重点提问
活动后分析与反思：			

（2）**适用于主题活动计划的文案格式**。本文案格式在目标中强调对整个主题脉络及儿童发展的把握；在过程的撰写中给以了更宽泛的板块，教师可以根据教龄的长短、教学活动本身的重要程度等来决定是写详案还是简案，使用时更随性。

主题关键活动的实施与反思

第（ ）周　　　　　　　　　　　　　　　　　＿＿＿年＿＿月＿＿日

活动名称：	主题名称：
活动目标：	重难点：

经验准备：
物质准备：

活动过程（引导策略与有效指导）：

活动后反思：

（3）适用于老教师们的文案格式。教师在对教学活动内容非常熟悉，也很有经验的情况下，只需要简单撰写一些重点环节，或结合自己的经验摘录些重要提示即可。

第一章　幼儿园备课

教学活动计划（简案）

活动名称：
活动目标：
活动准备：
活动过程及指导：
活动后反思：

（4）**适用于青年教师的文案格式。**本文案格式重点在于引导青年教师从大处着手思考核心环节的安排，然后再考虑在不同的环节中需要解决的重难点是什么，以及解决策略是什么；同时在右边还为教师留下了可以记录实际操作与计划不相符、有调整的内容。这样的文案有助于青年教师把控教学活动从计划到实施的过程。

幼儿园青年教师备课计划

活动来源		活动名称	
活动目标			
重难点分析			
活动准备	经验准备： 物质准备：		
核心环节安排	重难点解决策略		现场调整情况
活动后反思：			

四、做好教学活动准备

教学准备是顺利开展教学活动的保障。这里所讲的准备包括物质准备和经验准备两个方面。

（一）教学活动的物质准备

儿童的学习是在与环境和材料的互动中产生的。所以，在学习过程中接触和感受到的所有环境都会对儿童的学习产生影响。教师在备课时一定要做好充分的物质准备。

1. 合理安排空间

不同的教学活动类型需要不同的空间及桌椅摆放方式。教师要根据幼儿园的条件，合理安排活动的空间。比如，音乐活动需要大空间，是否可以放到音乐厅去进行；体育活动涉及跑，应该选择幼儿园的哪块户外场地进行；科学探究或数学学习活动，则需要想好如何安排操作台；活动中如果包括儿童集体交流或谈话环节，则要思考座位如何摆放等。

阅读活动的座位安排

某教师在开展早期阅读教学活动时让孩子们围坐在每张桌子前面，但是她发现这样虽然便于幼儿翻阅图书，不过，幼儿间会互相干扰，而且在组织大家一起讨论重点画面的时候也不能很好地集中所有孩子的视线。于是，她把桌子搬到了教室外面，把椅子围成两个半圆，座位与座位之间间隔一个座位的空间，并且前后两排座位交错摆放，还在每个座位后面加了书袋。

当教学中需要幼儿自主阅读时，她让孩子们把书放在膝盖上翻看，因为座位间都有一定的间隔，因此每个孩子都能认真地独立阅读；当需要讨论疑难画面时，孩子们抬头都能看到屏幕；当需要开展故事情境游戏时，原来被桌子占满的地方现在腾空了，孩子们只要把书放入座位后面的书袋中就能很方便地加入游戏了。

2. 备好充足的工具

工具虽然不是教学具，但是它对教师顺利开展教学活动有着很重要的保障作用。为了让教学活动更从容，教师课前应做好以下这些准备：

- 考虑是否需要黑板或如何使用黑板。
- 准备一些磁铁、安全钉、夹子等，以便悬挂图片类教具。
- 准备一些单面胶带、双面胶带，既可以帮助把物品附着在黑板上，又能实现小教具的灵活移动。
- 准备一些白纸和彩纸，可以在活动过程中随时用来制作一些小教具或提供给幼儿，有助于在教学活动过程中灵活地支持幼儿的学习。
- 多备些笔，可以在教学活动中随手添画或记录幼儿的意见，有助于提升教学活动的灵活性。
- 准备一些筐，帮助分类收纳各种教学用具或幼儿的操作材料。
- 准备一些常用的工具，如剪刀、订书机、裁纸刀、曲别针、绳子、旧报纸、橡皮筋、打孔机、胶水等，以方便应对教学活动中的突发状况。

（二）儿童学习的经验准备

物质准备是教学活动开展的保障，儿童的经验准备则是教学活动目标达成的保障。所以，在教学准备中，儿童的学习经验准备更重要。教师可以从以下几点来考虑：

- 教师自身对教学内容的熟悉情况及教学过程中各种操作的熟练程度。
- 儿童是否曾经在某种情境中接触过本教学内容。
- 是否需要提早通过其他方式让儿童事先接触学习内容。

- 通过日常活动的观察发现儿童对本学习内容的认知水平。
- 对儿童的经验做好几个层次的预设准备,并想好不同的对策。

五、预留活动后的反思

教学反思是教师对教学活动实施后的效果进行自我分析和思考,是教师通过自己教学中所面对的困惑、麻烦和不确定的问题情境来发现问题、提升能力,以便重构良好教学行为的过程,是教学工作中必不可少的一个环节。教师的备课、上课具有惯性,会让教师在长期的教学重复中产生习惯化行为。因此,教师需要在最日常的教学活动中对最习惯化的教育行为进行内省,对自我及儿童的行为表现做出解析,以促使自己发现问题,提升教育教学效能。所以,在教学活动的筹备中,教师应该为教学活动后开展自我反思留下空间。

(一)反思教学目标达成情况

对目标的反思是教师提高活动设计准确性的一个主要策略。对目标进行反思能让教师对内容进行深入的研究,抓住重难点展开思考:"我制订的教育目标是否符合《纲要》精神?学习要求是否符合班级儿童的能力水平?活动是否抓住了最需要解决的重点问题?"

(二)反思教学活动实施情况

教学过程的实施是对备课的最好检验。教师通过对教学活动的实施情况进行反思,能很好地评估自己备课的质量。在反思中,教师可搜集"事实"资料(实际发生的情况)与"意图"资料(自己的备课资料),并将它们进行对比,这样能有效地引发对自我的追问,如环节的设置是否合理？场景的设计及教具的使用是否科学？组织和管理是否有效等，从而发现问题所在。

下面是某教师对语言活动"我给布熊当妈妈"的实施过程进行的反思。

我给布熊当妈妈

活动实录	活动反思
一、让幼儿回忆已有经验，引出故事内容★ ——小时候，妈妈是怎么照顾你们的？ 旺旺：我生病的时候，妈妈会带我去看病。 可可：妈妈会陪我睡觉。	让幼儿回忆已有经验，有助于幼儿理解故事的内容，也符合幼儿喜欢从自身出发去回答老师的问题的特点。
二、露露给布熊当妈妈★ ——讲述一遍故事。 ——露露带布熊出去玩，她与小朋友玩时管住布熊了吗？为什么？你觉得这个时候露露像妈妈吗？为什么？ ——再次讲述一遍故事。（分段讲述，讲到露露带布熊荡秋千时停止，先让幼儿猜测故事的情节） ——露露去商店买东西，管住布熊了吗？为什么？	我这里改变了原本将故事从头讲到尾的方式，而是采用分段讲述法，让孩子去猜测故事情节。这种方法易于调动孩子听故事的积极性，拓展孩子想象的思维，也为仿编故事间接做了准备。以后在讲故事的过程中可以多采用这种方法。

（三）反思师幼互动的效果

教学过程中每时每刻都发生着师幼互动，教师的一言一行都会对儿童产生深刻的影响。有很多教师往往忽略这些细节，所以产生了很多困惑。当他们仔细反思自己的言行时，如自己的提问质量、自己的回应效果、自己对儿童所遇困难的支持方法等，常常会对自己和孩子有新的认识。

（四）反思幼儿的学习行为

幼儿的学习行为是教师教学效果最真实的写照。通过儿童的行为表现，教师可以清晰地检测自己教学行为的适宜性，找到备课中存在的问题，然后进行有效的改进。同时，也可以深入观察儿童的身心发展特点，了解儿童的需要，为接下来的教学找到最佳的方法。

幼儿园教师教学反思表

反思项目	反思内容
活动内容（年龄，选材适宜性）	
目标预设（科学性，达成情况）	
策略运用（合理性，有效性）	
互动情况（与幼儿经验的对接，对幼儿个性化表现的回应，对幼儿学习特点的把握）	
幼儿的学习行为（语言情况，问题行为，典型行为）	
教学艺术（流畅性，条理性，灵活性）	
改进活动的建议：	

第四节 幼儿园备课案例

下面,我们结合上文阐述的不同教案的文本撰写格式,针对"表格式教学活动计划及效果分析""主题关键活动的实施与反思""教学活动计划(简案)""幼儿园青年教师备课计划"及"自由格式"分别列举了一个完整的备课方案。

案例1

中班图画书教学活动:爱爸爸,爱妈妈

活动内容	中班图画书教学:爱爸爸,爱妈妈		内容来源	自创
活动目标	(1) 能初步理解图书画面的意思,尝试用较完整的语言来表达。 (2) 感知颜色混合所发生的色彩变化,迁移理解爸爸妈妈和宝宝的关系。 (3) 体会爸爸妈妈和宝宝相亲相爱的温馨情感。		重点	理解颜色混合所发生的变化。
			难点	理解不同颜色的爸爸妈妈会生出不一样颜色的宝宝。
活动准备	儿童经验基础	幼儿对于宝宝是怎么来的有过好奇。		
	物质材料准备	自制图画书《小紫宝宝》,红、黄、蓝颜料若干,透明小瓶若干。		
过程策略			重点提问	
(一)开场谈话 师:宝宝是谁生出来的?				

续表

过程策略	重点提问
(二) 阅读验证橙色的形成 1. 出示图1 师：在五彩的颜色世界里，一个漂亮的宝宝出生了，她是什么颜色的？叫什么名字？ 2. 出示图2 师：小紫走啊走，遇到了谁？（"红爸爸和黄妈妈"） 3. 出示图3 验证性操作游戏（红色和黄色混合）。	师：小紫的爸爸妈妈是谁呢？ 师：猜猜，他们的宝宝是什么颜色的？ 小结：原来小紫不是他们的宝宝。
(三) 阅读发现绿色的形成 1. 出示图4 师：小紫不灰心，走啊走，遇到了谁？（"黄爸爸和蓝妈妈"） 2. 出示图5 探索性操作游戏（黄色和蓝色混合）。	师：他们的宝宝是什么颜色的呢？ 小结：原来小紫不是他们的宝宝。
(四) 阅读感知紫色的形成 1. 出示图6 师：小紫又遇到了谁？ 2. 出示图7 探索性操作游戏（红色和蓝色混合）。	师：他们的宝宝是什么颜色的呢？ 师：小紫找到自己的爸爸妈妈了吗？
(五) 阅读图画书第四部分，感知更多的亲情 1. 出示图8、图9	师：好多朋友都来祝贺小紫，都有谁呢？ 师：他们是怎么祝贺小紫的？

续表

过程策略	重点提问
2. 讨论自己与爸爸妈妈	师：你像爸爸还是妈妈？ 师：回家后，你想和爸爸妈妈说一句怎样亲热的话？
（六）活动结束	
活动后分析与反思：	

中班早期阅读活动：小乌龟看爷爷

活动名称：小乌龟看爷爷	主题名称：中班"快快慢慢"
活动目标： (1) 在看看说说中理解故事内容，感受共同阅读的快乐。 (2) 能用自己的方式诠释故事，学习准确地表达自己的想法。	重难点： 能大胆猜测故事发展的情节；理解季节与果树变化的关系。
经验准备：幼儿已初步观察过一些季节变化的现象。 物质准备：自制图书一本，大树盆栽一棵，播放器一个。	
活动过程（引导策略与有效指导）： （一）观察封面 1. 观察封面，猜测故事可能讲些什么 师：今天老师带来了一本书，请你们猜猜这本书会讲些什么呢。（重点指导幼儿通过观察封面上的细节，推测书里的内容）	

续表

2. 说说自己为什么这么猜测

师：你是从哪里看出来的呢？（指导幼儿连贯地讲述）

3. 小结：原来图书的封面里藏着很多秘密

（二）阅读图书第一页

1. 翻开图书第一页，讲述故事第一段

师：小乌龟想爷爷了，它想去看爷爷，顺便给爷爷带去一份礼物。

2. 猜测

师：小乌龟会给爷爷带什么礼物呢？（鼓励幼儿大胆猜测，重点肯定有理由的猜想）

（三）阅读图书第二页

1. 观察画面

师：小乌龟给爷爷带了什么礼物？你是从哪里看出来的？（引导幼儿观察图片细节，发现这是一棵没有树叶的大树）

2. 观察树的结构

师：这棵树为什么没有树叶？树的下面为什么包着泥土？（引导幼儿理解在冬季有些树要落叶）

3. 用一张小椅子做乌龟，请幼儿合作把盆栽大树搬到乌龟背上，感受大树的沉重，为下一环节做铺垫

（四）阅读图书第三页

1. 观察画面

师：大树发生了什么变化？（"大树开花了"）

2. 出示蝴蝶和蜜蜂

师：谁飞来了？它们来干什么？（鼓励幼儿猜测原因并模拟蝴蝶和蜜蜂采花蜜，感受小动物与小乌龟的友好互动）

（五）阅读图书第四页

1. 观察画面

师：大树又发生了什么变化？（"大树结出了青苹果"）

2. 出示小鸟

师：谁来了？它们来干什么？

3. 讨论

师：小乌龟要不要请小鸟吃苹果？（用游戏的方式让幼儿感受两难选择：是把苹果给小鸟还是留给爷爷）

（六）阅读图书第五页 1. 观察画面 师：现在苹果怎么样了？（引导幼儿学习"成熟"这个词） 2. 出示乌龟爷爷 师：小乌龟和爷爷心情怎样？ （七）完整欣赏故事 教师完整讲述故事一遍。
活动后反思：

案例 3

中班音乐活动：大雨小雨[1]

活动名称： 中班音乐活动：大雨小雨（自编）。 活动目标： (1) 学唱歌曲，能用动作对比来记忆歌词。（重点） (2) 听辨特定的声音并交换位置，建立空间方向感。（难点） (3) 乐于参与音乐游戏，体验音乐游戏的乐趣。 活动准备： 三角铁一个，软垫若干，双响筒，音乐《大雨小雨》。 活动过程及指导： 1. 导入活动 幼儿围圈儿站在软垫上进行模仿和无声律动。 2. 学唱歌曲《大雨小雨》 (1) 幼儿模仿唱《大雨小雨》，教师指导：大雨时用什么动作表示？ (2) 提问：如果大雨时是这个动作，那么与它相对应的小雨用什么动作来表示？把动

---

[1] 本案例由浙江省杭州市天水幼儿园李超群老师提供。

续表

作编入歌曲中进行律动。
(3) 一共创编三组相对应的大雨小雨动作,要求幼儿记忆三组动作的顺序。
(4) 按照三组动作的顺序随音乐律动。
3. 听辨三角铁的声音,建立空间感
(1) 听到三角铁(小雨)的声音时,换个位置避雨。(换一块软垫)
(2) 在记忆动作的基础上,在音乐的间奏中听到三角铁的声音换位置。
4. 听辨特定声音,建立空间方向感
(1) 听到双响筒(大雨)的声音时,记住自己固定站立的位置。
(2) 三角铁(小雨)与双响筒(大雨)交替敲奏,帮助幼儿记忆自己的位置并尝试随意交换位置。
(3) 律动《大雨小雨》。在记忆三组动作的基础上,要求听见三角铁的声音时可以随意交换位置,而听见双响筒的声音时必须站立在固定的位置。
5. 告别活动
律动《再见》。

活动后反思:

 案例 4

大班科学活动：寻找旋转[1]

活动来源	大班主题"旋转乐园"	活动名称	科学活动：寻找旋转
活动目标	(1) 了解生活中各种各样旋转的物体，感受旋转的作用和美感。 (2) 学习通过采访、查资料等方式寻找旋转的物体。		
重难点分析	重点：让幼儿了解旋转的作用。 难点：让幼儿运用一定的方式去寻找、发现旋转的物体。		
活动准备	经验准备：提前一周准备一些旋转的玩具让幼儿玩起来。 物质准备：视频课件，规则提示图，常见的旋转物品，如皮球、呼啦圈、陀螺、风车等；小闹钟、小题板、笔和纸。		

核心环节安排	重难点解决策略	现场调整情况
（一）玩游戏"迷迷转"，引出内容 1. 玩"迷迷转"游戏 师：孩子们，我们一起来玩一个游戏吧，游戏的名字叫"迷迷转"。怎么玩呢？老师念"迷迷转，迷迷转"，你们就让自己旋转起来；当我念到"大风吹来，快快站"，你们就赶紧在原地停止。 2. 说一说游戏后的感受 师：玩得真开心啊，说说你们的感受吧。 3. 教师梳理总结 小结：迷迷转，迷迷转，转得我们晕乎乎，转得我们站不稳。	游戏开始，第一次可以稍微慢一点，念"迷迷转"的次数也可以少一些。第二次可以加快速度，要求幼儿转的速度也稍微快些，让幼儿充分体验旋转的感受。	

---

[1] 本案例由浙江省杭州市安吉路幼儿园吴亚芳老师提供。

续表

核心环节安排	重难点解决策略	现场调整情况
（二）玩游戏"开火车"，了解生活中各种各样的旋转 师：我们的身体能旋转，其实生活中还有很多旋转的东西呢。让我们一起来"开火车"，每个小朋友都来想一想，说一说各种各样的旋转吧。 （三）玩游戏"比一比"，学习求助的方法，寻找更多旋转的物体 1. 自由分组，确立组名和组长 师：孩子们，你们想不想知道更多的旋转呢？咱们今天就来比一比，怎么比呢？自由选择三个好朋友为一组，为自己小组起好名字，并选好小组长。 2. 讨论并了解游戏规则 师：既然是比赛，一定要有比赛规则。（出示规则图）一起来看看，你能看懂哪些？还有哪些不明白？	游戏开始，幼儿按顺序"开火车"，说不出的，"下一节车厢"来帮助，不能重复别人说的。教师要充分调动幼儿对旋转的原有经验，根据幼儿的回答进行梳理。 幼儿自由协商完成分组并介绍每组的组名和小组长，明确小组要合作完成任务。 师幼共同讨论，理解比赛规则，如比赛时间、需要完成的任务、完成任务的方法等。强调通过采访其他老师和查阅书本资料两种方法获得答案，并把答案记录在题板上。此环节乍一看与旋转无关，但让幼儿学到了"寻找旋转"的方法，授之以渔，也是幼儿科学教育的目标。	

续表

核心环节安排	重难点解决策略	现场调整情况
3. 第一次比赛 (1) 师：我的小闹钟响起，表示比赛结束，请回到位置。 (2) 师：我们来数一数、比一比每个小组一共找到几个会旋转的东西，说说你们是用哪种方法找到这些东西的。 (3) 教师梳理：小组分工、合作很重要；要有礼貌地向其他老师求助（采访）；要仔细查阅图书资料。	幼儿分组开始第一次比赛，教师仔细观察幼儿的表现，以便梳理、总结第一次比赛中的状况，提升第二次比赛的效率。	
4. 第二次比赛 师：咱们再来比一次，尽量用一用刚才你们没用过的方法，希望大家有更多的收获。		
5. 交流比赛结果 师：老师发现每个组又找到了许多旋转的东西。现在我们来交流一下吧，你们组一共找到几种？找到了哪些旋转物体？	教师根据幼儿的讲述，将答案记录在黑板上。通过现场记录，幼儿学习了观察、对比、排除、大胆讲述。将全体幼儿努力的成果直观呈现，合成一个完整的结果，可以帮助幼儿再一次感受合作的力量。	
(四) 观看"旋转"视频，初步了解旋转的作用，感受旋转带来的美感 师：现在我们就一起来欣赏一些美妙的旋转吧！	播放陶艺、水车、芭蕾、龙卷风的视频，帮助幼儿通过观看视频，直观感知旋转物体的旋转现象，并体验旋转作用带来的各种感受，如好玩、好用、好美，甚至还有破坏等，引发幼儿进一步探究的兴趣。	

活动后反思：

案例5

大班美工活动：我会变[1]

设计意图

　　本活动为自选内容。利用动物间发生的变废为宝的故事来开展美工活动，不仅能较好地激发孩子们的兴趣和主动性，而且是对孩子们想象创作的一种启发与促进。孩子们在听听、看看、说说、做做中既能体验到"保护环境，变废为宝"的乐趣，也能逐渐懂得"生活中的一些废旧物品经过加工后可以变成有用的物品"的道理，从而间接实现了对孩子的环保教育。

活动目标

　　（1）学习根据物品的外形特征展开想象与制作。

　　（2）知道生活中的一些废旧物品经过加工后可以变成有用的物品。

　　（3）体验自己动手"变废为宝"的乐趣。

活动重难点

　　制作中的创意和想象。

活动准备

　　（1）经验准备：幼儿已有一定的手工制作经验。

　　（2）物质准备：大象手偶，演示桌，由牙膏盒制作成的毛毛虫玩具，

---

[1] 本案例由浙江省杭州市朝晖五区幼儿园洪娴老师提供。

由光盘制作的螃蟹、独轮车等教具；幼儿收集的废旧物品，如纸盘、光盘、纸杯、纸盒、牙膏盒等；幼儿制作用的工具材料，如剪刀、双面胶、纽扣、吸管、绒毛棒、彩纸、广告纸等。

活动过程

（一）猜一猜，魔术商店有什么

师：大象伯伯在森林里开了一家"魔术商店"，为什么叫魔术商店呢？魔术商店里可能有些什么？（幼儿自由猜测）

（二）魔术商店真奇妙

1. 引导幼儿讨论光盘变魔术的方法

（1）讲述故事：森林里，大象伯伯的"魔术商店"开张了。店门旁有两行大字："魔术商店真奇妙，能把废品变成宝！"小动物们都奇怪地问大象伯伯是怎么回事，大象伯伯笑呵呵地说："给我一个废品，我能把它变成一个漂亮的礼物送给你。"这下，森林里的小动物们可高兴啦！

小熊拿着光盘来到"魔术商店"，问："大象伯伯，没用的光盘能变成礼物吗？"大象伯伯说："可以，可以！一、二、三，变只螃蟹送给你。"（出示由光盘制作的螃蟹）小熊收到礼物高兴极了，连声说"谢谢"！

小马也拿来一张光盘，问："大象伯伯，没用的光盘能变成礼物吗？"大象伯伯说："可以，可以！一、二、三，变成独轮车送给你。"（出示由光盘制作的独轮车）小马收到礼物高兴地说："真是奇妙的礼物，我太喜欢了！"

（2）提问：大象伯伯把光盘都变成了什么礼物？他是怎么变的？

（3）小结："魔术商店"真奇妙，根据废品的外形变魔术，能将没用的废品变成好玩的礼物。

2. 引导幼儿讨论牙膏盒变魔术的方法

（1）提问：小猴拿着牙膏盒来到了商店，也请大象伯伯变礼物。如

果你是大象伯伯,你会把牙膏盒变成什么礼物呢?(引导幼儿根据实物的外形特征大胆想象,鼓励不同的创意)

(2)教师模仿大象伯伯说:"谢谢小朋友,你们的魔术都很奇妙,我也变了一个不同的魔术,你们看,我变的是什么呀?是怎么变的?"(把牙膏盒分成一段一段做毛毛虫的身体,用绒毛棒做触角)

(3)小结:"魔术商店"真奇妙,改变废品原来的样子变魔术,能把没用的废品变成奇妙的礼物。

(三)我来变魔术

1. 出示材料,引导幼儿了解制作材料

(1)师:森林里的小动物们都将废品拿到了"魔术商店",都有些什么?(出示纸盘、吸管、纸杯、纸盒等)

(2)师:如果你是大象伯伯,你会用这些废品变什么礼物?(引导幼儿大胆想象,鼓励不同的创意)

2. 教师提出制作要求

(1)师:我们一起来帮大象伯伯把这些废品变成漂亮的礼物吧!

(2)师:每人选一样废品变魔术,看一看外形,想一想用它可以变成什么礼物以及应该怎么变。

3. 教师以大象伯伯的身份进行个别化指导

(1)了解幼儿的想法,帮助幼儿解决困难,体验变废为宝的乐趣。

(2)肯定和鼓励幼儿大胆制作与同伴不一样的礼物。

(3)提示幼儿及时整理桌面材料。

(四)我是环保小卫士

1. 分享作品

鼓励幼儿与同伴进行分享与交流:"把……变成……可以怎么玩?"

2. 奖励和激励

颁发"环保小卫士"奖章，肯定幼儿的创意与制作。

(五) 活动延伸

师：像大象伯伯一样开个"魔术商店"吧，让我们的生活变得又干净又美好！（布置"魔术商店"，展示幼儿制作好的作品；放置一个回收箱，将活动材料投放于此，供幼儿继续进行创意制作）

实战练习

请选择一种上面提到的教学文案文本格式，撰写一个教案文稿。请反思，在撰写教案的过程中你都想到了什么？文本格式对你有帮助吗？有哪些思路已经体现在文本上了？还有哪些在文本上不能体现？你觉得还可以怎样调整文本格式，以形成你自己个性化的备课方案？

第二章

幼儿园说课
——教学活动预设与反思

【引言】

"说课"一词,最早出现于1987年。当时河南省新乡市红旗区教研室的人员,结合中小学教学研究的实际情况,为解决"教"和"研"严重脱节的问题,提出了"说课"这项科研课题,用以普遍提高教师的素质,并对说课作了这样的定义:说课是指教师面对着假想的学生,在认真备课的基础上,用形象的语言描述如何完成某一部分教学内容并阐述其理由的一种活动。当前,说课已成为幼儿园园本教研的一种重要形式,在提升教师的教学专业能力上发挥着重要的作用,它的开展为教师寻找教育理论与实践的契合点提供了载体。

第一节　幼儿园说课概述

> 如果把备课看作是计划旅程的行程表，那么说课就是对行程计划的介绍、解释和论证。只有对旅程做到心中有底，旅程才会更加顺畅而风景无限。

有个比喻说得好："交换苹果，手里还是一个苹果；交换思想，头脑里就有几个思想。"说课是幼儿园常见的一种教研交流方式，也是幼儿教师专业成长的重要方式。对幼儿园说课概念的认识与了解是更好地开展说课活动的基础，本节主要从幼儿园说课的含义、说课的价值、说课的类型和说课的原则四个维度来阐述。

一、说课的含义

关于说课的界定，不同的领域和不同的专家有着不同的定义。有的专家认为，说课是指教师通过对教育目标本身的分析，表述具体课题的活动设想及其理论依据的过程；又有专家认为，说课是指教师在备课基础上，于授课之前面对领导、同行或评委主要用口头语言讲解具体课题的活动设想及其依据，是教师将教材理解、教法及学法设计转化为"具体活动"的一种课前预演。

根据上述说课的含义，我们给"幼儿园说课"作如下定义：幼儿园说课是指幼儿园教师以《纲要》《指南》精神为依据，以幼儿教育基础理论为指导，结合具体的活动内容，针对幼儿的年龄特点、发展水平、能力、经验、学习方式等方面的个体差异，用口头语言的方式表述本次活动的设计意图、理论依据、活动目标、重难点的解决、活动过程的设计、师幼之间的互动等。说得更简单、通俗些，就是阐述清楚"教什么""怎么教"和"为什么这么教"的问题，是让教师通过对教学设计背后的意图、目的、理论依据、个人立场等进行深度的剖析，说清活动设计背后的道理。

二、说课的价值

幼儿园举办说课活动，具有以下三方面的意义。

（一）说课有利于幼儿教师的专业成长

说课的过程是执教者对教学活动进行预设与反思的过程。预设是指执教者根据自己对教材与学生的认识，提出具体课题的教学设计和教学过程，以及在教学过程中自己的做法，希望达到的预期效果等；反思是指执教者分析自己对于哪些教学设计满意，对于哪些还不满意或值得商榷，应该如何改进与调整等。不论是对教学活动的预设还是反思，都集中反映出执教者的执教思路及其综合素质水平。因此，说课要求教师具备扎实的理论功底，不断地去学习教育的新理论、新知识，提高自己的理论水平以及分析与判断问题的能力。同时，说课要求教师用口头语言把自己的活动思路和设计表达出来，对教师的语言组织能力和表达能力也是很大的考验。可以说，说课既提高了教师自身的素质，又提升了教师的教学智慧，还促进了教师向专业化方向的发展。

（二）说课有助于同行间的学术交流

说课是说课者与听课者的交流研讨。说课者在讲述的过程中可以及时发现自己教学或备课中的种种疏漏；而专家与同行通过倾听可以初步了解说课者的教学思想与基本教学素养，初步判断他设计的教学过程是否符合《指南》《纲要》精神，是否符合幼儿的知识水平与心理特点，是否符合教学实际，也可进一步了解说课者的教学设计与教学背后的"道理"，从教育理论的高度分析、预设可能达成的教育效果，并且和说课者讨论进一步改进的措施与方法，从而真正实现交流的价值。因此，说课活动是一个双赢的、双向培训的过程，可以让说课者和听课者的认识水平与教学水平都有所提高。

（三）说课有利于教学的优化提升

在具体实施活动的过程中，教师存在的最大问题就是虽然备了课，但其实还有很多的理念、问题、细节没有厘清，尤其是年轻教师，他们心里还有很多的困惑。说课从口头语言的角度帮助教师进一步梳理了思路，是实现教学最优化设计的最好方式，对提高教学质量有着不可低估的作用。通过说课，教师可以思考为什么要这样教学，进一步明确活动的重难点，理清活动的思路，克服活动中重点不突出、引导不到位等问题，提高活动的效率。

三、说课的类型

说课，作为一种常用的教研活动方式，因其活动的目的不同、要求不同，常有不同的分类方法。以下我们将从时间、内容、形式三个维度进行分类并作简单阐述。

（一）按时间分类

按照时间维度进行划分，说课可以分为活动前预设性说课与活动后反思性说课两种。

1. 活动前预设性说课

活动前预设性说课也称课前说课，是指说课教师在精心备课的基础上，面对听课者表述自己根据《指南》《纲要》、教材所设计的教学活动，然后由听者评说，对说课教师的教学设计提出自己的见解，起到相互交流、共同提高的作用，最后确定比较完善的教案的过程。说课者在阐述时基本按照"教什么""怎么教""为什么这么教"的思路展开，侧重于理论认识与效果预设。

预设性说课一方面能让听课者在很短的时间内清楚地了解说课教师的设计意图，从而与说课教师进行有效的分析与交流，帮助他们及时地改进教学策略、优化教具学具，大大节省活动前期的准备时间，提高活动效率；另一方面，能在很短的时间内展现出教师的理论水平，也是一种非常有实效性的教研活动。

某幼儿园要在很短的时间内选拔出参加市级优质课评比的人选。考虑到幼儿园教师人数较多，如果让每位教师都轮流上展示课，需要花费相当多的时间，于是幼儿园决定采用预设性说课的方式选出六名教师参加下一轮的课堂教学展示，最后再确定两名市级参赛人选。方案公布后，每位教师都结合自己的特长领域进行了积极的准备：擅长美术的吴老师、陈老师设计了创意美术活动方案，思维严谨的孙老师、黄老师设计了科学探索活动方案，音色优美、普通话好的楼老师、成老师选择了语言与音乐领域的内容，健康阳光、活力四射的龚老师、孔老师则设计了自己擅长的健康领域活动……幼儿园利用半天的时间组织全体教师进行了说课比赛，而后对六名入围者的活动方案进行了集体研讨与优化，又利用一天的时间开展了课堂展示与观摩，最后评选出楼老师的语言活动与孙老师的数学活动参加市级比赛，结果她们分别取得了一等奖、二等奖的好成绩。

从上面的案例可以看出，采用预设性说课，能让幼儿园领导及同行在很短的时间内了解老师们的活动设计，从中选择优秀的设计方案进行深入的研讨，准备参加市级优质课评比。当然，预设性说课也有它的局限性。首先，它不可能像课堂教学那样，可以让人们看到教师的临场发挥和随机应变的教学智慧，能看到幼儿掌握知识、形成能力的实际效果。其次，在具体实施的过程中，说课好的教师不一定能上好课，同样，上课好的教师也不一定能说好课。

2. 活动后反思性说课

活动后反思性说课也称课后说课，是指教师根据课前的教学设计，现场组织活动后说出成功之处、欠缺之处、改进之处，是按照"幼儿学得怎样""为什么会这样""如何改进"的思路展开，侧重于从实践效果的角度分析和认识，是建立在教师教学活动基础上的。

反思性说课是教师对自己活动的反思与总结，是对先前活动设计的考问与再思考。它能从理论的层面对教学实践作进一步的剖析，提出改进措施。反思性说课是幼儿园最常用的说课形式，一般每次教学活动观摩以后，都会请执教老师先说课，而后大家根据课堂实践与说课内容进行评议，以达到相互补益、相互促进、共同提高的目的。

中班音乐活动"蜜蜂和小熊"实施后的反思性说课

本活动是我实践"快乐音乐教学"的一次尝试。在活动中，我努力遵循《纲要》提出的"以幼儿为主体，以教师为主导，以练习为主线"的指导思路。

1. 充分体现了"以幼儿为主体"的学习理念

在设计活动的过程中，除了考虑"我该如何教"的问题，更多的是思考"幼儿如何去学"。幼儿的认识是一个循序渐进的过程，本活动通过生动形象的情境设计，让孩子亲临其境、亲身感受，全面调动幼儿的多种感官参与活动，满足幼儿的发展需要，给幼儿营造宽松的音乐环境，也使音乐形象更加生动有趣，使无形的音乐变成了有形的音乐，较好地突破了难点，让幼儿在轻松、愉快的活动中渐渐理解了音乐。

2. 充分发挥了"以教师为主导"的引领作用

教师是幼儿活动的"领路人"，通过恰当的引导，让幼儿学会自己去学习、去探索。比如，"猜一猜"环节，请幼儿猜测小蜜蜂藏在哪段音乐里，小熊藏在哪段音乐里，前后两段音乐有什么不同，你觉得小蜜蜂在干什么，你可以怎样来表现勤劳的小蜜蜂……我通过语言的有效引导与启发提问，以及倾听、观察、表演等，帮助幼儿很好地理解了音乐，活跃了课堂气氛。活动中，孩子们表现活泼、参与积极、思维兴奋。

3. 充分展现了"以练习为主线"的教学原则

根据教材及幼儿的年龄特点，活动过程中，我通过师幼探讨、幼儿尝试练习、教师示范等，使枯燥的动作指令变得生动有趣。幼儿学习过程中，我运用了分解组合法、观察模仿法、情境游戏法和直观教具展现画面法来辅助教学，帮助幼儿很好地理解了音乐。虽然活动是在一遍又一遍的欣赏、表演中进行的，但幼儿丝毫也没有感到无趣，反而是越玩越起劲，始终保持着欣赏的热度。

当然，由于今天是借班上课，我对孩子们的前期经验了解得还不够，在活动中还存在很多不足和有待改进的地方，请大家批评指正，谢谢！

（二）按内容分类

按照内容维度进行划分，说课可以分为主题性说课和学科性说课两种。

1. 主题性说课

主题性说课，是指围绕某一热点问题展开，阐述自己思想的一种说课形式。它可以跨越学段的界限，就一线教师教学工作中需要把握、思考和解决的问题开展说课活动。因此，正确阐述自己对热点问题的理解是主题性说课的关键，同时还要能恰当地运用教学实例来辅助说明自己的观点。以下案例为某市某次幼儿教师中高职称评定的统一命题，是没有学段限制的主题性说课。

命题：结合课堂实例谈谈信息技术与学科教学的有效整合

教师说课

①阐述观点。随着现代教育技术的广泛应用，信息技术深入校园教学活动，为其提供了丰富的教育资源。它是一个广阔的信息海洋，供广大师生随时随地共享，最大限度地发挥了师生间、生生间的交互作用，且不受时间、地域的限制，为教学活动提供了最佳的环境。然而，信息技术是否是运用得越多越好呢？我的答案是否定的。我认为关键是要找准整合点，当运用一般教学手段没法解决或解决不好的时候，可以考虑运用恰当的信息技术来辅助教学。

②举例说明。比如，在科学活动"奇妙的太空"中，传统的教学手段只能以图片等方式来展现太空的景象，而集光、影、声于一体的太空科幻片，则很好地向孩子们展现了太空的实景，让孩子们有飞入太空翱翔的感觉……

③总结陈述。因此，找准整合点，让信息技术更有效地服务于教育教学，使教育者、学习者的潜能得到最充分的挖掘，使教学资源得到最有效的利用，是我们需要经常思考的问题。

活动点评

以上说课稿按照"观点总述—举例说明—总结陈述"三部分进行，思路清晰、观点明确。它简明扼要地告诉我们：信息技术绝不是运用得越多越好，找准整合点，进行恰当运用才是关键。

主题性说课的内容很多、很广，有针对培养孩子某一方面能力或习惯的话题，如"如何激发孩子的学习兴趣""浅谈孩子良好学习习惯的培养"等；有针对当前热点的话题，如"如何开展自主学习""怎样理解探究式学习"等。

2. 学科性说课

学科性说课是我们最常用的说课类型，是指教师根据指定的学科教学内容，从教材研读、教学设计、效果预测等方面展开阐述。学科性说课重在向倾听者阐述自己的设计与理念，因此，有效的问题设计是教师实施好学科性说课的关键。这类说课在后面的章节中将作大篇幅的举例说明。

综上所述，主题性说课是围绕某一问题而展开，学科性说课是针对某一具体教学活动而展开。因此，主题性说课的一个命题往往适用于各个学段，而学科性说课的学段针对性比较强。

（三）按形式分类

按照形式维度进行划分，说课可以分为研究性说课、示范性说课和评比性说课三种。

1. 研究性说课

研究性说课一般以教研组为单位，以集体备课的形式展开。活动前，参与的教师事先选定某一活动内容，指定说课教师做好充分的准备，写好说课稿。说课结束后大家评议修改，以集体讨论的形式，形成一个最佳的活动方案。

研究性说课是集说、评、议于一体的说课方式，形式相对比较自由。一般来说，由一人主讲，大家不断地质疑、交流、讨论，是一种对话性质的说课。

2. 示范性说课

示范性说课，是指由指定幼儿园的领导、教研人员、特级教师、教坛新秀、学科带头人等教学骨干，根据指定的内容开展的说课活动。这种说课模式为教师树立了学习的榜样，也是培养教学能手的重要途径。

示范性说课是一种具有培训性质的说课，常常在教材培训、教师培训工作中使用，以实际的说课案例来指导大家如何进行说课。

3. 评比性说课

评比性说课是以说课的方式进行评比，要求参与评比的教师通过一个指定的内容，在规定的时间内写出说课稿并进行说课，最后由评委对参赛教师有关活动理念的理解、活动目标的制订以及活动过程设计的合理性、科学性、创新性等做出公平的评价，评出比赛的名次。评比性说课突出竞赛性，是考查教师成长实效的有效手段。

四、说课的原则

说课是改进和优化备课，提高课堂教学有效性的一个中间环节，不仅是实现教师专业发展、全面提高教学实施水平的有效方式，而且还是深化课程改革、贯彻落实素质教育精神的基本要求。为了更好地运用这一教研手段，教师在说课时应该遵循以下一些原则。

（一）针对性原则——细读命题，明确要求

在日常实践中，由于对说课的具体要求有所不同，因此说课者必须细读命题，根据具体要求来进行说课。

1. 根据问题进行说课

请看以下案例：

请你以"柔软的心情"为主题，为中班孩子设计一个集体教学活动，

并根据以下要求进行简单说课。

(1) 阐述你对本次活动的理解和设想。

(2) 阐述本次活动的教学目标和重难点。

(3) 阐述本次活动中你所运用的教法与学法。

这类说课比较简单，一般说课时间只需 5～8 分钟，说课者只要简练、清晰地回答好以上三个问题就可以了。

2. 根据观点进行说课

请看以下案例：

请你结合课堂实例谈谈如何开展幼儿的自主学习。

这类说课类似于命题小论文。针对上述命题，说课者首先应阐述自己对幼儿自主学习的认识与理解，而后结合 1～2 个有针对性的教学实例来说明自己是如何开展的，最后说说自己的实践成效或思路，一般用时大约为 10 分钟。

3. 根据教材进行说课

请看以下案例：

请你根据所给的教材内容为大班幼儿设计一个集体教学活动，并进行说课。

这类说课要求内容比较完整，有一定的格式限制，从教材分析、活动目标、重点难点、活动准备、教法学法、活动流程等方面来阐述，力求面面俱到，时间控制在 15 分钟左右。

（二）科学性原则——客观准确，符合规律

科学性原则是组织教学活动应遵循的基本原则，也是说课应遵循的基本原则，是保证说课质量的前提和基础。下面将以大班数学活动"我是大玩家——纸牌游戏"为例，谈谈科学性原则在说课中的主要体现。

1. 教材分析正确、透彻

说课时，教师不仅要从微观上弄清、弄懂活动内容的内涵和外延，做到准确无误，更重要的是要从宏观上正确把握本活动在主题中的地位、作用以及内在的知识结构体系，深刻理解它们之间的关系。

我是大玩家——纸牌游戏

教材分析

扑克牌是人们常玩的一种娱乐工具，孩子们平时容易接触到。扑克牌上有许多数字，与数学活动中的操作数卡相似，而且扑克牌的图案、形状多样化，具有观赏性。大班幼儿的逻辑思维能力正在发展，他们对数字特别感兴趣，所以利用扑克牌本身的教育价值，我设计了这节适合大班幼儿的数学活动——"我是大玩家"。通过活动，既可以满足幼儿的兴趣需要，又能拓展他们的认知经验，让他们了解到扑克牌不仅可以用来娱乐，还是好玩的益智玩具。同时挖掘扑克牌所蕴含的教育元素，拓展幼儿的思维，让他们在愉悦的体验和游戏中获得不同程度的发展。

以上教材分析从扑克牌的特点与功能入手，结合大班幼儿的年龄特点进行，寻找到扑克牌与数学活动的两个切合点——"数序"和"花式"，从而开展生活化数学教育。

2. 活动目标明确，符合幼儿实际

教师在进行说课时，活动目标要明确，要符合《纲要》《指南》的要

求以及教材内容和幼儿实际,明确目标中的重难点及突破策略。

我是大玩家——纸牌游戏

目标阐述

根据大班幼儿的知识经验和认知特点,结合《纲要》中关于"对周围事物感兴趣,有好奇心和求知欲,运用各种感官动手动脑,探究问题及主动参与活动"的指导思想,我确立了本次活动的目标:(1)在纸牌游戏中,运用已有的数序经验进行逻辑推理;(2)提高观察能力,体验和同伴游戏的快乐。其中的重点是找出蕴含在扑克牌中的"数序",难点是排除"花式"的干扰,进行正确的逻辑推理。为实现以上两个目标,辅助幼儿掌握活动重点,我为孩子们准备了一副标准牌、一副大四倍的扑克牌,以及认识扑克牌的PPT,通过实物展示、动画等方式进一步帮助幼儿理解扑克牌中的"数序"。通过集体玩与分组玩"少了哪张""猜猜是哪张"这两个游戏,帮助幼儿拓展思维,想出多种玩牌方法,突破活动难点。

上述案例中,教师的目标阐述有理有据,符合大班幼儿的年龄特点与认知经验。此外,为解决活动中的重难点,教师设计了多个游戏。

3. 教法设计紧扣活动目标,有利于发展幼儿的智能,可行性强

说课时,教师既要说清本次活动的总体构想以及依据,又要说清具体的活动设计,尤其是关于重难点的设计及其依据,使教法设计思路清晰,具有较强的可操作性。

"我是大玩家"——纸牌游戏

活动环节

环节一:出示扑克牌,激发兴趣

以"扑克国王来做客"引出扑克牌,吸引幼儿的注意力,并请幼儿讨论回答。同时出示排列整齐的整副扑克牌课件，让幼儿观察一副牌的正面有四种花色——黑桃、草花、红桃、方块，每个花色有 13 张牌，按照从 A 到 K、从小到大的顺序排列，外加 2 张司令，因此一副完整的牌共有 54 张。通过这种方式，帮助幼儿对牌的特征有初步的了解。

环节二：玩游戏"少了哪张"

玩是孩子们的天性，游戏中我从连续排列的 5 张牌中任意抽取一张，请小朋友说出抽掉的那张是什么牌。孩子们通过观察发现，在这些牌中，缺少的那张牌就是被抽走的那张。同时，为了给孩子们创设自主活动的空间，我还在此环节设计了分组活动内容。我把孩子们分成四组，每组一个花色，共 13 张牌（A—K）。之后每组幼儿自行商量选出一个人先当魔术师，其他人来猜，猜对了轮流玩。为了避免孩子漏看，活动前我提出了站位问题，要求魔术师站在一边，猜牌人站在另一边，同时要求每个孩子都能轮流当魔术师。环节二是活动的重点所在，突出了幼儿的自主探究。

环节三：玩游戏"猜猜是哪张"

游戏前，我先带领幼儿复习数字 1—10，玩"比大小"游戏，为下面的游戏做好铺垫。游戏中，我先在 10 张牌中选定一个数字，请幼儿猜猜是数字几。我会用"大了""小了"来提示，直到幼儿猜出答案。接着增加难度，第二次游戏时，我会随机抽取不同花色和不同数字的 20 张牌，然后任意抽出其中一张，这次幼儿既要猜对数字还要猜对花色。我会用"大了""小了""是""不是"来回答，孩子们根据提示进行排除，直到猜出答案。在游戏中孩子们体验到游戏活动的快乐，实现了教学活动的两个目标。

以上三个环节，均采用游戏的方式进行，环环相扣，层层递进。环节一主要是让孩子认识扑克牌,了解其中所蕴含的"秘密";环节二在随意抽玩牌的过程中,帮助幼儿复习"数序"的知识;环节三增加了难度,从"数序"和"花色"两个维度来鼓励幼儿进行猜牌游戏。

(三)理论联系实际原则——教研相辅,有机结合

说课是说者向听者表达其对某次活动设想的一种方式,是教学与研究相结合的一种活动。因此,说课者不仅要说清其活动构想,而且还要说清其构想的理论与实践两个方面的依据,做到理论与实践的有机结合。下面将以大班科学活动"街道迷宫"为例加以阐述。

1. 说课要有理论指导

说课时,教师对教材的分析、对活动情况的分析和对教法的设计都应以《指南》《纲要》精神为指导,力求言之有理、言之有据。

孩子升入大班后,对于走迷宫的书籍非常感兴趣。特别是活动休息间隙,总会有男孩三三两两地凑在益智区玩走迷宫游戏,乐此不疲。"街道迷宫"是大班主题"城市风景"中的内容,意思是说纵横交错的街道中总有路是通向目的地的。《指南》指出:"要引导幼儿通过直接感知、亲身体验和实际操作进行科学学习。""街道迷宫"活动的设计正是遵循这样的理念,让幼儿在轻松、愉快又富有挑战性的情境中学习走迷宫的方法,提升经验,形成策略,并尝试为街道设计路线,让每个幼儿都获得成功的体验。

以上"街道迷宫"的分析从大班孩子特别感兴趣的"走迷宫"入手,以《指南》为依据,将城市纵横交错的街道设计成迷宫,一下子拉近了孩子与城市的距离以及与活动的距离。

2. 教法设计应上升到理性认识

说课时，教师应尽量使自己的每一个教法设计都上升到学前教育教学的理性认识高度，并接受其检验。

本次活动采用自主探究的学习方法，提供自主学习的空间，引导幼儿运用多种感官参与，使学习过程成为幼儿探究和发现的过程，真正使学习变得快乐起来。为此，我设计了环环相扣、层层递进的四个环节。

环节一：创设情境，进入主题

提问："小朋友，你们走过迷宫吗？今天我们就来走一走街道迷宫，把你走迷宫的方法记到心里，等会儿告诉大家。"

教师介绍迷宫的入口和目的地（医院、图书馆、幼儿园、游泳馆），幼儿分成四组从同一个入口进入，从不同的出口走出迷宫。

提问："刚才我们都走过了迷宫，到了不同的地方，那大家发现走迷宫的方法了吗？"

幼儿大胆交流，教师小结走迷宫的方法："迷宫图，拿到手，先找进口和出口；岔路口，停一停，找找哪条是正路。路不通，回岔口，换个方向向前走。"

【此环节幼儿体验探究在先，教师推动提升在后，帮助幼儿较好地掌握了走迷宫的方法，为下面的活动做了良好的铺垫】

环节二：操作体验，辨别路径

教师出示"街道迷宫"的操作材料，提问："有一天，有一个叫明明的小朋友要去游泳馆，从他家出发，要经过哪些地方呢？你能把他要经过的地方按顺序排队吗？"教师介绍操作卡，幼儿说出依次经过的路径。

幼儿分组进行操作，学习辨别迷宫路径的先后顺序，进一步巩固走迷宫的方法。

操作完后，幼儿大胆分享与交流自己的操作结果并加以验证。

提问:"如果是从游泳馆到家,小明经过的地方的顺序会不会改变呢?"引导幼儿积累反向检查的经验:"反向检查很重要,大家千万不要忘。"

【在这一环节中,通过观察、比较、操作等方法,以及同伴间的探索、交流和师生的共同小结,较好地解决了本活动的重点】

环节三:迁移经验,解决问题

教师出示不完整的街道迷宫图,让幼儿尝试设计路线,到达目的地,完成"铺路"的游戏操作。操作中两个孩子为一组,并两两进行验证,展示实验结果,分享成功的快乐。

【科学知识来源于生活,更应服务于生活。因此,教师应有目的地培养幼儿将科学知识带到生活中并加以运用的意识】

环节四:新的探究,推向高潮

提问:"现在从老师家到幼儿园,从老师家到小学还没有路呢,请小朋友分成两大组,为我铺两条路好吗?"

教师出示大的道路拼板,幼儿操作后并在路上走一走,再次体验成功的快乐!

【此环节内化了幼儿的知识体系,提升了学习效果】

上述活动环节层层递进,每一个环节在说明怎样设计的同时,更点明了为什么要这样设计,使整个活动提升到了一定的理性层次。

3.理论与实际要有机统一

说课时,教师既要避免空谈理论,脱离实际;又要避免只谈做法,不谈依据;还要避免为增加理论色彩而张冠李戴,理论与实际不一致、不吻合。

"街道迷宫"整个活动体现的是"幼儿是学习的主体"的教育理念,

强调幼儿的活动过程,使幼儿在操作过程中获得愉快的情绪体验和探索的乐趣。活动内容注重"趣",活动方法注重"玩",活动过程注重材料、同伴、教师的"帮",使幼儿的"学"更外显,教师的教更"内隐",构建一种能促进幼儿自主学习的支持性环境。

(四)实效性原则——优化活动,提高效率

任何活动的开展,都有其鲜明的目的性,说课活动也不例外。说课的目的就是要通过"说课"这一简易、速成的形式在短时间内集思广益,检验和提高教师的教学能力、教研能力,从而优化活动过程,提高活动效率。为保证活动成效,教师应努力做到以下几点。

1. 明确目标

教师首先应明确为什么要开展本次说课活动,是因为检查、研究、评价还是因为示范,以便做好相应的准备工作。

2. 准备充分

说课前说课人、评说人都应围绕本次说课活动的目的进行系统的准备,认真钻研大纲和教材,分析情况,做到有的放矢。说课人还要写出条理清楚、有理有据、重点突出、言简意赅的说课稿。

3. 点评准确

点评要科学准确,指导性强。说课人说完之后,参加点评的人员要积极发言,抓住理论上的重大问题和活动中带有倾向性、普遍性、规律性的问题进行重点评议,提出整改策略。

针对大班数学活动"设计车牌"的说课,专家给出了如下点评。

1. 选材贴近生活

活动以"生活中的数学和数学活动生活化"为依据,以孩子们随时

会观察到、感受到的按规律排序的车牌为主线，在进行活动设计时充分考虑到了孩子们的生活经验，利用孩子们平时经常体验的内容和关注的话题展开活动，一方面贴近孩子们的生活，另一方面激发起孩子们学习、发现的兴趣。

2. 目标制订合理

教学目标是教学活动的出发点和归宿，它的正确制订和达成，是衡量一堂好课的主要尺度。此次活动的教学目标从能力、知识、情感三方面来制订，考虑到了大班孩子的年龄特点和认知规律。活动中，教师也紧紧围绕着目标来展开每个环节。

3. 过程注重探究

陈鹤琴先生曾说过："儿童的世界是他自己去探索、去发现的，他自己所求来的知识才是真知识，他自己所发现的世界才是他的真世界。"在活动中，教师非常注重幼儿探究能力的培养，为幼儿提供了便于探究的操作材料，鼓励幼儿通过直接操作材料，去观察、去发现、去思考，满足了幼儿的好奇心、探究欲，实现了"幼儿是学习的主体""学习要以探究为核心"的教学理念。

4. 环节紧凑有序

本次活动设计条理清楚，从易到难，层次分明。教师从"发现车牌的秘密"入手，引发孩子"找秘密"的兴趣；随后，又通过孩子的观察和教师的总结得出排序的规律；接着，再通过孩子的探究和合作操作，使其感知按照一种规律排序可以有不同的方式和方法，充分发散了孩子的思维；最后，又回归到生活，激发起孩子继续寻找生活中的排序现象的兴趣。整个教学活动内容丰富多彩，使幼儿自始至终保持着很高的注意力和探索兴趣，为幼儿的可持续发展奠定了很好的基础。

专家从选材、目标、过程、环节四个维度展开，完整、有效地总结了说课者的说课亮点与特色。

（五）创新性原则——展示个性，亮出风格

说课是深层次的教研活动，是教师将活动构想转化为具体活动之前的一种预演，其本身也是集体备课。因此，在说课活动中，说课人要立足于自己的教学特长、教学风格，树立创新的意识，拥有创新的勇气，探索出新的思路和方法，从而不断地提高自己的业务水平和教学质量。教师只有在说课中不断地发现新问题、解决新问题，才能使说课活动永远"新鲜"，充满生机和活力。

1. 亮点开场，吸引注意

有创意的开场方式，如优美的诗句、经典的教育名句、通俗易懂的小儿歌等，能瞬间吸引听者的注意，比如下面这个案例。

"我听过了，我就忘了；我看见了，我就记得了；我做过了，我就理解了。"

尊敬的各位专家、各位评委：

大家上午好！

走进幼儿园门厅，首先映入眼帘的就是这句话，它一直指导着我的教育教学实践，也希望以此引领与影响着全园的教师和家长，共同实现"让孩子在玩中快乐成长"的教育梦想。

今天我说课的内容是……

以上案例中，教师用蒙台梭利的名言开场，先亮出自己的教学观点，不失为说课的一种创新。

2. 流程整合，明确思路

传统的说课流程，一般包括说教材分析、说教学目标、说重点难点、说教学准备、说教法学法、说教学流程、说活动特色等。在实践中，笔者尝试将说课流程整合为议议设计意图、谈谈策略实施、说说活动反思三部分，使之更加有效且清晰明了。（详见下节内容）

3. 观点结尾，亮出风格

运用自己的教学理念或教学观点来结尾，体现的是一个说课者更深层次的理解与思考，能很好地总结自己的教学风格，比如下面这个案例。

在多年的教学实践中，我努力以孩子为主体，尽可能蹲下来与孩子交流。但也有很多困惑，比如，我们的教学环节如何安排才能真正吸引孩子？短短30分钟的课堂，孩子到底能够理解多少、接受多少？等等。结果，有这样一张漫画深深地触动了我，也经常提醒我不要忘了孩子的天性，这就是朱德庸先生笔下的《绝对小孩》——画面中一个孩子贪婪地在一根棒棒糖上面吮吸。就是这样一根棒棒糖，足以是孩子的全部世界。

那么，我们的教学是否也能够给孩子提供一根"棒棒糖"，让他们用自己喜欢的方式去品尝、去体验、去探究，从而获得自然、自主、自由的发展呢？这也是我和我的工作室团队近几年来一直在努力追求的"简约课堂"教学模式。比如，在今天的活动设计中，我也在思考如何在教具的选择、情境的创设、环节的安排、教师的引导性语言等方面体现"简约课堂"的理念，努力构建一种能促进幼儿自主学习的支持性环境。

给孩子一根"棒棒糖"，把孩子的世界还给孩子。"简约课堂"，我一直在追求，但是很难圆满，希望得到各位专家的指导。

说课的创新性原则没有固定的模板与标准，体现的是说课人的教育理念与教学追求，而如何合理、恰当地运用是问题的关键，需要教师不断地摸索与积累。

第二节 幼儿园说课内容

> 如果把说课活动看作是一次旅行前的预演,那么说课内容自然是预演的脚本。有了好的脚本,才能保证预演的成功。

说课内容是完成说课活动的前提和关键。根据教学活动的常规要素,说课内容一般包括活动内容、活动目标、活动准备、活动流程、活动期望几个方面。本节对以上常规要素进行了重新的梳理与整合,从议议设计意图(是什么)、谈谈策略实施(怎么做)、说说活动反思(为什么)三大块来进行阐述。

一、议议设计意图

议议设计意图就是要清楚地回答说课的内容"是什么",只有清楚"是什么",才有"怎么做"与"为什么"这样做。因此,准确把握与表述设计意图是说好课的第一要领。表述设计意图,主要包括课程地位与作用、活动目标与重难点两方面内容。

(一)议议课程地位与作用

课程地位与作用就是我们通常所说的教材分析,主要包括教材本身的价值分析、幼儿的年龄特点与现状发展分析、教育教学理念分析等内容。

由于幼儿园的教材选择渠道比较多,说清选择教材的目的或教材的来源是教材分析的第一步。来源于主题活动,就应说清本活动内容在主题中的地位;来源于日常生活,就应说清为什么从生活中选择这一内容。

1. 来源于主题的活动内容

大班语言活动"甜蜜的回忆"之教材分析

"时间时间像飞鸟,嘀答嘀答向前跑。今天我要毕业了,明天就要上学校。"伴随着孩子稚嫩的歌声,大班最后一个主题"走进小学"拉开了序幕。

从幼儿园到小学,是孩子人生的一大转折。因此,本主题的主要目标是:陪伴孩子共同度过这段特别的时光,让孩子体会憧憬小学的兴奋,以及离别幼儿园的伤感,品味成长的幸福,体验人与人之间友好相处的美好情谊,初步学会珍藏过去、憧憬未来。主题按照"小学什么样""学做小学生""再见幼儿园"三个层次展开,给孩子们的幼儿园生活画上一个圆满的句号。

"甜蜜的回忆"是"再见幼儿园"这一板块的内容。对于即将毕业的大班孩子来说,他们与同伴之间、与老师之间的交流更为频繁和顺畅,他们的表达、表述能力明显提高。因此,我们将和孩子、家长一起收集孩子"小时候"和"现在"的不同用品及照片资料,并以此为抓手引导孩子进行观察、对比,表达自己的感受,体验成长的幸福与快乐,品味幼儿园三年集体生活的甜蜜。

以上案例从幼儿的歌声导入,亲切、生动,一下子将听者引入到温馨感人的情境之中;而后清楚地交代了"甜蜜的回忆"在"走进小学"主题中的地位与作用、大班孩子的心理特点,以及如何开展这一教学活动的简单思路,语言简洁,表述清楚。

2. 选自日常生活的活动内容

大班数学活动"设计车牌"之教材分析

《纲要》明确指出，幼儿园的数学教育应引导幼儿"从生活、游戏中感受事物的数量关系，体验数学的重要和有趣""引导幼儿对周围环境中的数、量、形、时间和空间等现象产生兴趣，建构初步的数概念，并学习用简单的数学方法解决生活和游戏中某些简单问题"。《纲要》提出的目标要求，既帮我们指明了幼儿园数学教育改革发展的方向，也指导我们努力实践幼儿园数学教育生活化的理念。

随着社会的进步和经济的发展，大街上的汽车越来越多，不少小朋友的家里都拥有私家车。孩子们对车是越来越熟悉，他们有关车的讨论也越来越多，讨论的内容以车的种类、品牌、颜色为主，有时也会关注到车牌，会说"我家的汽车车牌是×××""你家的汽车车牌是×××"，等等。为此，我们开展了"我们的汽车"主题活动，引导幼儿从汽车分类、行车安全等多个角度探索汽车的秘密。

"设计车牌"是其中的一项活动。车牌号码中蕴含的"排列与组合"知识是大班幼儿数学教学的重难点之一。在本次活动中，通过引导幼儿探索与体验"1、2、3、4"这四个数字的不同组合，变化出一系列不同的车牌，以此培养幼儿对数字的敏感性和思维的灵活性，引领他们充分体验数学活动带来的乐趣。

以上案例从日常生活中孩子们熟悉的车牌入手，探究车牌蕴含的有关数字的秘密，符合《纲要》《指南》所倡导的"数学学习来源于生活，应用于生活"的教学理念，也符合大班幼儿爱探究的心理特点。

（二）议议活动目标与重难点

活动目标是活动设计的重要部分，既是活动设计的起点，又是活动设计的终点。正确理解、分析和把握目标与重难点是活动成功的基础。在阐述活动目标前，教师可适当分析一下制订目标的理论依据和自己的认识，从认知、技能与情感态度三方面提出具体的目标；而重难点正是三个目标中的核心目标，在说课时教师应进行简单的分析，说清重难点是什么、为什么以及如何突破这三个问题。

大班数学活动"门牌号码"之活动目标

《指南》中"数学认知目标1"是这样定位的："初步感知生活中数学的有用和有趣。"这表明数学活动的内容应源于生活，与幼儿的生活实际紧密相联，是幼儿所熟悉的，也是他们所能理解的，让他们感受到数学可以解决人们生活中遇到的问题。这样更能激发他们的兴趣，引导他们发现周围与数学有关的事物与现象。

数字在生活中随处可见，但是幼儿不见得能理解它们的作用，而且大班初期幼儿的数概念还比较模糊。本活动旨在引导幼儿运用生活中的序数经验认识门牌，理解门牌上数字的意义。基于以上考虑，特制订目标如下：

（1）认知目标：进一步提高辨别空间方位的能力。

（2）技能目标：在游戏活动中学习双重序数的排列，学习制作门牌号码。

（3）情感态度目标：在操作活动中体验参与数学活动的乐趣。

本次活动的重点是引导幼儿通过观看图片，寻找朋友的房间号以及操作等形式，运用生活中的序数经验，感受门牌号与楼层、房间位置之间的对应关系，即前面一个数字表示楼层，后面一个数字表示楼层中的第几户。这也是此次活动的主要目标。

活动的难点是引导幼儿尝试给自己的房间设计门牌号码。来源于生活，并应用于生活是生活化数学学习的关键。而举一反三对幼儿来说是最困难的，引导他们运用"双重排序"的知识尝试给自己的房间设计门牌号码，既是活动的高潮，也是活动的难点。

以上案例以《指南》数学领域的认知目标为依据，结合大班初期幼儿对于数概念比较模糊的学习特点，特别设计了孩子们生活中最常见的门牌号码（双重排序），目标定位清晰、准确，对重难点的把握与分析也比较契合幼儿的年龄特点。

二、谈谈策略实施

谈谈策略实施就是要清楚地回答说课问题中的"怎么做"，包括如何做好活动前的各项准备与如何开展活动流程（教法与学法）两大块。

（一）谈谈活动准备

活动准备是活动顺利开展的保障，它包括物质方面的准备和经验方面的准备两个方面。让听者了解你对教学准备的思路，有利于他们对后面流程的理解。物质的准备包括教具的准备、幼儿学具的准备以及环境的创设等。教师在进行物质准备时，首先应考虑不同层次发展水平的幼儿的需求，其次还应考虑教具与学具的实用性和价值。经验的准备，则是指幼儿在活动前应该具有一些相关的经验。

大班语言活动：城里来了大恐龙

一次成功的活动需要精心的准备。幼儿经验方面的准备，可以为活动的开展打下良好的基础；教师对教具及教学环境的准备，可以使幼儿在更形象、直观的环境里学习。所以，课前我进行了充分的准备。首先，引导幼儿观看了动画片《恐龙世界》。其次，准备了恐龙脚步声的录音、一段悲伤的音乐、四张直观而形象的大图（恐龙、马路、铁路、厨房）、故事PPT、小汽车、青草等。

恐龙离孩子的现实生活很远，但适合孩子观看的动画片还是可以找到的。以上案例首先通过观看动画片的方式，丰富幼儿对恐龙的前期经验；之后再通过音乐、图片等，为活动的顺利开展做好了物质准备。

大班科学活动：街道迷宫

活动准备为活动的成功开展提供了可能。在科学活动中，材料的结构及投放很重要，它直接关系到能否构成问题情境的探究点，有时甚至影响到活动的成败。因此，我为活动做了以下准备：

（1）经验准备：幼儿玩过益智迷宫。

（2）物质准备：城市街道迷宫图一幅，迷宫路线图若干幅，操作卡若干，大的"道路板"若干。

对操作材料的熟悉程度决定了活动进展的顺利与否。以上案例中的教师主要是围绕活动中幼儿对迷宫这一材料的认知与理解来进行准备的，幼儿有玩过迷宫的经验，又拥有多种迷宫材料，这为他们后续的学习提供了良好的支架。

（二）谈谈活动流程

活动流程就是为达成目标而开展的几个环节，是整个说课当中的"重头戏"，能让听者明白你具体要怎么做和为什么这样做。因此，教师首先要说清"总共有几个大环节"，其次要说清分环节"教师是怎么引导的""为什么这样引导""孩子是如何自主学习的",同时也要说清"每个环节需要完成哪个主要的目标""选择什么教学方法来突破教学的重难点",这也就是我们通常所说的教法和学法。此外,教师在说清怎样引导时还要说清环节的时间处理、环节的效果预期以及可能出现的问题等。

大班语言活动：甜蜜的回忆

前苏联教育家苏霍姆林斯基说过："儿童是用形象、色彩、声音来思维的。"因此，可以借助实物、图片、多媒体等教具，化抽象为具体、化静态为动态、化无声为有声，以超越时空的非凡表现力，缩短教材与幼儿之间的距离，使情境的感染和语言的表达融为一体。如何创设生动的语言情境，是"甜蜜的回忆"这一活动能否顺利开展的保证。为此，我们将和孩子、家长一起收集孩子"小时候"和"现在"的不同用品及照片资料，并以此为抓手引导孩子进行观察、对比，表达自己的感受，体验成长的幸福与快乐，品味幼儿园三年集体生活的甜蜜。

活动目标

（1）收集并回忆幼儿园三年生活中的甜蜜瞬间，真实体验"我"和"小伙伴"的成长历程。

（2）在表述、交流、倾听的过程中，发展语言及思维能力。

（3）感受成长的快乐，培养集体荣誉感。

其中，"通过回忆甜蜜的瞬间，真实体验'我'和'小伙伴'的成长历程，感受成长的快乐"是本次活动的重点与难点。因为真实、积极的情感体验是表达、表述的基础，是引起幼儿共鸣，使其积极参与活动的保证。

为了更好地突破重难点，活动前我特别引导孩子以"我长大了"为主题和爸爸妈妈一起收集一些自己的用品、证书、影像资料以及三年的成长册，布置"成长的足迹"展览，帮助孩子更好地展开回忆。

活动流程

（一）情境创设，体验成长

在欢快的背景音乐中，孩子们与好朋友手拉手进入活动室，参观"成长的足迹"展览，找找自己与小伙伴的踪影，自由进行交流。

提问："小朋友，这些都是你们从家里带来的宝贝。请你们仔细看看都有些什么东西，是什么时候用的。"

在孩子们充分交流的基础上，我引导他们找个位置坐下，问道："刚才看了这些东西，你们发现了什么秘密？"

小结：刚才小朋友通过看自己带来的宝贝，都知道现在的自己长大了，也越来越能干了，真好！

【本环节通过"成长的足迹"展览，为幼儿提供了充分的观察、对比、表达、表述的机会，让幼儿为自己的成长感到骄傲和幸福】

（二）对比观察，引发回忆

我对孩子们说："三年的幼儿园生活，留下了很多值得回忆的事情，让我们一起来看看吧！"

出示幼儿小班时参加卡拉 OK 比赛的照片和这学期参加比赛的照片，提问："这是谁？在干什么？这两张照片有什么不一样？"

根据幼儿的回答，我及时呈现"以前""现在"和"长大了"三个词组，并在下面贴上相应的图谱，引导幼儿说出："以前的我……现在的我……我真的长大了。"

而后，继续呈现小班时孩子们自己吃饭的场景与现在他们自己吃饭的场景，小班入园时哭哭啼啼的场景与现在入园时高高兴兴的场景……引导幼儿借助图谱，继续用"以前的我……现在的我……我真的长大了"的句式表述自己的变化。

【通过多项同一事件的对比回忆，让小朋友看到了自己的进步。特别是"以前的我……现在的我……我长大了"的句式模板与图谱的运用，大大降低了幼儿学习的难度，也使他们的思维更加清晰，从而激发了他们成长的自豪感】

（三）欣赏录像或照片，感受温暖

播放"亲子运动会""班级讲故事活动""集体游戏""秋游活动"的录像或照片，帮助幼儿回忆幼儿园大家庭带来的温暖与感动。

提问："你还记得这是什么活动的照片吗？在这次活动中，你的表现怎么样？小伙伴的表现怎么样？取得了什么成绩？照片里你们为什么这么开心……"

【本环节以录像或照片为载体，引导幼儿回忆、表述与交流，使幼儿充分感受幼儿园大家庭的温暖，增进其集体的荣誉感和幸福感】

（四）集体制作，甜蜜永存

我说："小朋友从出生到现在，经过了小班、中班、大班这三年的幼儿园生活，长大了，能干了，懂事了，也有了这么多的好朋友和这么多甜蜜的回忆。让我们一起来制作一本《甜蜜的回忆纪念册》，送给老师和幼儿园吧。"

小朋友将自己带来的照片的头像剪下来，贴在纪念册上，然后用彩纸剪出很多爱心用来装饰纪念册，最后在上面写上自己和小伙伴的名字以及祝福的话语，画上幼儿园发生的令他们自己最难忘的事。最后，师幼一起在《相亲相爱一家人》的音乐声中欣赏纪念册。

【《甜蜜的回忆纪念册》的制作将本次活动推向了高潮，也使幼儿的活动情绪有了落脚点】

上述案例引用了苏霍姆林斯基的一段论述，清晰地表述了活动设计的总基调，即运用形象、色彩、声音等多种手段，调动幼儿的多种感官来参与体验和学习。后面的四个环节详细阐述了如何具体地运用,很好地实现了教学目标,突破了活动的重难点。

三、说说活动反思

说课活动后的反思,是教师审视自己的活动实践的过程。教师既需要对活动中的缺点与错误进行反省,也需要对活动中的特色与优点进行肯定,包括活动预设的成功之处,比如,根据幼儿的情况,准备了哪些临时调控的措施;活动中如何对幼儿的学习情况进行反馈,又是如何激发幼儿的兴趣并做出具体的预测的,等等。此外,教师还可以通过畅谈自己的困惑,由一个活动引申到对系列活动的反思,更好地表达自己的教育教学理念与追求。

大班体育活动:有趣的鞋盒

回顾整个活动设计,我觉得以下几个方面还是比较成功的。

1. 废物利用,一物多玩

本次活动选择生活中唾手可得的废旧物品——鞋盒作为体育活动的器材,是非常成功的。各环节都紧紧依托鞋盒开展了丰富多彩的活动。特别是小朋友利用鞋盒探索出各种各样的玩法,如头顶鞋盒走平衡、抱着鞋盒四散追逐、双腿夹鞋盒行进跳、背着鞋盒学乌龟爬、将鞋盒叠高跨跳等。在活动中,我及时地点拨与总结,对孩子已有的玩鞋盒经验进行了有效的梳理和提升,并着重让孩子学习了助跑跨跳的动作要领,有效地促进了幼儿四肢机能的协调发展。

2. 自主学习,挑战自我

《指南》要求我们的教学应该使不同层次的幼儿在不同的方向和不同的层面都获得不同程度的发展。本次活动中,我有意创设了一个宽松、有序、生气勃勃的环境,把学习的主动权还给孩子,以发展的眼光来看待每一个孩子,正视孩子间的个体差异,允许孩子犯错,让孩子在不断的尝试、体验和竞赛中挑战自我、提升自我。特别是"助跑跨跳——闯关游戏"环节的设计,我采取了分组教学、分层教学和因材施教的教育原则,利用鞋盒便于叠放的特点,让小朋友有梯度地进行挑战。孩子们都体验到了挑战自我成功的喜悦,从而树立起学习的自信心。

3. 及时点拨,多元互动

《纲要》强调,"幼儿教师应做幼儿活动的支持者、合作者、指导者"。在整个教学活动的过程中,小朋友被我亲切自然的教态以及生动幽默且富有点拨性、启发性和号召性的语言深深感染。在教学组织形式上,无论是幼儿的个体活动、结伴活动还是集体活动,我始终以支持者、合作者、引导者的身份引导他们积极参与。活动中,无论是师生互动、生生互动还是孩子与材料的互动,都非常积极有效。另外,我注意及时提醒幼儿脱衣服、擦汗等,从而有效地保证了幼儿的健康。

上述案例从材料的选择、幼儿的学习、教师的引导三个层面对活动情况进行了反思,有理有据,可惜的是对存在的问题的分析阐述不够。

第三节 幼儿园说课技巧

> 如果把说课内容看作是说课的脚本,那么说课技巧就是如何将脚本演绎完美的基础。有了好的技巧,才能使脚本锦上添花,保证高质量的演出。

说课能集中、简练地反映说课者的教学理念与教学风格,充分体现说课者的教学水平与教学智慧。说课要想取得良好的效果，教师就必须关注说课的方法和艺术，掌握一定的说课技巧。笔者认为，要完成一次优秀的说课，不仅要把说课稿写好，而且还要说得生动有趣、新颖而有个性。本节将从如何写好说课稿和如何表述说课稿两个方面进行阐述。

一、如何写好说课稿

写好说课稿是完成说课的关键一步。优秀的说课稿既要能系统地介绍教师的活动设计与理论依据，更要有教师自己独特的见解与特点。为此，教师需要做一些前期的思考与准备，掌握一定的撰写格式与技巧，还要对最后的文字进行一定的整理与润色。

（一）准备阶段

充分的前期准备是顺利完成说课稿的重要保证和必要前提。在准备阶段，教师有必要静下心来梳理一下自己的思路，提炼一下自己的教学主张，整理一下身边现有的理论依据，收集一下典型的教学课例。

1. 提炼自己的教学主张

准备写说课稿前，教师应认真地学习教学理论，研读《指南》《纲要》等政策性的文件，选取自己最认同的一些教育观点或主张分领域进行梳理，最后提炼出属于自己的教学主张，恰当地运用到说课内容中去。

尊敬的各位专家：

大家好！

在我们幼儿园的门厅里一直张贴着这么一句话："我听过了，我就忘了；我看见了，我就记得了；我做过了，我就理解了。"

我认为，这就是幼儿园孩子独特的学习方式。从教20多年来，我希望自己能最大限度地支持与满足孩子的需要，让他们通过直接感知、亲身体验、实际操作来获取知识与经验,健康快乐地成长。

今天,我说课的内容是……

上述案例中,教师一开场就先引用蒙台梭利的名言,来阐述自己的主张——"探究性学习"的教育观点,之后的阐述也紧紧围绕"探究性学习"来展开,让人感觉观点明确、一气呵成。需要说明的是,这一教学主张比较适用于科学、数学类的说课主题。

接下来,我要谈谈我的教学策略。在谈教学策略前,我想先抛出我的一种教学理念。我始终认为,儿童有一种与生俱来的"内在生命力",这是一种积极的、活动的、发展着的存在,它具有无穷无尽的力量。教育工作者的任务就是要激发和促进儿童"内在潜力"的发挥,使其按自身规律获得自然和自由的发展。

结合这一理念,我进行了如下的活动设计……

上述案例中,说课者在阐述教学策略前先表明自己"以幼儿为主体"的教育主张,之后的教学策略都是建立在该主张的基础上而设计的,有理有据,让人有很想听下去的冲动和兴趣。

2. 整理现有的理论依据

幼儿园各领域教学都有其独特的要求与观点,对各领域的要求与观点进行认真的整理,便于教师在说课过程中恰当地运用。

以下是根据《纲要》对幼儿园五大领域关键理念的整理:

语言领域:发展幼儿语言的关键是创设一个想说、敢说、喜欢说、有机会说,并能得到积极应答的环境……

社会领域:社会学习具有潜移默化的特点,模仿是幼儿社会学习的重要方式。幼儿主要通过在实际生活和活动中积累有关的经验与体验而学习,因此创设相适宜的情境,在情境中互动学习……

科学领域:学习科学的过程应该是幼儿主动探究的过程。教师要让幼儿运用感官亲自动手动脑去发现问题、解决问题,鼓励幼儿之间的合作并积极参与幼儿的探究活动……

艺术领域:每个幼儿的心里都有一颗美的种子。艺术教育应引导幼儿接触生活中的各种美好事物与现象,丰富幼儿的感性经验和情感体验,让幼儿在感受与体验中感受美、发现美,用自己的方式创造美……

健康领域:重在生活习惯与自我保护能力的培养,帮助幼儿形成终生受益的生活能力和文明的生活方式……

除此之外,《指南》《纲要》还有一些纲领性的指导意见与建议,为幼儿园说课提供了理论依据。

3. 收集典型的教学课例

在日常教学实践中,经常会有一些经典的教学课例,其设计新颖、巧妙,教法学法运用得恰到好处。收集并整理这样一些教学案例,有助于教师在很短的时间内找到借鉴的方案与思路。

中班节奏游戏:敲门

活动过程

(一) 创设情境导入

引导幼儿边念节奏边开火车去农场,感知节奏的快慢变化。

(二) "敲门"复习各种节奏型,初步感受并练习简单的复合节奏

1. 幼儿模仿各种动物的叫声表现门铃节奏,复习各种节奏型

师:小朋友们,农场到了。瞧!农场里都住着谁呢?只要叫出它家里的门铃上的节奏,小动物就会开门欢迎你!

2. 练习简单的复合节奏

师：老师把小朋友分成两组，一起来敲小猫和小狗的门。

(三) 创编节奏

1. 引导幼儿找小鸡家的门铃节奏

师：糟糕！小鸡家的门铃坏了，让我们一起来帮它编上好听的有节奏的门铃声吧！

2. 幼儿创编节奏，教师记录，并引导幼儿拍拍练练

(四) 玩"大扫除"游戏，练习巩固复合节奏

师：有节奏的门铃可真好玩，可是时间不早了，我们也该坐火车回家了。咦！我们的小火车好脏啊，让我们一起来打扫吧！红队帮老师的左手伴奏，绿队帮老师的右手伴奏。

(五) 活动结束

1. 互相敲背，愉悦放松

师：为火车"大扫除"可真累啊！（配班教师：我来帮你敲敲背吧！）小朋友也帮自己的好朋友敲敲背。

2. 开火车出活动室，活动结束

小班艺术活动：漂亮的小鱼

活动过程

(一) 游戏情境导入

幼儿在欢快的音乐声中一起玩游戏。

(二) 帮小鱼喝上水

1. 启发幼儿想办法帮助小鱼

师：小溪的水慢慢干涸了，传来小鱼的呼救声。

2. 引导幼儿用海绵刷大块颜色涂色，帮助小鱼喝上水

注意提醒幼儿保持双手、衣服的干净整洁。

（三）玩游戏"小鱼找朋友"

1. 介绍游戏玩法

师：谢谢小朋友帮助小鱼喝上了甜甜的水。小鱼们可开心了，它们要和我们玩一个找朋友的游戏。音乐结束时，每个小朋友找到一条自己最喜欢的小鱼做朋友。

2. 幼儿在轻松、自然的音乐氛围中找到小鱼朋友，并说说自己找到的小鱼长得怎么样

引导幼儿观察小鱼身上的颜色与图案，为下一步画小鱼做好准备。

（四）帮小鱼朋友穿新衣

1. 引出新的活动内容

师：小溪里又游来了一群小鱼，它们也想穿上新衣服变成漂亮的小鱼。

2. 演示与讨论

（1）演示：我帮小鱼朋友穿一件泡泡衣。

（2）讨论：你想帮小鱼朋友穿什么样的衣服呢？

3. 幼儿操作

提醒幼儿用不同的颜色作画，启发幼儿边画边想象小鱼的衣服。

（五）和小鱼共舞

1. 互相欣赏

欣赏共同完成的作品，体验人人参与的乐趣。

2. 幼儿听音乐，自由地和小鱼跳舞，结束活动

以上两个课例都是非常典型的用游戏情境贯穿始终的活动，活动环节间过渡得非常轻松、自然。它们从幼儿的兴趣点出发，从一个"玩"字着手，创设游戏的环境，让幼儿在特定的情境中欣赏、学习并创作。

游戏情境创设法在小中班的教学中运用得还是非常普遍与有效的。

（二）撰写阶段

说课稿由三部分组成，即教什么、怎么教和为什么这样教。其中的重点在于说清"为什么要这样教"，即说出理论依据。因此，有理有据、思路清晰、亮点突出是教师在撰写说课稿时必须要思考的问题。

1. 把理念落实到活动中，自然而不牵强

有效说课的首要特征是在说课活动中凸显先进理念的引领，即站在理论的高度进行分析与诠释，把教育思想渗透到活动的各个环节中，自然而不牵强，要杜绝理论的胡乱堆积。

大班数学活动"毛毛虫的故事"之策略实施

本活动从幼儿的兴趣中选材，以语言故事为媒介，以游戏为主要手段，以调动幼儿活动的积极性。通过大胆引入童话故事，使抽象的数学知识童趣化，一步步引领幼儿进入学习"星期"的活动中。

本活动开展的主线为：引题激趣—学习体会—操作拓展—游戏提升。

活动流程	教学方法	设计理由
（一）引题激趣 复习"星期"的有关知识，帮助幼儿回忆已有的经验。 1. 一个星期有几天 2. 第一天是哪天 3. 一星期你会做些什么	提问法	
4. 出示毛毛虫的图片，提问：它一星期会做些什么	情境创设法	用毛毛虫的故事引出"星期"的概念，自然而不做作，激发了幼儿的活动兴趣。

续表

活动流程	教学方法	设计理由
(二)学习体会 通过出示课件讲故事,使幼儿认识并理解星期的时间概念,了解事物的发展变化与时间的直接关系。	多媒体课件运用	多媒体课件生动地展示了"随着时间的推移,随着毛毛虫吃的食物越来越多,其身体逐渐变胖,最后破茧成蝶"的过程,达到了其他教学媒介无法比拟的效果。
1. 教师出示 PPT,讲述故事	师幼对话与探究	师幼一步步深入的对话将毛毛虫的故事逐渐呈现在幼儿面前,而其中关于星期的知识也在层层探究中得以渗透,让幼儿学得轻松、透彻。
2. 提问,帮助幼儿理解故事内容	猜测法	此方法的运用激发了幼儿的活动兴趣。每当答案得到验证时,幼儿都会无比开心。可见,这是真正适合他们的学习方式。
(三)操作拓展 通过让幼儿操作,帮助他们初步建立星期的时间概念,使幼儿认识到时间推移与事物发展变化之间的关系。 1. 说一说	情感迁移法	经过两个星期,毛毛虫由茧变成蝴蝶,将时间推移与事物变化之间的关系呈现在幼儿面前,在潜移默化中增强了幼儿的时间观念。
2. 做一做	操作法	给每个幼儿操作和自我展示的机会,在安排一星期活动的过程中巩固幼儿对星期的认识,提高他们的口语表达能力。
(四)游戏提升 1. 讲解游戏规则 2. 幼儿从易到难玩游戏	游戏法	游戏是幼儿最感兴趣的学习方法,数学活动本身就是一门比较抽象、枯燥的学科,所以在最后环节通过"找邻居"的游戏,帮助幼儿复习和巩固知识。

以上案例运用了情境创设法、操作法、游戏法等多种教学手段,符合幼儿的年龄特点,也与活动目标一致。幼儿通过关注毛毛虫蜕变成蝴

蝶的过程，理解了一周时间的转变。

2.把过程深化到导图里，清晰而不含糊

流程导图是展现活动过程非常好的一种手段，能帮助教师进一步了解活动流程，做到心里不含糊。以下是笔者运用得比较多的两种简易导图，希望对大家有一定的借鉴作用。

图1是教师常用的说课流程导图。在说课的过程中，教师经常会出示给听者看，以便清晰地说明说课的三大板块，以及各大板块主要表达的内容。其中的教学流程三环节比较适用于科学类的活动。

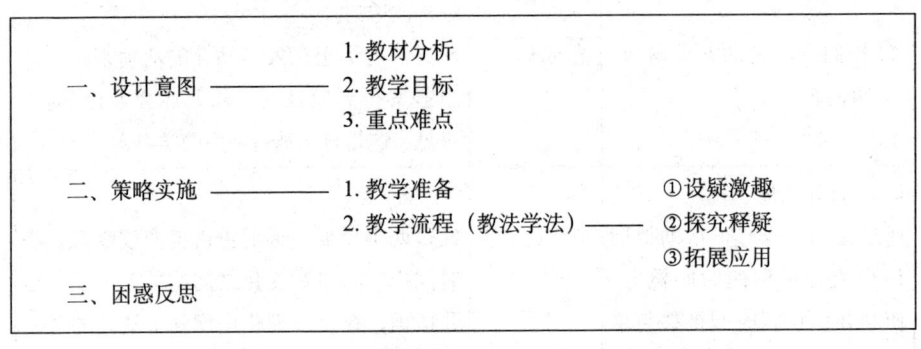

图1 说课流程导图

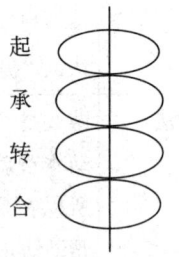

图2 活动流程导图

图2是笔者自创的一种活动流程导图，这种"糖葫芦式"的活动流程由起、承、转、合四个环节组成。起，即唤起幼儿已有的知识经验；承，

即协助幼儿搭建学习的支架;转,即搭建转化幼儿能力的平台;合,即培养幼儿学以致用的思维方式。这样的图示类型,富有新意,层层深入,能有效地帮助教师诠释活动中四个流程的相互关系。

3. 把亮点体现在细节处,精练而不冗长

每篇好的说课稿必定有自己的亮点所在,或教材分析到位,或流程设计新颖,或观点阐释精练,或活动反思简明扼要,让人有耳目一新的感觉。

"柔软的心情"活动反思

本活动最大的亮点是节选了《帝企鹅日记》这部影片的片段。教师用生动、恰当的语气、语调为影片配音,讲述帝企鹅的故事,以动态效果增强幼儿学习的趣味性,帮助幼儿更好地感受画面中所传达出的真实、细腻的父爱与母爱。

活动中,教师注重与幼儿的自身经验相结合,充分尊重幼儿的生活。根据幼儿的已有经验,引导他们体验积极的情绪情感,使活动自然拓展、迁移延伸。

"柔软的心情"是社会领域的内容,很抽象,很难让幼儿理解。教师借用了电影片段,让幼儿在生动、感人的情境中体验心情的微妙变化,这不失为一种很好的活动载体。

(三)润色阶段

完成说课稿初稿后,下一步需要做的就是润色说课稿,使其更精彩。教师可以从以下三个方面去思考。

1. 让教育思想落地生根

说课不仅需要先进的教育教学理论作为支撑,更需要在先进的教育理论与具体教学案例之间找到契合点和挂钩点。如何让理论性的东西通过实践接上地气，是教师要努力去做的。

2. 让思维方式与众不同

思维方式，即一个人看待问题的角度。说课不是简单地讲解操作流程，不能简单地套用固定的模板，也不要被程式化的模式禁锢了自己的创造力和想象力。只有思维方式与众不同，视角与众不同，思路才可能会有新意。

除了传统的说课流程（即先从说教材开始，然后依次说目标、重难点、活动准备、教法学法、活动流程、活动特色等）外，教师还可以结合具体案例，选取其中最有价值的部分，建构有创意的说课思路，这样就会达到意想不到的效果。

3. 让教学策略详略得当

活动策略要有主次、详略之分，不求平均，不求面面俱到。每一个活动都会运用多个教学策略，教师只要抓住其中 1～2 个重点策略加以详细阐述即可。

下面选用一个完整的说课案例进行表述。

大班数学活动"小小搬运工"说课稿

各位专家评委：

上午好！

现在开始我的说课。我将分三大板块来进行，第一板块是设计意图，第二板块是策略实施，第三板块是困惑反思。首先，我来说说本次活动的设计意图。

【开场简洁清晰，直奔主题】

本次活动的内容是大班数学活动"小小搬运工"，选自大班"缤纷海洋"主题。提起大海，对于孩子们来说最具吸引力的就是沙子，沙子是他们百玩不厌的东西。他们在沙地上赤脚玩耍、挖地洞、做碉堡，利用沙子开展军事游戏、"娃娃家"游戏……大班的孩子曾经接触过有关测量的内容，如长与短、轻与重等，但对于容量的测量还比较生疏。本次活动提供给孩子大小不一的运沙容器，引导他们通过操作与记录，了解容器大小与运送次数的相对关系。这样的活动，对于大班孩子来说还是有一定的挑战性的。基于以上认识，提出以下三维目标：

（1）认知目标：尝试用容量不同的工具运沙。

（2）技能目标：通过比较发现运沙工具的容量与运沙次数的关系。

（3）情感态度目标：培养做事严谨、认真的科学态度。

活动重难点，是通过比较发现运沙工具的容量与运沙次数的关系。为了更好地突破重难点，我从孩子们的生活及用具中选择了一些大小不一的容器并注上数字，然后选择了一些同样大小的沙盘，布置成运沙场景。通过自选工具运沙、运用指定工具运沙、组织运沙比赛等活动，来达成教学目标。

【设计意图由教材分析、目标制订、重难点确定三大块组成】

结合以上设计意图与教学重难点的分析，接下来，我要谈谈我的教学策略。在谈教学策略以前，我想先抛出我的一种教学理念。我始终认为，儿童有一种与生俱来的"内在生命力"。这是一种积极的、活动的、发展着的存在，它具有无穷无尽的力量。教育工作者的任务就是要激发和促进儿童"内在潜力"的发挥，使其按自身规律获得自然和自由的发展。

结合这个理念，我自创了一种叫作"糖葫芦式"的教学方法，可能这样的形容并不符合哪种教学规律，但是今天的说课我希望能够用这样一个形象的方式来呈现我的教学策略。（现场绘画图示）

这是今天这堂课的四个小的教学环节，我分别把它们叫作起、承、转、合。

环节一：起，目的是为了唤起幼儿已有的知识经验。在这个环节，我直接引题："将这边的沙子运到对面的盆里，有什么办法？"请小朋友自由选择自己喜欢的运沙工具运沙。这一环节的目的是让幼儿尝试用不同容量的工具运沙，教师观察他们在活动中的表现。

环节二：承，目的是协助幼儿搭建学习的支架。在这个环节，我将幼儿分成六组，每组内工具相同，不同组工具不同，一人记录，多人运沙，完成运沙过程。之后，引导幼儿观察工具的不同，得出：工具大，运的次数少。这个环节是活动的主要环节，记录的运用和标注了大小数字的容器的提供，很好地突破了活动的重难点。

环节三：转，目的是把幼儿掌握的知识转化为一种能够应用到生活中的能力。我会出示三张图片，提出三个问题，请幼儿帮忙解决："小猪家造房子，需要沙子多，但路很窄；小牛家造房子，需要沙子多，路宽；小猫家造房子，需要沙子少，路宽。请小朋友想想它们各需要用什么车子来运沙并说明原因。"之后，幼儿要完成连线游戏。这个设计很好地实现了知识的拓展应用。

环节四：合，以情感态度、价值观的渗透来培养孩子的综合素养。选择两组小朋友进行比赛，提供同样的工具，让孩子们猜猜会有怎样的结果。结果并不像大家想象的那样，于是带领幼儿分析原因，如不装满、不漏沙等，教育幼儿做事要认真、细致。本环节采用幼儿互评的方式进行。

在四个环节的显性主线下，我更关注幼儿活动中认知、技能、情感态度变化的内隐主线，也更关注不同能力的幼儿的表现，从幼儿的视角去发现问题、解决问题。

【策略实施部分是亮点，起、承、转、合"糖葫芦式"的教学方法运用得当】

综观幼儿园活动，我一直有个困惑：为了达到活动好看的效果，我们经常喜欢花费大量的时间和精力，创设丰富、热闹的情境与游戏，使幼儿园的活动始终呈现出"糖果色"的味道。但是这样的安排到底让孩子收获了什么？我想，幼儿园活动，特别是这一类科学性较强的活动是否需要热热闹闹？是否该多考虑在孩子严谨的科学态度、探究精神、思辨能力的培养方面多做些努力呢？在长期的工作实践中，我和我的工作室团队一直朝着"简约课堂"的理念努力，在教育内容的选择上、情境的创设上、环节的安排上，甚至教师引导语言的设计上进行思考与尝试，努力营造人人参与操作、探究、实验、验证的科学学习氛围，让每一个环节更能直击教学目标，使教学活动更突出内容的"趣"、方法的"活"以及过程中材料、同伴、教师的"帮"，让幼儿的学习更"外显"，教师的教学更"内隐"，构建一种能促进幼儿自主学习的支持性环境。"简约而不简单"，我们还需努力！

以上是笔者以往参加说课比赛的一个案例。笔者努力尝试在教学理念、说课形式与教学策略方面都有一定的创新，尽管可能不十分完美，但至少走出了改革的第一步。

二、如何表述说课稿

说课本身是个动态生成的过程，是说者与听者相互交流的过程。因此，能否调动听众的情绪和思想在很大程度上决定着说课的成败。一节近乎完美的说课活动，既需要教师用生动的语言来表述，又需要教师注意节奏和肢体动作，使体态语言与说课内容相得益彰。

1. 锤炼语言

说课重在说，重在口头的表达与交流。如何将书面化的语言转化为口头化表述，并且生动形象、准确规范、抑扬顿挫、富有感染力，需要教师细细地思考。首先，说课稿的标题要讲究对仗，要富有诗意与美感。其次，教师在表述内容时尽量少用太专业化的语言。最后，可以使用比喻、象征等艺术手法。比如，前面说课稿中"糖葫芦式"教学法的运用，就非常形象生动。

2. 把握时间

教师对于说课时间的把握非常关键。时间若太短，教师没办法阐述清楚自己的思想和观点；时间若太长，听众会感觉很累。另外，在规定的时间内，几大环节的阐述时间如何分配则更为重要。下面我们以15分钟的说课时间为例来进行说明。

（1）*说设计意图*：2～3分钟，简略概括对教材的理解、目标的设定、重难点的把握。这一环节考验的是说课者对教材体系的熟知程度与把握能力，要有创意、有特色才能吸引听者。

（2）*说策略实施*：8～10分钟，重点说明教学准备以及每个流程的具体教法与学法。这一环节考验的是说课者能否把理论与实践很好地结合的能力，要有理有据，以理服人。

（3）*说活动反思*：1～2分钟，总结本次说课情况，再次表明自己的观点或困惑。这一部分非常关键，说课者要能结合课例表达个人的思想与观点。说得好，会起到画龙点睛的作用。如果最后时间不够，可向评委说明："我在××方面还有一些自己的见解……"以此激发听者的兴趣，引导听者往你思考的方向提问。

3. 凸显个性

说课的魅力还体现在教师的个性化表达方面。由于每位教师的思想观念、审美情趣、性格特点、专业特长不同，决定了说课风格的个性化差异。有的教师语言生动形象，富有感染力；有的教师语言逻辑性强，论证有力；有的教师说话特别幽默风趣……不管是哪一种风格，说课者都可以结合自身的实际情况和说课的具体内容，磨炼出符合自身特点的说课艺术。

俗话说，"教学有法，但无定法。"教学是充满个性化的实践智慧的活动。说课正如教学一样，是一种非常复杂且个性化的活动。但是，在现实的工作中，我们经常发现模式化、程序化的说课模板，任何教学内容只要替换一下标题就可以了，这是很悲哀的。我们期望有更多的一线教师加入到创新、摸索、实践中来，让说课活动成为教师张扬个性、阐述教育理想与抱负的平台，让说课活动百花齐放、香飘满园。

第四节　幼儿园说课案例

案例1

中班健康活动：生气汤

一、说设计意图

生气对于中班的幼儿而言是比较难控制的情绪之一。虽然四五岁的幼儿，他们的情绪较之三岁时更为稳定，而且他们也在逐渐开始学着控制自己的情绪，但是并非对所有的事都能调节好。尤其是遇到自己特别感兴趣的事物时，他们仍然受情绪支配，甚至还会出现情绪"失控"的现象。不顺心时，他们仍会大发脾气。因此，我选择了《生气汤》这个故事，旨在帮助幼儿寻找解决自己生气这一问题的途径，愿意控制、克服自己的生气情绪，努力不被这种情绪所左右，逐步建立起积极、快乐的人生态度。为此，我制订了本次活动的三个目标：

（1）知道生气是正常的情绪反应，了解经常生气会影响人的健康。

(2) 能积极交流生气时的情绪体验，尝试用恰当的方式排解情绪。

(3) 愿意让自己保持快乐的心情。

二、说活动准备

(1) 经验准备：幼儿有过生气的体验。

(2) 物质准备：《生气汤》故事PPT。

三、说活动重难点

(1) 活动重点：知道生气是消极的情绪，会让身边的人不开心。

(2) 活动难点：能初步学会排解自己的生气情绪，学会控制自己的情绪。

四、说活动过程

(一) 图片引入，引起共鸣

1. 出示小主人公霍斯的图片

提问：今天老师带来了一个朋友，他的名字叫霍斯。看，他怎么了？

提问：今天霍斯真的很生气，你是从哪里看出来的？

2. 小结

师：我们从他的表情和动作可以看出来，霍斯今天真的很生气。霍斯为什么会这么生气，让我们一起来看看吧！

【借助提问的方式，引起幼儿共鸣，为下一个环节做铺垫，同时也激起幼儿对自身经验的回忆】

(二) 理解故事内容，突破活动重难点

1. 出示PPT，讲述故事

故事内容：霍斯想不出第三题的答案，他很生气；同学带来的牛在表演节目时踩到了霍斯的脚，霍斯很生气；今天放学，妈妈不守信用，让别人来接他，霍斯很生气。

提问：霍斯为什么这么生气呀？你们有过生气的时候吗？你们什么

时候会生气?生气的时候,你有什么样的感觉?

小结:经常生气会影响自己的身体健康。你看,你一生气就皱着眉头,嘟着嘴,吃不下饭,睡不着觉。所以,我们不能经常生气,要消灭身体里的生气虫。

【让幼儿倾听故事,了解主人公生气的原因,同时结合幼儿自身的经验,进一步激发他们表达内心感受的欲望】

2.了解故事主人公生气的表现

提问:霍斯生气了以后,又发生了哪些事情呢?

故事内容:霍斯踩坏了花;妈妈跟他打招呼,霍斯叉着腰很没礼貌地发出"嘶"的声音;妈妈想抱抱霍斯,他不要,生气地走开了。

提问:霍斯这样生气好吗?为什么?

小结:经常生气除了会影响自己的身体健康,还会让身边的人不开心,更会让你失去朋友。

【通过讨论,引导幼儿换位思考,让幼儿更深入了解生气所产生的消极情绪对自身及他人的负面影响】

3.了解排解情绪的办法

提问:妈妈看见霍斯生气了,有没有什么好办法?我们一起来看一看!

提问:霍斯的妈妈想出了什么办法呢?现在霍斯的心情怎么样了?生气的时候,我们还有什么好办法能让自己的心情好起来?

小结:其实生气很正常,我们每个人都有生气的时候。所以,我们要学会用各种各样的方法让自己的心情好起来。

【在这一环节中,借助妈妈煮生气汤的巧妙构思,充分调动幼儿的积极性,让他们将自己的生活经验迁移到活动中,使整个活动达到高潮】

(三)玩"生气汤"游戏,进一步丰富幼儿的经验

提问:如果你的朋友生气了,你可以怎么帮助他?我们一起来玩一

个可以让自己和朋友快乐起来的"生气汤"游戏吧!

玩法:我们手拉手,围成一个大锅的形状。每个人对着"大锅"大声说出一件会让自己生气的事情,然后念儿歌:"撒点盐,放点糖,左左左扭三下,右右右扭三下,喷出一口火龙气,啊,我快乐啦!"

小结:我现在开心极了,你们的心情怎么样啊?如果你的朋友生气了,你可以和他一起玩这个"生气汤"的游戏,让大家的心情都变快乐。

案例2

大班陶艺活动:新年礼物

一、说设计意图

新年是孩子们喜欢的节日,他们都憧憬着爸爸妈妈能送给自己最喜欢的礼物。随着新年的临近,新年礼物成了孩子们最关心的话题。于是,我们结合新年的主题开展了一系列活动。因此,选择幼儿感兴趣的事物和问题,关注他们的好奇心和求知欲,是我设计本次活动的一个重要条件。

陶艺课程是我园的特色课程。大班幼儿已经掌握了基本的揉、搓、捏等技能,并热衷于在玩泥中进行创作。于是,我把用陶泥制作新年礼物作为载体,设计了这个教学活动。

活动中,我运用 PPT 演示法(观察法)、谈话法等多种方法充分调动幼儿学习的积极性,旨在发展幼儿的想象力和创造力,提高他们的陶艺制作能力。幼儿在自由创作和与同伴的分享中,获得了陶艺活动带来的乐趣。

二、说活动目标

(1)了解陶泥的基本特性,感受泥板创作带来的丰富性和多样性。

(2) 学习用揉、压、刻的方法对泥板进行变变变，制作成新年礼物。

(3) 体验陶艺活动带来的乐趣。

目标(1)是认知目标。在陶艺活动中，我通过带领幼儿欣赏一定的陶泥作品，帮助幼儿了解陶泥的基本特性，丰富幼儿创作的途径和方法，逐步丰富他们有关美的经验，提高他们对美的作品的感知能力。

目标(2)是技能目标。我认为，陶艺教学的目标不是单纯的技能、技巧的传授，更多的是让幼儿感受、理解、体验美好的事物，从而激发幼儿对美的创造。但是，技能、技巧的学习也是不可或缺的，有了技能、技巧的提高，幼儿才能更好地进行创造。

目标(3)是情感态度目标。幼儿在活动中是享受的、是快乐的，这一点很重要。新年礼物是孩子们所喜欢的，制作新年礼物同样也能让孩子们感受到快乐。

活动重点：我把"幼儿学习用揉、压、刻的方法对泥板进行变变变，制作成新年礼物"作为本次活动的重难点。我通过多次运用现代化教学手段以及教师示范、个别幼儿示范等方法，让幼儿清晰、直观地欣赏、学习，进而突破重难点。

三、说活动准备

(1) 经验准备：幼儿对市面上的新年礼物有一定的了解和认识；提前让家长帮助幼儿建构有关新年礼物的认知经验及制作经验。

(2) 物质准备：幼儿人手一份陶泥制作工具、陶泥，多媒体教学设备，背景音乐，新年橱窗。

四、说活动过程，即活动策略和设想

活动环节	活动内容	活动策略、设想
环节一：经验回顾	1. 谈话：小朋友都带来了哪些礼物？还有哪些东西可以作为新年礼物 2. 教师小结：小朋友很会动脑筋，原来只要是朋友喜欢的，都可以作为新年礼物	从幼儿的已有经验出发，通过谈话引导他们回忆各种各样的新年礼物；把教学内容转化为具有潜在意义的问题，让幼儿产生强烈的问题意识，使整个教学过程成为"猜想"。
环节二：播放PPT，幼儿欣赏由陶泥制成的新年礼物	1. 出示作品1"新年贺卡"，提问：这个作品是用什么方法制作的 2. 出示作品2"相框"，提问：这个作品在第一个作品的基础上又用了什么制作方法？谁愿意上来试一试 3. 出示作品3"手提包"，提问：哪个小朋友知道手提包是怎么做的	教师出示的这三件作品，是一一呈现的，难易程度是层层递进的。教师进行提问时，特别注重不同难度的问题用于提问不同层次的幼儿，有效地开发了不同层次的幼儿的潜在智能，力求使幼儿能在原有的基础上得到发展。
环节三：教师示范制作新年礼物	1. 重点示范泥板变变变，变成手提包、小手套和面具 2. 教师小结：原来在简单的泥板上刻上喜欢的花纹，通过折、压、抠等方法，可以把它们变成各种新奇的东西	通过教师的示范，让幼儿掌握基本的泥板变变变的方法。教师示范的作品同样具有选择性和层次性，让不同发展水平的幼儿都能找到自己心中想要设计的作品，为之后的创作做好铺垫，从而激发幼儿的创作热情。每一次提问或示范都有总结，以强化幼儿的认识。同时，知识性的内容小结可以把教学的知识尽快转化为幼儿的素质。

续表

活动环节	活动内容	活动策略、设想
环节四：拓宽思维，幼儿讨论自己的设计	1.幼儿两两一组互相说说自己将要制作的新年礼物，以及会使用什么方法制作（教师表扬和鼓励会动脑筋的小朋友） 2.请个别幼儿上来说一说自己的设计方法，其他幼儿帮助他制作	通过提供宽松的环境，为幼儿营造敢想、敢说、敢做的轻松氛围，鼓励幼儿大胆探索和表达；支持幼儿同伴间的相互帮助，成为幼儿学习的支持者、合作者、引导者。
环节五：幼儿发挥想象，大胆制作自己喜欢的新年礼物	1.幼儿制作，教师巡回指导，鼓励幼儿大胆想象、创作 2.教师用相机抓拍幼儿制作过程中富有创意的作品，放到电脑上供幼儿欣赏，启发他们的想象力	提供利于幼儿探索、体验的空间和材料，满足幼儿制作的愿望；再一次巧妙运用现代化教学手段，充分体现出其实用性和新颖性；及时评价，肯定一部分幼儿，同时也是面向幼儿全体，鼓励每个幼儿认真制作自己的作品。
环节六：作品展示	1.幼儿把制作好的作品放到新年橱窗内，同伴间相互欣赏 2.教师集中点评，问问幼儿最喜欢哪个作品，并说一说理由 3.教师小结：小朋友很会动脑筋，用了很多种方法，都制作出了各自的创意作品	以新年橱窗的形式呈现作品，一方面让作品更符合主题，另一方面让幼儿感受艺术作品的陈列方式，提升他们的审美；用发展的眼光看待每一个孩子，给予表扬和鼓励，并指明其作品的美感和富有创意的部分。
延伸活动	把幼儿的作品放到美工区，同时投放各色彩带、颜料等。幼儿可自主选择材料对作品进行包装，做成漂亮的新年礼物。在新年这一天，同伴之间可互赠新年礼物。	使活动的价值得到进一步提升，而且多领域的整合发展了幼儿多方面的能力。

五、说活动亮点

（1）从幼儿的生活中选材。只有来源于幼儿生活中的教材，才能让幼儿有真正活动的愿望；把幼儿生活中急需解决的问题作为教材，才能体现出活动的价值。

（2）从幼儿的兴趣中选材。新年礼物、陶泥都是幼儿感兴趣的事物，把两者巧妙地结合在一起，满足了幼儿发展的需要。

（3）充分运用现代化多媒体教学手段，让幼儿多视角地欣赏和学习，提高幼儿的注意力、理解力，增强他们对学习的兴趣。

（4）注重知识的层次性，特别注重用不同难度的问题，提问不同层次的幼儿，有效地开发各层次幼儿的潜在智能，力求使幼儿能在原有的基础上得到发展。

案例3

大班社会活动：名字的秘密

今天，我说课的内容是大班社会活动"名字的秘密"。下面我将根据自己的认识和理解，从设计意图、策略实施、活动反思三方面来陈述。

一、说设计意图

本主题活动的构思源于《幼儿园体验·探究·交往课程》大班上学期的"我的故事"，从内容纬度上属于"认识我自己"板块，是有关"我的名字"的一个原创集体教学活动。每个人都有自己的名字，孩子们对于名字很熟悉，但对名字的独特性和含义了解得比较少。因此，让幼儿深入地了解中国人姓名的独特性，感受中国的传统文化，是非常有必要的。而且大班幼儿即将进入小学，让他们正确地认识自我、评价自我，认可并欣赏自己的名字，是帮助他们形成良好的自我意识的重要因素。基于以上理解与认识，特设计了本活动，并提出以下三维目标：

（1）认知目标：了解姓名的组成、姓名的独特性及含义。

（2）技能目标：形成初步的自我意识，增强自信心。

(3) 情感态度目标：感受中国姓氏这一传统文化，理解父母对自己的期望。

本次活动的重点就是让幼儿知道姓名的组成以及有关姓和名的一些特性，难点在于让他们知道自己名字的含义，理解父母对自己的期望。

二、说策略实施

在传统的教学模式中，幼儿社会领域的教学大多数是教师干巴巴地讲，孩子兴味索然地听，陷入"说教"的误区。面对这种情况，教师应该如何开展生动、有趣的活动呢？苏联教育家苏霍姆林斯基说过："儿童是用形象、色彩、声音来思维的。"因此，本次活动我通过自制课件展示、游戏操作、谈话交流等方式，让幼儿在轻松、愉快的氛围中学习，积极、主动地投入到活动中。

为了更好地突破活动的重难点，我根据活动需要做了以下准备：

(1) 经验准备：幼儿认识自己的姓名，了解自己名字的含义。

(2) 物质准备：自制课件，音乐，姓的卡片，宝宝图片。

下面，我介绍一下活动流程。

环节一：以歌曲《你的名字叫什么》导入

【在欢快的音乐声中，幼儿互相介绍自己的名字，不仅对主题歌曲做了简单的复习，还激发了学习兴趣】

环节二：了解名字是由姓和名组成的

利用多媒体课件直接出示所有上课的幼儿的名字，向幼儿提问："请看这些是什么？是谁的名字？你们都找到了自己的名字了吗？谁来告诉我你的名字在第几行第几个？再请你们猜一猜，老师在准备你们的名字时为什么要用两种颜色？"幼儿发言后，教师进行小结："我们中国人的名字是由姓和名组成的，姓在前，名在后。"

【利用多媒体课件直观呈现包括两种颜色的名字，并通过让幼儿寻找

自己的名字来充分激发幼儿的好奇心,让他们对自己的名字和同伴的名字产生兴趣,并能真切地感受到姓名是由姓和名组合在一起的】

为了进一步巩固这个知识点,接下来我设计了两个关于姓和名匹配的小游戏。

第一个小游戏:让幼儿在展板上找到自己的姓,然后站成一排进行自我介绍,比如说,"我姓楼,我叫楼××"。

第二个小游戏:让幼儿利用课件进行操作,找到自己的姓,把它送到自己的名的前面。

【借助游戏这种幼儿最喜欢的学习方式展开教学,巩固名字是由姓和名组合而成的。以上两个小游戏的创设,不仅增强了幼儿的学习兴趣,而且初步解决了活动的重点】

环节三:关于姓氏的认识

本环节围绕姓氏的传承和百家姓两个点展开。

首先,引导幼儿找出班中同姓的小朋友,再过渡到找出家中同姓的家人,了解中国人的姓是代代相传的。

提问:"在我们的班里和你的家里,有没有同姓的人?你的姓和谁的一样?哪些小朋友的姓是和爸爸的姓一样的,请举手。"小结:"这是我们中国人的姓的秘密,大部分孩子的姓都和爸爸的一样,一小部分孩子的姓和妈妈的一样。"运用课件出示人物关系图,提问:"爸爸的爸爸是谁?爷爷把姓传给了爸爸,爸爸又把姓传给了谁?我们中国人的姓是一代一代传下来的。"

接着,引导幼儿说说自己知道的其他姓氏,并分两组进行比赛,比比哪一组说出的姓最多,引出"百家姓"课件,激发幼儿对百家姓的好奇心。

【启发式和讨论式教学的展开,引发了幼儿的互动,激发起他们说的

欲望。这不仅使幼儿对家庭成员及其关系有了进一步的了解,更使他们对百家姓这一中华传统文化有了初步的认识】

环节四:关于名的认识

本环节围绕单、双名和名字的含义两点展开。

首先,我会出示两个幼儿的名字,并在课件中去掉两个名字的"姓",引导幼儿观察两个孩子的名有什么不一样。(一个是单数,一个是双数)引出单名和双名,并通过小游戏进行验证:单名的孩子站在一边,双名的孩子站在另一边。

接着,让孩子了解自己名字的含义。提问:"你的名字代表着特别的你,你知道爸爸妈妈为什么要给你取这个名字吗?你的名字有什么特别的意思吗?"幼儿回答后,教师进行小结:"爸爸妈妈非常爱你们,他们在你们小小的名字里藏了大大的爱和期望。"为了能让孩子亲身体验,我设计了一个给宝宝取名的游戏环节,即两个幼儿一组,教师分发娃娃的图片,引导幼儿为娃娃取名,把自己的祝福和期望藏在名字里,并告诉老师娃娃叫什么名字以及为什么给他取这个名字,分享取名字带来的快乐。

【幼儿可能对自己名字的含义并不是很了解,那么通过游戏"给娃娃取名"可以让幼儿亲身去感受,把祝福和期望藏在名字里,由此体会父母对自己的爱和期望。这也是为解决活动难点而设计的一个游戏环节】

环节五:结束环节

认识一个新名字就多了一个新朋友。此环节,我会让孩子们听着音乐《你的名字叫什么》去找新朋友(听课的老师)。

【最后一个环节让孩子们在歌声中去问问听课老师的名字,这样不仅首尾呼应,把课堂结尾部分推向了一个小高潮,而且培养了幼儿大胆与人交流的能力】

三、说活动反思

（1）社会学习具有潜移默化的特点，幼儿是在实际生活和活动中积累相关经验的，或者是通过体验而习得的。因此，本活动不会局限于课堂。因为百家姓在本次活动中只是点到为止，所以课后我会侧重于让幼儿了解百家姓，引导他们发现百家姓的起源以及姓氏的故事等，充分挖掘中国传统的姓氏文化。

（2）本次活动主要体现了怎样让社会活动变得有趣，并能保持幼儿学习的积极性。"名字"这一活动内容具体实施起来是有一定的难度的。因此我通过音乐、自制课件、小游戏、竞赛等多种教学手段，努力营造轻松、愉快的学习氛围，并让每个孩子都有说的机会。

（3）活动环节层层递进。从明白姓名是由姓和名组合而成的到姓氏的传承、名字的含义，整个活动一气呵成、环环相扣，很好地达成了预设目标。

以上是我的说课内容，不足之处还请专家批评指正，谢谢各位的聆听！

案例 4

大班语言活动：绕口令《天上有星》

今天，我说课的内容是大班语言活动"天上有星"。我将从设计意图、活动目标及重难点、活动准备、活动过程四个方面进行阐述。

一、说设计意图

本次活动来源于主题"我是中国人"。"我是中国人"这一主题按照"我是小小中国人""浓浓的中国风""神气的中国龙"三个层次展开。其中，第二层次"浓浓的中国风"就是对中国特有的具有代表性的人文历史进行一系列的探究，从而帮助幼儿领悟中华民族的传统与文化。而绕口令作为中华民族特有的一种语言游戏，有着独特的语言魅力，因此我选择了绕口令作为本次活动的内容。大班幼儿处于语言发展的敏感阶段，储备了大量的语言知识，具有较强的口语表达能力。同时，《指南》提出："应为幼儿创设自由、宽松的语言交往环境，让幼儿想说、敢说、喜欢说并能得到积极的回应。"绕口令《天上有星》符合大班幼儿的语言发展特点和《指南》要求，内容贴近幼儿的日常生活，语言简短凝练，读起来有较强的节奏感。其每句话的最末一个字都是后鼻韵母，可以让幼儿在一种诙谐有趣、宽松自然的氛围中进行语音练习。

二、说活动目标及重难点

活动目标应体现教育性、价值性和实践性。它既是教育活动的起点和归宿，又对活动起着导向作用。结合幼儿的情况、活动内容和《指南》，我制订了认知、技能、情感态度三个目标。

(1) 认知目标：学念星、鹰、灯、钉，理解绕口令的主要内容。

(2) 技能目标：通过看图以及轮流接念的方式朗诵绕口令，感知绕口令的韵味。

(3) 情感态度目标：乐意参与活动，体验合作学习的快乐。

依据大班幼儿的认知特点和发展状况，我将本次活动的重点定位为引导幼儿学念星、鹰、灯、钉，难点是带领幼儿通过图文以及轮流接念的方式熟练朗诵绕口令。

三、说活动准备

幼儿是通过与材料、环境的相互作用而获得发展的。因此，活动准备必须与活动目标以及幼儿的能力、兴趣相适应，为此我做了以下准备。

(1) 把幼儿分为四组，每组一套操作图片（图片分别为星星、老鹰、台灯、钉子）。

(2) 黑色展板四块（35厘米×60厘米），展板上分别贴有"图＋单字"的标识；泡沫四块，投影仪，电脑；PPT课件。

四、说活动过程

根据《指南》提出的教学活动应遵循"循序渐进""由浅入深"的原则,我采用了环环相扣、层层递进的组织方式。

环节一:玩图片,说单字

1.看图说字

师:我为你们每人准备了一张图片,放在了桌子上的篮子里。请你们每人选择一张图片,先看一看,看完后请用一个字告诉我你拿到了什么。

幼儿自由回答,如果有幼儿说出两个字,不要直接教幼儿怎么说,而是细心地引导他自己纠错,给幼儿充分的自主权。

待幼儿熟悉后,让他们交换图片再说一次。

之后,请拿相同图片的幼儿一起说。

2.组内合作排序说字

鼓励同组内的四个小朋友合作将图片排队并快速念出来。

师:请你们同组的四个小朋友将图片排长队,怎么排就怎么说。(幼儿自由练习)

再请幼儿换个位置试试,各组根据自己排的顺序把四个字连起来说。

师:现在请你们以最快的速度交换一下字的位置再说说看,看看哪个组说得对、说得快,各组先自由说,等会儿来比赛。

【本环节在活动导入时,没有直接点明活动内容,而是通过让幼儿自选图片,引导他们在游戏状态下自然地与学习内容相遇。说单字时,幼儿从自己说,到交换图片说,再到和拿相同图片的小朋友一起说,过程层层递进。在说字竞赛这一小环节,通过让幼儿分组排序,鼓励幼儿在组内与同伴讨论、沟通和合作。通过看图说单字到组合排序进行说单字竞赛,既能激发幼儿的学习兴趣,又能有效地培养他们的合作意识和合作能力,同时也很好地解决了本次活动的重点】

环节二：联系生活说短句

1. **分类粘贴图片**

幼儿将自己手中的图片对应粘贴在四块展板上。

师：老师这里也有星、鹰、灯、钉四张图片，现在请你们把自己手中的图片送到它该去的地方。

2. **联系生活说短句**

待幼儿粘贴好图片后提问：生活中哪里有星？哪里有鹰？哪里有灯？哪里有钉呢？

【本环节起到了承前启后的作用。幼儿按照"哪里有×"的句式自由表达，虽然增加了难度，但教师依然没有教，而是引导幼儿依据自己已有的知识经验进行表达，最大限度地调动他们学习的积极性，挖掘他们的学习潜能，既巩固了上一环节的教学内容，又为下一环节奠定了基础】

环节三：看图解，说绕口令

1. **看图解，说绕口令的前半部分**

出示PPT 1，提问：请小朋友看图说说，哪里有星，哪里有鹰，哪里有灯，哪里有钉呢？

2. **轮流接念绕口令**

师：现在四个人一个人说一句。请你们每组商量一下，谁先说第一句，谁说第二句……

师：准备好的组请举手告诉我。（各组展示）

3. **看图解，学习绕口令的后半部分**

出示PPT 2，提问：你们看出来了吗？什么拔了钉，什么关了灯，什么赶了鹰，什么遮了星呢？（各组依次展示）

4. 看图解，学念整首绕口令

直接出示PPT 3，先让幼儿自由练习，再请各组展示。

加快速度，请个别幼儿试试。

请幼儿熟念绕口令。

【这一环节首先帮助幼儿理顺了绕口令句子的逻辑关系并说准句式，理解绕口令的内容。其次，请幼儿完整地说清、说准、说快。活动设计具有开放性、挑战性、梯度性，很好地解决了本次活动的难点】

环节四：结束活动

分出冠、亚、季军，颁发礼物——图书，结束活动。

师：今天，我们学了一首好听的、有节奏感的儿歌，这首儿歌说快了就会让我们的舌头打卷。所以它有一个名字，叫绕口令。这个绕口令还有一个好听的名字，叫"天上有星"。

案例5

命题式说课：结合教学实例浅谈探究性学习

一、阐述观点

提到探究性学习，我的脑海里马上跳出几个关键词：直接感知，实际操作和亲身体验。这是《指南》实施以来特别强调与关注的问题。所谓探究性学习，就是通过让幼儿自主发现问题、调查、实验、操作、进行信息收集与处理、表达与交流等探究性活动，帮助幼儿获得知识、技能，发展他们的情感与态度，培养他们的实践能力和创新精神的学习方式和学习过程。

幼儿的探究性学习强调的是以幼儿为中心，让幼儿在原有的经验和知识结构上，积极地从活动中探究问题，在不断地实践中发现解决问题的方法，从而获得新的知识和经验。

二、举例说明

在日常的学科教学中,我也努力地尝试进行探究性教学。比如,在科学活动"掉下来"中,其主要目标是引起幼儿对落体现象的兴趣,激发他们的探索欲望,培养他们的观察能力。活动一开始,我请幼儿摆弄准备好的羽毛、塑料积木、纸条、自制降落伞等材料,幼儿很兴奋地各选了一样物品开始操作。在这个过程中,我提醒幼儿注意物体落下的状态,随机和他们说说物体落下来的样子,模仿落体动作,幼儿兴趣盎然。玩了差不多3分钟,我召集孩子把物品放回原处,并坐下来讨论。我问:"刚才你们玩的物品是怎样落下来的?"幼儿纷纷回答:"有的像小鸭子走路,摇摇摆摆的。""有的是这样掉下来的(扭扭屁股)。""有的是直直地掉下来的。"……接下来,我就请孩子用"画"的方法进行记录。幼儿观察到落体方式后就在纸上记录下来,并不断地尝试新的物品进行记录。我出示记录表,请幼儿说一说记录的是哪种物体,它落下来的样子是怎样的。最后,我组织幼儿进行集体交流。幼儿在整个活动中始终是探究者,他们对自己的材料不断地进行探究,不断地获得经验。作为教师的我在活动中是一个引导者、观察者和参与者。这样的探究性学习使幼儿真正成为学习的主人,让他们在活动中大胆操作、大胆表达、主动学习。

又如,在综合活动"能干的我"中,我和幼儿一起做汤圆。我为幼儿提供了米粉和水,让他们自己和面。我没有直接告诉他们怎么做,而是让他们自己找同伴商量、讨论,交流自己已有的经验,再通过实践去发现问题、解决问题。在活动中,有幼儿提出:"为什么这个米粉这么粘手?"我引导他主动去询问其他小朋友,让同伴帮助他。有幼儿说:"再放点干的粉就可以了。"还有幼儿说:"只能加一点点水,不能一下加很多。"面对同伴的建议,他最后决定再放些米粉,而那些还没加水的幼儿则吸取经验一点一点地加水。过了一会儿,他们的面团和好了,而且软硬适中。在活动中，幼儿不断地探索水和米粉的关系，从而解决了问题。通过这样的活动，幼儿学会了自主学习，也获得了经验。

除了集体活动，区域活动为幼儿的探究性学习提供了更多的机会和条件。我在各个活动区中投放了大量的丰富多彩且具有不同层次的操作材料，同时也给幼儿提供了充足的活动时间，让幼儿自主探索、表达和交流。

三、总结陈述

我认为，探究性学习不仅是指教师指导幼儿用探究的方法进行学习，更重要的是在这个过程中引导幼儿学会"探究"这种学习方法，这对幼儿今后的学习更有意义。教师应成为幼儿探究性学习活动的观察者、组织者、参与者，促进幼儿的探究性学习。教师不仅要在集体教学活动中，还要在区域活动中甚至幼儿园一日生活中，大胆放手给幼儿探究学习的空间。幼儿通过动手、动脑、动口等让多种感官参与，努力地去探索、去发现，从而达到解决问题的目的。

实战练习

1. 你说过课吗？是在什么场合下说课的？你觉得这次说课达到了什么效果？
2. 你对说课的几个原则认同吗？对于创新性原则，你有怎样的认识与理解？
3. 简单陈述你对设计意图、策略实施、活动反思三大说课内容的看法。
4. 请你选取一个教学内容，进行说课准备与操练。

第三章

幼儿园听课

——教学活动观摩

【引言】

听课,也有人称之为"看课"或"教学活动观摩",是教师专业成长过程中的一项常规性工作。随着教师生涯的起步,听课也成为教师成长的"必修课"。不管是听课、看课还是教学活动观摩,都并非单一、被动地听或看。教师在外显的听、记的过程中,还要进行揣摩,也就是进行内隐的思与酌。同一堂课,因听课者的身份、目的不同,听课的方式、聚焦点、收获也会各不相同。教师只有清楚地理解了听课的概念、意义、方法、类型,才能促使自己通过听课这一途径获得专业上的发展。

第一节 幼儿园听课概述

> 如果把一节课比作一本书,那么听课就像是一场绘声绘色的阅读。阅读的书多了,见识自然就增长了;阅读不同的书,能感受不一样的精彩。

一、听课的概念与意义

听课非常受幼儿园教师的欢迎,因为他们觉得听课可以为自己提供直接模仿的范本,为参加各项比赛或展示积累经验。事实上,听课的真正价值还远不止于此。全国著名的特级教师于漪曾这样说过:"我的特级教师是听课听出来的。"全国特级教师窦桂梅几年来听了校内外教师的1000多节课。有人把听课比作站在巨人的肩膀上,可见,听课对教师的专业成长具有独特的价值。

听好一堂课,有利于教师了解他人的理念,学习他人的优秀经验,共享他人的智慧;幼儿园里经常组织听课活动,有利于促进教师互助共学,对开展园本教研及营造学习型的教研氛围大有裨益。

(一)什么是听课

关于听课的概念不少,有人提出:"听课是指通过观察课堂的运行状况进行记录、分析、研究,并在此基础上谋求学生课堂学习的改善,促进教师发展的专业活动。"[1] 也有人指出:"听课是指教师或研究者凭借眼、

---

[1] 沈毅,崔允漷. 课堂观察:走进专业的听评课[M]. 上海:华东师范大学出版社,2008.

耳等自身的感官及有关的辅助工具,直接或间接地从课堂情境中获取相关的信息资料,从感性到理性的一种学习、评价及研究的专业成长方法。"[1]这两种概念均指向教师教育实践能力的提升。本书所指的幼儿园听课,是指听课者运用眼、耳等多种感官参与,对幼儿园集体教学活动进行观察、倾听、记录,透过表象进行深入的思考、分析,从中发现亮点、寻找问题,从而提升自身专业素养或者评价教师的一种方法。

在实际操作过程中,幼儿教师对听课的认识还有待提高。比如,依赖电子文档教案,很少去关注教学活动现场师幼互动时通过语言、肢体等传达出来的信息;凭大致感觉对听课内容进行分析,"胡子眉毛一把抓",找不到问题的症结所在;记下了活动的大致流程,但是不能理解;明白了某个环节,但是不能剖析某些问题,等等。所以,听课能反映出不同水平、资历的教师其学习方式的差异。其实,对于听课,我们可以从以下四个方面加以理解。

1. 听

听,本义是用耳朵感受声音。观摩过程中,执教者的意图和幼儿的思维水平往往通过语言表现出来,因此,需要观摩者认真倾听与吸纳。

本书所指的听课,是指听集体教学活动。集体教学活动是教师有目的、有计划开展的,是以儿童为主体、教师为主导的双边互动活动。[2]也就是说,集体教学活动是一种过程性的学习。对于观摩者来说,在集体教学活动观摩过程中能听到什么呢?听到的内容主要表现在三个方面:一是听教师说了什么,以此来理解教师的活动意图与教学水平;二是听幼儿说了什么,以此来了解幼儿真实的思维过程与发展水平;三是听教师向幼儿问了什么以及幼儿又反馈了什么,以此来了解教师是如何循循

---

[1] 但菲,等. 幼儿园说课、听课与评课[M]. 北京:北京师范大学出版社,2012.
[2] 俞春晓. 幼儿园集体教学活动设计方法与实例[M]. 北京:中国轻工业出版社,2012.

善诱引导幼儿实施教育活动,以促进幼儿的发展的。

观摩活动中的听,能让听课教师置身于真实的教学情境中。如果你听懂了,就能体验执教者的语言艺术,捕捉他们语言背后隐含的教学意图、教育理念,以及相关的支持性策略。当然,有时候教学活动中有值得商榷的提问与回应,而此时正是值得反思的好契机。

2. 看

看,即用眼睛进行观察。有关资料表明,至少有80%以上的外界信息经视觉获得。可见"看"这一视觉通道对获取信息的重要性,这也恰好说明为什么"听课"也可以说成是"看课"。听课中的看,能让观摩者仔细查看执教教师的教育行为、情感态度以及幼儿在真实课堂情境中的表现,从而揣摩活动的意图、流程、效果等。当观摩者非常认同、欣赏教学活动的设计或者执教教师的教育策略时,也就增加了自身的教学经验;当观摩者对活动的内容或者环节产生质疑、思考时,也就提高了教学的反思能力。这些都是观摩者通过"看"获得的有意义的学习。

由于看课的过程是个体通过视觉系统接收课堂环境的刺激,经过加工和分析后产生的主观感觉,所以人们的看课过程存在着差异性,即关注的角度不同,产生的感受也会不同。比如,有的关注执教教师的教态与执教水平,有的关注幼儿的实际参与情况,有的关注活动的本身,如活动的目标定位、流程设计、效果达成等。这些都是观摩者根据主观意愿进行的选择。

值得注意的是,听课者应该选择适宜的位置来观察,视线要能够覆盖整个活动区域,要能看清楚执教者的教具操作或图片演示,同时又能听清楚执教者的语言,最重要的是以不影响执教者和幼儿的活动为宜。

3. 想

想，即思考、反思。为什么要思考？因为思考是教师专业成长的方式和途径。作为活动的观摩者，想就是基于前面所述的听与看，从旁观者的角度审视现场教学活动与自身经验的差距，当出现偏差时能积极反思、寻找问题的症结，预想调整的方案的过程。因此，想意味着教师在听课时，除了倾听、观察，还应该伴随着分析与反思。这种分析与反思，能帮助听课教师寻找教学活动中的优势与问题，有助于他们揣摩问题的具体解决方法，提高自我修养。

4. 记

记，即记录。活动观摩中，如果光听、光看、光想而不记录，活动结束后很容易就忘记了。俗话说，好记性不如烂笔头。听课者不仅要记录，而且还要记得全、记得好。因为活动的点评需要详尽的记录作为依据，教师的反思需要有针对性的记录作为参考。那么，在活动观摩中，可以记录些什么呢？首先，观摩者不妨记录活动的准备、环节、策略和师幼的语言等，包括值得注意的队形、座位排列、图片和图示等细节，这是对教学现场信息的收集。其次，观摩者应该记录听课时自己内在的思考。当然，这些思考不一定要局限于对活动本身进行好与坏的评价，还可以是观摩者在具体活动开展过程中的随思随想。对于一线教师来说，很多时候听见了却记不下来。确实，用笔记录有一定的难度，尤其是要详细、准确地记录下课堂上执教教师的语言与孩子的话语。这时，观摩者可以借助现代信息技术设备，如摄像机等，将活动拍摄下来。后期如果需要文字呈现的话，再进行详细的记录。这些记录下来的信息非常重要，我们往往能从师幼的对话中获得评价活动的线索，从而审视自己对活动的判断与分析是否合理。

集体教学活动中师幼互动情况是检验课堂效果的指标之一。作为观摩教师，应尽可能地记录师幼互动的全过程，从师幼的言语和一举一动中捕捉有意义的信息，吸取上课教师在组织过程中的优点，反思上课教师在临场执教过程中的问题。观摩教师要有反思意识，多问几个为什么，比如，他为什么这么说？活动意图是什么？为什么幼儿答不上来？还可以怎么说……所有的这些反思，都需要详尽、准确的听课记录作为依据。所以对于幼儿园教师来说，认真上好一堂课很重要，用心记好一堂课同样重要。

（二）听课的意义与作用

为什么要听课？这是因为无论是对于教师、幼儿园还是幼儿来说，听课都具有重要的意义。

1. 听课有助于提高教师的专业素养

"他山之石，可以攻玉。"听课过程能让观摩的教师在一个特定的场景中非常清楚地了解、审视、反思教学，因此听课是让他们开阔视野、提升自身素养的良好手段。听不同水平的教师的课可以改正自身的教学缺点，转变观念，改进教学策略；听名师的课和有经验的教师的课可以借鉴长处、汲取经验，提高驾驭教学的能力。尤其是新教师入职后的第一年，活动观摩应该贯穿始终。

听课的过程也是执教者自我历练、自我审视、自我反思、自我成长的过程。累并收获着，是教师承担公开课最真实的写照。

所以，不管是观摩者还是执教教师，听课对于他们汲取先进的教学理念、切磋教学技能、共同提高教学水平都有着不可忽视的意义与价值。

在观摩大班语言活动"聪明的乌龟"时，观摩者发现上课教师有许多值得学习的地方。比如，活动环节组织恰当；在教学时既关注到故事教学本身，又关注到幼儿与故事的互动；富有教育机智，当个别幼儿注意力分散的时候，能灵活地处理，等等。

2. 听课有助于检测幼儿园的教学质量

教学质量是对教学水平高低和教学效果优劣的评价。教育部门、相关管理人员为了及时了解某市或者某区幼儿园的教学水平，园领导为了提高本园的教学质量，往往都会采用听课的方式收集相关信息作为评估或者教改的依据。

听课也有利于推广先进的教学理念。教学质量高的幼儿园往往有着先进的教学理念，教育行政人员通过听课了解到这些理念后可加以推广，以促进不同幼儿园的教学理念的更新。当然，听课也有利于查找并解决共性的问题。

某园领导通过在平行班抽样观摩中班语言活动"落叶"，发现教师们普遍存在一个问题，即较少关注本班孩子的兴趣，更多地重视如何完成预设的教案。于是，这位园领导将发现的这个共性问题作为园本教研的内容，召集大家共同研讨，找出对策。

总之，听课可以为检查、督导、评估幼儿园的教学质量提供最为直接的参考与依据。

3. 听课有助于了解幼儿的学习与发展状况

在以往听课的过程中，大家比较关注这节课上得怎么样，习惯于把目光集中在执教者身上，注重执教教师的现场发挥，相对忽略幼儿的表现。即使关注到幼儿的表现，也常常被表面热闹的景象所迷惑，认为一节课孩子们只要上得开心就是好课，这样就失去了听课最本质的意义。教学活动的终极目标是什么？是为了促进幼儿的学习与发展。所以，观摩者在听课时不仅要把视角从教师转向幼儿，更重要的是要关注幼儿真正意义上的学习,而不是表面的形式与气氛。

(1) 听课有助于观察到幼儿的情感态度。《指南》的颁布与实施为幼儿教师关注幼儿的学习与发展提供了方向。观摩活动中,听课教师可以观察到幼儿的学习状态,了解到他们在活动中是积极主动地参与还是被动消极地等待,是保持良好的兴趣和求知欲还是兴味索然、无所事事。

中班美术活动"夏天的颜色"一开始,教师就用谈话的方式引出了主题。

教师问:"现在是什么季节?夏天是什么颜色的?为什么?"

孩子们纷纷说:"夏天是深绿色的,因为夏天的大树很绿。""夏天是红色的,因为夏天的太阳很热。""夏天是咖啡色的,因为夏天的巧克力、冰淇淋是咖啡色的。"……

在教师的引导下,孩子们表达了自己对夏天的感受。

看得出,活动中孩子们积极热情,表达欲旺盛,为活动下一步自主选择颜色来涂抹夏天做了很好的铺垫。

(2) 听课有助于发现幼儿的学习品质。在观摩活动中,我们能发现幼儿是否表现出一定的反应能力、理解能力、思维能力等,是否保持了良好的专注力、坚持性等学习品质。

在大班数学活动"好玩的积木"中,第一个环节,教师让幼儿看图数一数一堆积木一共有几块。男孩浩浩看了看老师没有举手,而是不停地摆弄着自己手中的积木,动作显得有些缓慢。女孩灵灵数完后马上举手发言。第二个环节,教师让幼儿根据图示要求移动积木,摆出不同的形状。女孩灵灵按老师的要求完成后,开始和旁边的小朋友闲聊;浩浩则一直埋头操作,直到成功为止。

在听课过程中观摩者发现，女孩灵灵具有敏捷的思维能力和强烈的表现能力，在课堂上的表现比较外显，但是在专注力方面需要加强；男孩浩浩的表现相对内敛，在动作敏捷性、表现力方面一般，但是有较好的坚持性，能非常专注地完成操作任务。听课的教师如果能认识到这两个孩子的差异性表现，就会发现他们两个所具备的学习品质是不同的，就能关注到执教教师是否会根据幼儿的差异性因人施教。

（3）听课有利于评价幼儿的学习情况。教学活动能比较客观地呈现幼儿实际的学习情况，因此观摩者能对幼儿个体或群体进行较为全面的评价，为进一步调整教育教学策略或者实施个体针对性教育提供有效的支持。

在中班社会活动"咪咪"中，执教教师一边分段讲述故事，一边组织幼儿讨论："咪咪参加联欢会的路上遇到了什么，他是怎么做的。"就这样，教师边讲边问，幼儿边听边答，整个活动环节变化不大，课堂气氛显得比较沉闷。结果，七八个孩子在活动开展10分钟以后开始频频打哈欠，还不时地东张西望。

上例是一个试教活动，观摩者发现幼儿在学习过程中表现出被动、倦怠的现象。究其原因，是因为教师单一的教学策略没有很好地激发幼儿的学习兴趣。根据听课的实际情况，观摩者给执教教师提出了以下调整建议：

一方面从幼儿的生活经验出发，从咪咪又叫"怕怕"开始聊起，引导幼儿理解故事主人公的情感体验；另一方面结合玩偶或者图片与幼儿共同解读咪咪的神秘礼物，在帮助幼儿理解的同时，设置悬念激发他们的兴趣。

总之，听课有利于观察、分析、反思幼儿的学习状态，了解他们在活动中是积极主动地参与还是被动消极地等待，是保持良好的兴趣和求知欲还是兴味索然，从而帮助执教教师理解幼儿的发展状态并为促进幼儿的成长提供依据。

二、听课的原则

很多幼儿教师认为，听课简单、直观、生动，似乎可以不用准备什么。事实上，这样的理解很容易让听课产生盲目性，成为无目的、无计划的活动，导致听课的效率低下。为了提高听课的效率，听课前，听课教师不仅要做好充分的准备，而且还要明确听课的任务以及角色定位，做到心中有计划。此外，听课时还要保持客观、公正的态度。因此，幼儿园听课需要把握一些原则。

（一）明确目的，有的放矢

听课需要有明确的目的，每一次听课不能为了听课而听课，而应有着明确的任务。

观摩者的观摩目的，决定了观摩前的准备、观摩时的针对性和观摩后的行为表现。观摩者为什么来听课？是来学习取经的还是来指导执教者的课堂教学水平的，是来择优推评的还是来调研观摩的……这对于观摩者来说非常重要。如果是来学习的，就应该从学习者的角度多关注自己缺失而执教者优秀的方面，从而拓宽视野、取长补短；如果是来指导的，则应站在引领者的角度寻找执教者的不足之处，提出改进的方案；如果是为了某种比赛来推选优质课的话，就需要从专家的角度比对多个听课内容及执教者的课堂教学水平并做出分析、评判；如果是为了调研的话，就需要把调研的问题与课堂进行链接，根据现场活动情况得出调研的结果。

（二）准备充分，减少盲目

当问教师"听课需要准备吗？你准备了什么"时，他们往往回答："准备了本子和笔。"但是，仅仅有听课本和笔是不够的。听课前，听课者不仅需要了解听课的时间、地点、执教者以及听课的班级，更要了解公开课的内容、领域及幼儿的年龄段等信息。有条件的话，还要熟悉文本教案、教学背景等。听课者这样做能有效地避免在听课过程中产生盲目性，对听课的主题、目标、内容、要求等做到心中有数，也才能做到临场不乱。

下面，以一个观摩活动为例进行说明。

大班语言活动：情境阅读《奥古斯汀》（第二课时）

活动目标

(1) 在故事情境中乐于表达自己的想法。

(2) 体验合作游戏的快乐，懂得要勇敢面对新的生活环境。

活动准备

(1) 经验准备：第一课时，幼儿已经共同阅读了绘本《奥古斯汀》。

(2) 物质准备：绘本《奥古斯汀》部分画面PPT，黑板两块，九宫格图两张，红、蓝圆点卡片，蓝、黄队标志牌及计分卡，画笔、小画纸每人一份，展板一块。

活动过程

（一）谈话形式，导入活动

师：这是谁啊？（"奥古斯汀"）（出示绘本封面）

师：我们已经认识了可爱的奥古斯汀。奥古斯汀担心去新的学校，他会怎么想呢？（出示奥古斯汀担心去新学校的画面，请孩子来说一说他心里的想法）

（二）合作游戏，体验快乐

师：明天奥古斯汀就要去新的学校了，你想对他说些什么好让他不再担心。

师：让我们一起帮助他认识新朋友吧。

1. 介绍游戏玩法

师：16个小朋友分成两队，每队选出一名代表站到黑板前，眼睛看着大屏幕。当大屏幕上的格子闪动时，一定要在很短的时间内记住它闪动的顺序和位置。当听到"咚"的一声响时，表示闪动结束。接下来，小朋友要用圆点卡片在下面相同的格子里摆一摆自己刚才看到的。刚开始闪的放红点卡片，接下来闪的放蓝点卡片。在规定的时间里哪队先完成而且正确，就可以帮奥古斯汀找到一位新朋友，为自己的队加一分。

2. 每队推选代表玩游戏

在玩的过程中帮助幼儿认识北极的一些动物，并简单了解它们的生活习性。

3. 两个人一组玩游戏

由刚才一个人玩游戏变为两个人一组玩游戏，锻炼孩子们的语言表达能力和同伴之间的合作能力。

师：怎样和新朋友打招呼？（请幼儿来说一说，演一演）

小结：认识新朋友并不难，只要记住他们的特点，说一句话、做一个动作、玩一个游戏就能交到新朋友。

（三）鼓励自己，分享交流

师：奥古斯汀记住了妈妈说的一句话，是什么呢？

师：你们也即将升小学了，也会像奥古斯汀一样面对一个新的环境。你可以用一句话来鼓励自己吗？把你想说的简单地画下来，展示在展板上。

1. 幼儿作画，教师观察并指导
2. 展示并分享幼儿的作品

绘本《奥古斯汀》讲述了一只喜欢画画的小企鹅，跟着爸爸妈妈搬家去北极，用自己的方式适应了新生活的故事。由于该绘本涉及的内容较多，所以教师将活动安排了两个课时。因为幼儿的绘本阅读活动已经在第一课时进行过了，所以公开课的时候直接进入绘本分析第二课时。如果观摩者之前没有接触过这个绘本，在跟随执教者和幼儿的思路进行分析时，就会遇到困难，进而影响听课的效果和之后的评价。

还是以上述情境阅读活动为例，如果执教者没有具体写出"情境阅读"这个表示活动领域、方式的关键词，观摩者只从绘本名字"奥古斯汀"就可以联想到很多内容，如古罗马帝国时期基督教思想家，欧洲中世纪基督教神学、教父哲学的重要代表人物"奥古斯汀"，或者是同名电影《奥古斯汀》，抑或是波兰著名篮球运动员"奥古斯汀"，等等。

这就提醒我们在听课之前，非常有必要了解活动的内容。尤其是在绘本阅读、名画欣赏和文学作品学习活动中，执教教师为了合理安排公开课的时长，会考虑把"熟悉作品"这一环节前置，将最具展示性的环节安排在公开课上。这时，听课者就需要特别关注听课前的相关准备工作。

处处留心皆学问。听课，需要有备而来，这样才能实现高效率的听课。

（三）关注整体，记录恰当

教学活动是一个完整的实践过程，往往由许多因素构成，如人的因素，包括上课教师、幼儿等，又如物的因素，包括教具、学具等。这些因素各具作用，但是又彼此相关、互相影响。只有把握了整体性原则，才能发挥其整体功能。教学过程既是师幼互动的过程，又是彼此沟通、分享交流的过程。因此，观摩者需要在听课过程中把握以下两个方面。

1. 不仅要观察教师的教，更要关注孩子的学

听课活动中，教师通常处于主导者的角色。观摩者在观摩时，除了关注教师的外在形象外，更需要以专业的眼光观察教师的语言支持，观察教师是如何推动幼儿富有趣味又有意义的学习的，以及教师的教育策略是否促进了幼儿的多元发展，提高了幼儿的学习品质。

在大班语言活动"散文诗：捉迷藏"中，教师以游戏"捉迷藏"导入活动，接着出示太阳、黑夜和各种颜色的图片，请小朋友仔细倾听散文诗，了解颜色宝宝们是怎么玩的，都藏在了哪里。孩子们非常感兴趣地进入了游戏情境。然后，在欣赏散文诗的过程中，教师逐次提问："××颜色躲起来是什么样子的，它为什么会躲藏在那里。"孩子们根据自己的理解回答。就这样，教师在问题情境中引导幼儿去倾听、理解，激发他们的兴趣与思维。

观摩者在观察教师的同时还需关注幼儿的发展，关注幼儿在活动中是否获得愉快的情绪体验，关注他们在活动中能否获得表达、表现的机会，关注他们在活动中是否按照个体差异得到不同程度的发展。《指南》指出："尊重幼儿发展的个体差异。"这就要求教师既要准确地把握幼儿发展的阶段性特征，又要充分尊重幼儿发展连续性进程上的个别差异，支持和引导每个幼儿从原有水平向更高水平发展。

在观摩大班美术活动"自画像"时，观摩者发现，盼盼作画用的时间最长，其他小朋友都完成作品了，他还在画。面对这种情况，教师没有催促，而是在一旁等待。最后，当看到盼盼的作品时，教师感到非常惊讶。只见，盼盼的自画像线条老练、形象逼真，而且他还给自己画了一副眼镜戴着，连脸上的小黑痣也画了出来（见图3）。

图3　盼盼的自画像

2. 不仅要看课的效果，更要关注课的过程

笔者经常听到观摩者在观摩活动后，给出这样的评价："总体不错""整体还可以"。其实，这是观摩者对活动的总体印象或者大致感觉。除了这些，观摩者更要关注执教教师上课的过程。比如，目标有没有达成？如果没有达成，是哪个环节出了问题？教师的提问是否恰当？为什么孩子们答非所问？教师的追问太巧妙了，重点的突破就在这里……关注上课过程中的亮点或者问题是非常有价值的，因为它们可以为观摩者合理评价、有效诊断课堂提供有力的依据。

因此，听课教师要以整体的眼光看待活动，既要注重教与学的和谐统一，关注教师在上课过程中教育策略的运用，以及幼儿的活动情况；又要关注教师、幼儿、教具、学具等的整体互动情况。只有具备了这种整体意识，才能使听课更加全面。

观摩者在关注听课的整体意义的同时需要做恰当的记录。一般要先记录听课的内容、听课班级、执教教师、听课日期、活动目标、活动准备等；接着采用实录的方式记录活动的过程，包括教师的教育教学策略、幼儿的具体回应等，即教师的教和幼儿的学；然后，根据这些实录适时做出环节的点评；最后，结合实际课例进行亮点采集与问题反思。（见下表）

听课记录表

教学内容		听课班级		执教教师		听课日期	
活动目标							
活动准备							
活动时间	现场记录（教师的教和幼儿的学）					环节点评	
亮点采集与问题反思：							

（四）尊重事实，客观反映

听课者必须客观地反映上课情况的真实价值。这就要求听课者必须实事求是地以课堂的真实情况为基础，恰如其分地进行评价和分析。

1. 就事论事

受主观因素和先前经验的影响，听课者有时候会抓住无关因素而忽略关键的问题，进而误解或者曲解活动的实际意义；有时候由于听课者个人对执教教师的偏爱，产生"爱屋及乌"的倾向，忽视了活动中存在的问题；有时候则戴着"有色眼镜"，抓住别人的缺点不放。这些现象在听课过程中务必要避免。

听课者应从促进教师专业成长的角度提出一些建设性的意见，应针对活动本身进行评价，既要肯定执教者的优势，又要诚恳地指出其问题所在。

2. 公平公正

听课教师要如实地记录课堂呈现的情境，因为不管是进行评价、评估还是进行研讨、交流，都需要建立在真实、客观的听课基础之上。因此，记录的时候应尽可能还原活动现场，忌用主观色彩浓厚的字词；为了避免手工记录的不完整性，根据实际需要，还可以采用摄像机或者照相机全程拍摄的方式进行记录，以再现真实的活动现场，为进一步梳理和记录提供依据。

第二节 幼儿园听课方法与内容

> 走进教学活动现场，不仅要带上本和笔，还要带着活跃的思想，迈起轻盈的步伐。用心聆听，静心品味，收获总是在不经意之间。

有人说听课要"全副武装"，事实上这种说法一点也不夸张。听课前需要做好充分的准备，打一场有准备的硬仗。为了让听课收到预期的效果，听课者需要遵循一定的原则，运用一些有效的方法和策略。

一、听课的方法

听课者从坐下来的那一刻起，就必须明白接下来该做些什么。听课并不是随便看看，而是需要采用一些方法，以提高听课的效率。根据划分的维度不同，听课的方法可分为很多种。通常，我们采用以下办法进行听课。

（一）扫描法

扫描法，是指用扫视的办法对周围的环境以及课堂的大致情况进行观察。听课者一走进教学现场，就应先环视四周，了解活动的物质环境创设，如座位的安排、空间的大小以及玩教具的提供等。"第一感觉"往往能让观摩者获取很多信息。在听课时，观摩者也应关注教师和孩子在一起的整体氛围，感受教学活动现场心理环境的创设。扫描法有助于听课教师非常全面地感知课堂的大致状况并进行整体性把握，对教学活动中出现的问题或者某种现象保持敏感。值得注意的是，听课教师不能先入为主,而应该以一种开放的、接纳的胸怀继续关注活动现场,为寻找有价值的观察点做好准备工作。

在观摩中班体育活动"勇敢跳跳跳"时,观摩者看到宽大的场地上有22条凳子、4块海绵垫。执教教师穿着一身运动服,在音乐声中带领幼儿做热身运动,他们把凳子当作林中的大树穿梭于其中。场地上弥漫着运动气息。

上述案例中,观摩者以扫描的方式关注到活动开启阶段的整体情况。这样的场景,让我们感觉到执教教师准备充分,孩子们在活动中热情高涨。此外,环节安排得也非常合理,教师和孩子们一起在营造的森林情境中锻炼。这样的观察,为听课者继续关注教学活动打下了基础。

(二)聚焦法

聚焦法,是指听课教师在对整体环境熟悉后,以聚焦的方法关注活动某一方面的开展情况。聚焦法能让教师非常有针对性地在某个话题的背景下进行观察。比如,在教学的游戏化话题背景下,观察教师如何增强集体教学过程的游戏性?又如,在师幼互动的话题背景下,观察教师如何回应孩子的话语。

请看以下案例:

科学活动"小蛇弯弯"听课记录表

教学内容	科学活动:小蛇弯弯	听课班级	大班	执教教师	曹老师	听课日期	9月5日
活动目标	(1) 感知不同特征的物体穿越弯曲物的现象,并尝试借助辅助材料帮助线状物体穿越弯曲物。 (2) 大胆尝试,体验科学探索的乐趣。							
活动准备	(1) 自制绘本故事书,自制弯弯的小蛇若干。 (2) 辅助材料:扣子、毛线、螺帽、吸管、纸、打气筒、笔、箩筐等。							
活动时间	现场记录				环节点评			
8:50—9:17	(一)绘本导入:观察豆子穿过小蛇身体的现象 1. 师幼共同阅读绘本 师:这是一条怎样的小蛇?小蛇的什么地方是弯弯的? 幼:小蛇的身体是弯弯的。 2. 观察现象 师:小蛇吞下了豆子后,豆子经过了什么地方? 幼:经过弯弯的管道。 小结:小蛇吞下了豆子,豆子穿过它弯弯的身体,从它的尾巴里出来了。 (二)大胆探索:扣子和毛线穿过小蛇弯弯身体的现象 1. 感知扣子与毛线两种材料的不同特征 师:小蛇想,还有什么东西能穿过我的身体呢?小蛇发现了什么,它是什么样的? 幼:有毛线,还有扣子。毛线是长长的,扣子是圆圆的。 师:请小朋友看一看,摸一摸。 小结:小蛇不但发现了细细、长长、软软的毛线,还发现了圆圆、小小、硬硬的扣子。				* 用绘本引出非常巧妙,让幼儿置身于问题情境中,为后续的探究埋下伏笔。 * 通过对两种材料的观察,感知物体的不同特征。			

续表

活动时间	现场记录	环节点评
	2.幼儿猜测 师：请你猜一猜毛线和扣子能穿过小蛇弯弯的身体吗，为什么？ 幼儿猜测，教师统计结果并记录在绘本中：共16名幼儿，认为扣子能穿过的是15人，不能穿过的是1人；认为毛线能穿过的是3人，不能穿过的是13人。 3.幼儿动手操作，验证猜测 4.集体讨论，记录结果 共16名幼儿，记录扣子能穿过的是16人；记录毛线能穿过的是16人，两件物品均能穿过小蛇弯弯的身体。 （三）尝试提升：如何让其他物品穿过小蛇弯弯的身体 师：爱动脑筋的小蛇发现有许多材料……	*运用猜测和动手操作两种方式。虽然每人只有一条自制的小蛇和两种材料，但是孩子们纷纷尝试。验证小实验让孩子们明白，只有通过亲手尝试才能得出真答案。 *利用其他辅助材料激发幼儿再次探索的兴趣。
亮点采集与问题反思： (1)提供的绘本贯穿整个活动，激励幼儿在有趣的故事情境中完成操作。 (2)操作材料得到了充分的运用，提供得很适宜。 (3)建议操作环节可以让幼儿两两合作，对于大班孩子来说，这样的尝试会更具有挑战性。		

科学活动"小蛇弯弯"的观摩者带着"科学活动中材料运用的适宜性"的话题进入课堂观摩。观摩记录结果显示，活动中自制的绘本故事书让孩子们进入了故事情境；自制的弯弯的小蛇以及扣子、毛线、螺帽、吸管、纸、打气筒等辅助材料为幼儿的探索提供了适宜的条件。聚焦法有利于观摩者集中关注某个话题或问题，让观察更具有针对性。

（三）随机捕捉法

随机捕捉法，是指听课前观摩者并没有明确的关注侧重点，而是在听课过程中发现、挖掘典型的、有价值的问题。因此在实际操作过程中，它往往可以将扫描法和聚焦法进行有机的结合，即一开始引起深刻印象的问题往往会是重点捕捉的契机。

在观摩小班健康活动"踩踩踩"时，观摩教师看到上课教师准备了很多材料，如会响的塑料玩具15件、脚踏打气筒15个、大小鞋盒25个等。这些材料一下子引起了观摩教师的注意，于是她列了材料清单，接下来开始聚焦观察材料的使用和幼儿的表现情况，以此关注健康活动中教师提供的材料的合理性。

由于教师的兴趣、爱好、经验不同，随机捕捉法的运用也不尽相同。比如，新教师往往很关注上课教师的教学策略，会随机捕捉上课教师在课堂中运用的组织方式；经验丰富的教师会比较注重活动过程中师幼互动的情况，会从幼儿的回应中评价其学习状态；在美术领域有特长的教师，则对活动中提供的教具、图片的新颖性、制作方法等非常留意。可见，随机捕捉法不失为考量观摩者听课水平的一个好办法。

在实际观摩的过程中，上述三种方法往往都是结合使用的。此外，在某些活动中，听课者不妨走近孩子，倾听他们对作品的表达，以深入了解他们内心的想法。比如，针对美术活动中幼儿的绘画作品，或者科学活动中幼儿完成的操作记录表，教师可以和幼儿进行交流，了解画面、符号背后他们真实的想法，这些都可以作为客观分析活动效果的参考线索。

二、听课的内容

集体教学活动目标的定位、流程的设计、教具的选择、策略的实施不仅渗透着教师的教育理念,而且体现着教师教的水平和幼儿学的效果。因此,在观摩集体教学活动过程时,观摩者需要关注以下内容。

(一)品味教育理念

教育理念,即关于教育方法的观念。教师是课堂中平等的"首席",不仅是幼儿学习的支持者、合作者,而且是教育理念的实施者。每一位教师都有自己认为的"应该是这样""什么是不合适的"价值判断,无形之中影响着师幼相处的点点滴滴。因此,观摩者可以通过观察教师在课堂中的言行来品味教师渗透在教学过程中的教育理念。

根据《指南》和《纲要》的要求,观摩者不妨从以下几个方面来品味。

1. 是否有利于幼儿的长远发展

学前阶段的孩子正处于人生的启蒙阶段,有着独特的学习方式,因此我们不仅要着眼于现在,而且还要关注他们的未来,以促进其可持续发展。听课过程中,我们要关注执教教师的理念是否有利于孩子的长远发展。每一个孩子在课堂上的表现不尽相同,对于表现欲强、敢于表达的孩子,执教教师既要给予其充分的表达机会,又要鼓励他们冷静思考;对于相对内敛、不善言辞的孩子,执教教师在充分鼓励他们的同时要善于捕捉他们每一个敢于表现的"闪光点";对于让自己"头疼"的孩子,比如,爱搞怪、常游离于活动之外的孩子等,执教教师要运用智慧进行个别化的沟通,了解问题的原因后再实施教育策略,真正做到"一把钥匙开一把锁"。总之,教师要以发展的眼光看待幼儿,不要做"拔苗助长"的事情。这是听课过程中需要观摩者用心品味的。

2. 是否以儿童为本

"以儿童为本"其核心就是尊重儿童的本质，把儿童的全面、可持续发展作为教育的出发点，要尊重和理解不同年龄段儿童的特点。

在大班社会活动"一年四季"中，执教教师设置了幼儿抢答的环节。本来预设由教师担任评委，但是活动过程中，孩子们的参与热情高涨，并且有个幼儿主动提出担当活动评委。教师欣然答应，请他来评判同伴在游戏中的胜负，教师自己则当回了小朋友为孩子加油呐喊。

观摩这个活动，观摩者能发现执教教师与幼儿之间有着平等、和谐的关系。答应幼儿想当评委的要求，换位为孩子加油，这些细节体现了执教教师尊重幼儿的教育理念，也调动了幼儿活动的积极性，提高了集体活动的效率。

在大班语言活动"方和圆"中，教师在引导幼儿理解故事的过程中，采用自主辩论的方式，设置Ａ、Ｂ两个场景，鼓励幼儿果断做出选择，表达自己的观点。活动中，幼儿兴趣浓厚，场面气氛热烈。教师作为倾听者，鼓励幼儿提出自己的观点，让幼儿在选择和表达的过程中明白：圆有圆的好处，方有方的优点，圆和方是相互联系、相互依存的。

以上活动中观摩者能发现，执教教师根据大班幼儿的学习特点，设置了供幼儿自由表达的Ａ、Ｂ两个场景，鼓励他们根据自身的生活经验说出自己的想法。在组织过程中，当幼儿的意见不一致时，执教教师并没有直接给予谁对谁错的判断，而是鼓励幼儿说出自己的理由，充分尊重幼儿的独特见解，从而调动了他们的积极性，促进了他们的语言、思维、社会性等方面的发展，使"以儿童为本"的理念得以充分体现。

3. 是否促进幼儿的全面发展

集体教学活动是一个复杂的工程，每一个活动并不是单一存在的，而是与幼儿的体、智、德、美等各个方面息息相关。比如，数学活动中，可能渗透着语言、社会领域的要求；语言活动中，可能隐含着数学、艺术领域的目标。集体活动只是一个载体，在观摩过程中，我们需要以整合的眼光去品味。

在大班音乐活动"筷子舞"中，当教师出示图谱引导幼儿观察图谱上的动作时，需要幼儿运用语言进行表达；当学习圆圈集体舞步的时候，上下、里外以及向内走、向外走的要求需要幼儿空间方位知觉的参与；当与同伴一起表演筷子舞的时候，需要幼儿具备良好的合作能力。

上述音乐活动不仅仅凸显了音乐领域的要求，同时隐含了数概念、社会性等其他领域的元素。唯有实现多领域的整合，才能助推孩子的全面发展。这些在观摩过程中，同样需要观摩者仔细琢磨、用心品味。

（二）评估教学目标

目标是教学过程的出发点和归宿。一般来说，幼儿园活动包含三个层面的目标，即认知目标、技能目标、情感态度目标。其中，技能目标又包括动作技能、智力技能、自我认知技能。但是在实际操作中，有时也可以呈现其中两个层面的目标，并且通常把重点目标放在首位。在听课过程中评估目标，一般从以下几方面入手。

1. 评估目标的准确性

目标的定位是教师对教学内容和儿童需要的理解，它主导着教学活动的方向。观摩者要评估集体教学活动目标的定位是否准确，也就是说，目标的定位必须是准确无误的，切忌偏离幼儿的年龄特点。

中班数学活动：三只熊的早餐

原活动目标

(1) 在绘本故事情境中感知物体的大小和多少。

(2) 尝试将食物与三只熊进行比较、配对。

(3) 乐于表达自己的想法。

上述案例中，听课教师通过现场观摩发现，"感知物体的大小和多少"对于中班的孩子们来说太简单，缺乏一定的挑战性，所以对执教教师提出了活动目标的修改建议。

调整后的活动目标

(1) 能在故事情境中比较三个以上物体的多少。

(2) 能通过比较进行配对并运用语言加以描述。

(3) 乐于和同伴分享自己的想法。

调整后的目标定位于"比较物体的多少"，这样更适合中班孩子的年龄特点与接受水平。由此可见，听课的过程有助于听课者理解各个年龄段幼儿的目标要有所区别，而且同一年龄段不同班级的幼儿的目标也会有些差异。

2. 评估目标的针对性

观摩者在评估目标的时候，还要注意目标是否具有针对性，切忌目标过于宽泛，放之四海而皆准。

小班语言活动：爱躲猫猫的小金鱼

原活动目标

(1) 喜欢用好听的声音念儿歌，理解儿歌的内容。

(2) 乐意与同伴一起参与游戏。

通过观摩可以发现，上述活动目标过于宽泛，许多儿歌活动都可以套用，没有与本活动匹配的落脚点，容易使执教教师在活动组织中陷入迷茫、含糊的状态，因此需要做一些调整。

调整后的目标

(1) 喜欢用好听的声音念儿歌，学说"××躲在××"。

(2) 尝试仿编，拓展发散思维。

(3) 乐意与同伴一起参与游戏，分享游戏的快乐。

上例中调整后的目标不仅鼓励幼儿运用好听的声音念儿歌，而且还需要幼儿学说短句，并且在熟悉儿歌结构的基础上尝试仿编，目标更加具体。观摩者对这些目标的评估，对于执教教师来说很有借鉴意义。

小班科学活动：水果宝宝的沉与浮

原活动目标

(1) 观察沉浮现象，对沉浮感兴趣。

(2) 乐于分享自己的发现。

调整后的目标

(1) 观察水果在水中的沉浮现象，获得有关物体沉浮的经验。

(2) 认识下沉和上浮的标识，能根据沉浮标识简单分类。

(3) 大胆尝试，将沉浮中的发现告诉大家。

上例中调整后的目标增加了"认识下沉和上浮的标识，能根据沉浮标识简单分类"，更具有操作性。

显而易见，上述两个活动调整后的目标，与之前的相比，更加完整、具体了，操作性也更强了。此外，由于增加了幼儿认知成长的落脚点，目标也更具有针对性了。

因此,听课过程中评估目标的针对性,有助于观摩者关注执教者在设计活动时是否抓住了幼儿的年龄段特点,关注执教者是否基于幼儿的发展水平设计与之相匹配的教学流程。听课过程给予观摩者和执教者的共同启示是:制订的目标既要准确也要具体,要适应幼儿的心理发展特点和实际水平,要实现"目标是活动的归宿"这一本义。

3. 评估目标的弹性

由于幼儿间存在着个体差异,所以教师在制订活动目标时既要关注到大多数孩子,又要给予不同能力和水平的孩子以一定的提升空间。因此,在听课过程中,除了评估目标的准确性与针对性外,还需要评估目标是否有一定的空间,即目标是否具有弹性。

大班音乐活动:彩虹上的雨滴

原活动目标

(1) 运用图谱学唱歌曲,学会跳音和连音的演唱方法。

(2) 创编歌词并演唱。

(3) 体验集体演唱的快乐。

调整后的目标

(1) 运用图谱学唱歌曲,感受并学唱跳音和连音。

(2) 尝试创编歌词并演唱。

(3) 体验集体演唱的快乐。

对于一些大班孩子来说,他们并没有接触过跳音和连音的演唱方法。所以,上述案例中,原活动目标(1)直接定位为"学会"过度拘泥于结果,调整为"感受并学唱"能提示执教教师注重运用多种方式引导幼儿感受跳音和连音的演唱方法,在此基础上引导他们慢慢学会。同样,把原活动目标(2)调整为"尝试创编歌词并演唱",对于某些孩子来说虽然有难度,但是可以挑战。这样的调整既符合幼儿的年龄特点又具有弹性，会给执教教师更为广阔的发挥空间。

由此可见，品味目标意味着对集体教学活动主旨的把握，能更准确地理解幼儿的发展水平，注重幼儿的年龄特点；能更加关注儿童个体的特点，充分尊重儿童。

（三）揣摩教学流程

教学活动是由许多具有一定联系的环节组成的。教学活动环节，即教师在教学活动过程中为达成教学活动目标而对教学活动内容呈现、教学方法运用所设定的步骤和顺序，是对相互关联的一系列教与学的活动的具体安排。因此，听课的过程中，观摩者需要自下而上地审视、分析、揣摩教学流程的合理性，看流程是否紧紧围绕目标细化，看流程是否兼顾动静交替，看流程是否具有让孩子们充分感受、表达、创造的机会。具体做法如下。

1.看教学流程的设计

教学活动是经过预先设计的，有一定的顺序和过程，而这个过程是由一个个具有内在联系的环节串联而成的。观摩者应该注重观察教学的流程，如果环节清晰、顺畅，就能促进幼儿思维的发展，助推他们的成长；反之，就会导致活动进展不畅，幼儿学习困难。

大班音乐（打击乐）活动：铃儿响叮当

原活动流程

1.情境引入，幼儿进场

2.热闹的节日派对

（1）尝试用厨房用具发出不同的声音。

（2）探索发出不同音色、旋律的方法。

(3) 学习用不同音色、节奏表现各种角色。

3.《铃儿响叮当》大合奏

幼儿看指挥手势进行合奏，感受好听的音乐。

观摩者[1]仔细地揣摩了本活动的流程，发现执教教师在带领幼儿进入第二个环节的时候，只让厨房里的用具发出声音而忽略了幼儿的倾听，强调幼儿不断变化多种姿势而没有引导幼儿根据音乐特色选用方法，课堂上幼儿貌似在非常卖力地进行探索，但是声音嘈杂。因此，观摩者建议对活动流程进行如下调整。

调整后的流程

1. 情境引入，幼儿进场

2. 热闹的节日派对

(1) 幼儿先自主探索不同的用具能发出不同的声音，后集体交流用了哪些方法。

(2) 倾听不同部位的敲击产生的不同声音。

(3) 挖掘音乐元素，选用配奏的方法，配上音乐尝试演奏。

3.《铃儿响叮当》集体大合奏（提醒幼儿倾听音乐演奏）

上例中调整前后的流程"先探索—再配乐—最后合奏"基本不变，调整的是教学的层次。调整后的环节从幼儿的感受和认知出发，注重倾听，让幼儿理解配乐的意义。调整后的流程较之原来的更加清晰，更符合幼儿的接受水平。

因此，观摩者在听课过程中揣摩活动流程，需要了解活动的大致环

---

[1] 本活动观摩者：浙江省特级教师俞春晓。

节设计。比如，这些环节是如何开展的，各环节的衔接是否符合幼儿的学习特点，这些环节试图通过什么样的组织形式来完成，等等。这种揣摩的过程可以提高观摩者对集体教学活动的设计能力。

2. 看教学流程的实施

在具体组织过程中，执教教师是否按照预设的流程实施活动？当活动中出现了新的契机，执教教师能否抓住？哪些策略的实施效果与目标的达成关联不大？执教教师是否与幼儿进行了良好的互动？是否重视幼儿有价值的行为？——这些都是值得观摩者认真观察的内容。

此外，观摩者在揣摩教学流程时也在进行理性的思考，包括点与面两个维度。

（1）点式思考具有即时性、随机性的特点。在听课过程中，当观摩者受到启发、产生共鸣的时候，会思考为什么上课的教师要这样安排、组织，会试着分析其背后的深层含义。所以听课过程中伴随的思考是一个随机反思的过程，能力强的教师往往会在听课的过程中找到教学活动的优点或者问题，获得反思性成长。同时，这些思考也为最后的整体性评价提供了参照。

（2）面式思考具有概括性、归纳性的特点。当活动进行到一个阶段的时候，观摩者会对之前的活动进行一个回顾，小结执教教师的所说、所做，揣摩其所想。比如，梳理出第一个环节安排的意图，理解接下来的环节组织的用意。在整个活动流程结束后，进行整体性的评价，从中领悟执教教师对活动的整体预设及把握。

在开展大班语言活动"是谁嗯嗯在我的头上"时，执教教师依次出示了小鼹鼠与鸽子、马、野兔见面的场景，并且不停地问："小鼹鼠碰到了谁，它是怎么说的？动物们又是怎么回答它的呢？"

善于思考的观摩者马上就能意识到，这样的提问方式过于单一，缺乏挑战性，会让大班幼儿产生心理疲劳。如果让孩子们带着开放性的问题（如小鼹鼠分别碰到了谁，它们是怎么说的、怎么做的）自主阅读寻找答案并进行分享，是不是更为合适？如果观摩者有机会与执教教师就活动流程实施过程中的思路进行沟通，能提高双方的课堂教学能力和反思能力。

（四）评估教师的能力

教学技能是幼儿园教师必备的基本功之一，它对取得良好的教学效果、实现教学的创新具有积极的作用。而课堂是考验一位教师教学执行力和教学水平的平台，因此观摩者能在教学现场看到执教教师的能力，从而了解、评估他们的教学技能水平。

1. 语言组织能力

执教教师的语言组织能力直接影响活动的效果。执教教师的提问、追问、反馈都是课堂中不可或缺的策略。下面，我们来看一个教学活动的开头部分。

中班语言活动：小猫的生日

（背景：教师播放《生日歌》，出示小猫过生日的图片）

教师：小猫要过生日，可能会怎么过？

幼1：开开心心地过。

教师：怎么过才会开开心心的？

幼1：有蛋糕才会开开心心的。

教师：说得很好！过生日除了可以品尝蛋糕外，还可以做些什么？

幼2：还可以吹插在蛋糕上的蜡烛。

幼3：还可以吃巧克力呢。

幼4：我收到过生日礼物，是妈妈送给我的。

……

上述活动中，执教教师在提问中运用了追问策略，调动了幼儿以往过生日的经验，激发了他们的表达欲望。

2. 现场把控能力

3—6岁幼儿具有好动、易兴奋的心理特点。所以，听课过程中我们要关注教师现场把控的能力，分析教师是否使用了适宜的教学手段，是否合理、科学地安排了活动的环节，让幼儿顺利地参与教学活动。此外，由于课堂的不确定性和幼儿水平的参差不齐，教学活动中往往会出现"意外"，这也需要教师充满机智地进行应对，以保证教学活动的顺利开展。

独特的风中之树

在小班音乐活动"大风和树叶"中，小朋友和着老师的钢琴声愉快地"飞舞"着，根据不同的音乐指令做着不同的动作：微风时，局部晃动；阵风时，不断晃动；龙卷风袭来时，听辨高低音自上而下或者自下而上地转动。可是，只有毛毛双手交叉在头顶，一动也不动。教师很是纳闷，上前询问："毛毛，你是什么树呀？怎么风吹来一动也不动呀？"毛毛说："我是我们家门口的那棵老树。平时我看见风不管怎么吹，它都是不动的。"听他这么一说，教师笑道："哦，原来是这样呀！"见老师赞同他的看法，毛毛更投入了。一曲又起，"小树叶"纷纷飘落到地上，毛毛仍是把双手交叉在头顶，一动也不动。教师不禁又好奇地问道："毛毛，风吹来了，把树叶纷纷吹落到地上，可你怎么不动呢？"毛毛一本正经地说："我是常青树，我的叶子是不掉的！"教师围着他转了一圈，微笑着拥抱了他一下，说："大风吹来了，常青树一动也不动好神气啊，让大风抱抱你吧！"毛毛满足地笑了。

执教者往往期望幼儿按照自己预设的活动轨迹来进行活动。然而上述案例中观摩者意外地发现,毛毛的表现与教师的预设产生了"冲突",此时就要看执教教师的现场把控能力了。令人欣喜的是,这位教师不但充分给予了孩子表达的机会,而且保护了孩子超乎寻常的观察力和想象力。尤其是最后的"大风拥抱大树"的生成环节,足以体现教师的教育机智。"把控教学现场,了解孩子并尊重孩子",并非一句空话,它往往体现在细节处,观摩者就是最好的见证人。

3. 发展助推能力

良好的师幼互动可以助推幼儿不断成长。观摩者可以通过多种感官收集课堂上师幼互动的信息。

在大班谈话活动"建筑工人"中,为了引导幼儿大胆地表达自己的猜测和想法,关注周围生活中的变化以及对建筑工人萌发敬佩之情,教师和幼儿围坐在教室的阳台上,围绕对面小区的房子,进行了以下对话。

教师:为什么对面的房子要用管子围起来?这是怎么回事啊?你们猜猜看。

丁丁:是为了抓小偷吧,这样小偷就进不去了!

欣冉:万一地震的话,房子就不会倒塌了!

开开:是要把房子拆掉吧,我家旁边那里也是这样围起来的!

教师:你们说得都有道理,但是这座房子之所以要用管子围起来,既不是为了抓小偷,也不是为了防止地震,更不是因为它要被拆掉——

蒋逸:老师,我知道,这座房子要修了!

教师:你是怎么知道的?

蒋逸:我爸爸说过的,这座房子的外墙要粉刷了。我家在那头,以后也要围起来进行粉刷。

教师:原来是这样,你家房子粉刷后肯定很漂亮。

教师：你们知道那些叔叔叫什么工人吗？

开开：我知道，叫建筑工人！

教师：你是怎么知道的？

开开：我妈妈店里装修也需要建筑工人！

教师：没错，他们不是一般的工人，是建筑工人。他们会造房子、修房子。

（孩子们看到建筑工人逐层由下至上不断地传递钢管，皱起眉头，似乎很为高空作业的叔叔担心）

教师：为什么要把钢管这样搭起来？

豆豆：这样叔叔就不会掉下来了。

麦克：这样工人叔叔就可以到每一层工作了！

教师：你们想对建筑工人叔叔说什么？

果果：建筑工人叔叔，你要小心点，很高啊！

田田：建筑工人叔叔，你真勇敢，和我爸爸一样勇敢！

萱宣：建筑工人叔叔像杂技演员一样！

笑宇：我也要做建筑工人，他们好酷哦！

（男孩子们纷纷对建筑工人表达了敬佩之情）

在"各行各业"的主题背景下，当幼儿对周围的"建筑工人"产生兴趣时，教师组织他们进行了一次集体谈话活动。从上述观摩者记录的对话片段中可以看出，教师的提问如同"导火索"，点燃了幼儿表达的激情；幼儿的回应反映出他们的生活经验不同，教师的追问则把问题引向深入。上述记录中括号里的备注，较全面地说明了活动开展的背景及幼儿的表情与动作，这些信息的收集能让记录的活动过程更加丰满。

（五）体察幼儿的表现

作为教学活动的主体——孩子，他们都是独特的个体，有着能力水平、情感气质的差异。幼儿的实际课堂表现往往是他们生活经验与能力水平的客观反映，所以观摩者需要静下心来读懂幼儿，以此分析、判断幼儿的发展情况。

以往听课过程中，观摩者比较重视观察教师的方方面面，如今已经慢慢开始注重观察孩子的重要性。这不仅带来了教育观念的转变，而且对课堂效率的提高具有指导性意义。在实际听课过程中，观摩者可以运用表情观测法、行为判断法、作品呈现法、语言倾听法等用心体察孩子的表现。

1. 表情观测法

表情观测法，是指通过观看孩子的表情来了解孩子的兴趣、参与欲等。孩子的表情能反映活动的内容是否适合他们，以及教师的引导是否有效等。比如，在之前的大班语言活动"散文诗：捉迷藏"中，观摩者看到孩子们纷纷跟着老师饶有兴趣地朗读诗歌，他们的眼神充满欣喜和渴望。从他们愉悦的表情中可以看出，本活动的内容适宜，教师在组织过程中方法得当、引导有方。在教学现场，观摩者倘若看到孩子们注意力分散、眼神游离、窃窃私语，不断做出与活动无关的事情，那么这节课的活动效果就可想而知了。如果出现这样的情况，观摩者接下来就要分析其原因所在了。

2. 行为判断法

课堂观察中要想体察幼儿的表现，还可以采用行为判断法。行为判断法，是指从幼儿的动作中解读、判断他们的发展情况，从而反思活动的设计是否合理。

在大班语言活动"我妈妈"中，执教教师将其中一个目标定位为：尝试用夸张、比拟的绘画方式表现个性化的妈妈。原绘本中，每幅画面出现了一种比拟技法。比如，妈妈是美丽的，就用蝴蝶作比；妈妈温柔时，就用猫咪作比。在观看、讨论绘本画面时，有一名幼儿一直一言不发。

进入绘画环节之后，其他幼儿纷纷使用了一种比拟技法来表现自己眼中的妈妈。这名幼儿却举一反三，独创性地运用了两种比拟技法，对照着画出了爸爸和妈妈两个形象，以完美的方式达成了预期的活动目标。

上述案例中，如果观摩者只是根据幼儿之前的行为表现来进行判断，那么这名幼儿的活动参与性明显较低，也会令人质疑活动目标能否得到实现。但是通过该幼儿后期的表现，我们可以判断，教学目标和教学流程设计是合理的，这名幼儿的发展也超出了一般水平。这也告诉我们，听课的时候不要过早地下结论，要注意持久地观察，以便得出更为客观的结论。

3. 作品呈现法

作品呈现法，是指通过幼儿的作品来评价他们的学习状态与效果，主要应用在美术活动中。在开展美术活动时，教师运用线条和色彩等元素来进行教学，师幼之间的对话较之其他活动明显要少，幼儿有很多时间用来自主作画，而作品就是他们绘画技能和思维水平的载体。因此，观摩活动时观摩者可以通过幼儿现场的表现和对幼儿作品的解读来客观评析幼儿的能力与水平。

时值夏天，为渗透爱护环境的教育理念，教师请大班幼儿自主设计房子。图4是其中一名幼儿的绘画作品，只见画面中的烟囱里飘出来的是五颜六色的烟雾。让观摩者惊讶的是，每一条烟雾里都飘出了不一样的东西，有的飘出了数字，有的飘出了冰淇淋，有的飘出了音符……从画面中我们可以解读到他有着丰富的内心世界，而且对夏天有一定的认知。

图5是某个大班幼儿的美术作品《鳄鱼的故事》，作品主题突出、线条生动。从幼儿的描述中得知，作品画的是在深海中，鳄鱼与潜水员发生了激战，鳄鱼掀翻了船，潜水员们纷纷加入到与鳄鱼斗争的行列，场面非常激烈。这幅作品体现出这个孩子大胆的构图方式与丰富的艺术想象力。

图4　彩虹色的烟

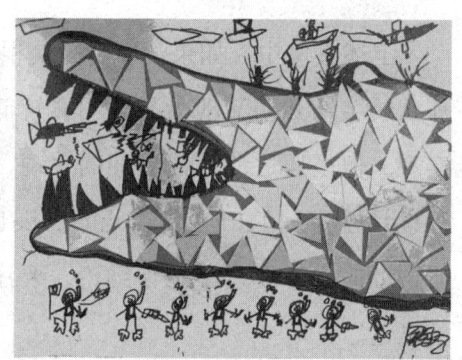

图5　鳄鱼的故事

由此可见，在运用作品呈现法时，观摩教师还可以请幼儿来说说画面的意思，然后把他们的真实想法记录下来，以便更好地解读作品背景下幼儿的真实意图，从而体察他们在活动中的具体表现。

4. 语言倾听法

语言倾听法，是指仔细倾听幼儿在活动中的语言，以体察他们的思维水平和心理动态。在教学活动开展过程中，幼儿的语言有的是自发的，有的是为了回应教师的问题。观摩者特别要注意观察幼儿在教师的引导下注意力是否集中，是否对教师的教育策略积极进行回应，是否紧紧围绕着教师的问题互动。

（六）评估教具

教具，是指以教育人为目的的实物。在幼儿园集体教学活动中，教具是指幼儿园教师用来辅助教学活动开展的实物、图片、幻灯片等。观摩者评估教具能为整体的评价活动提供参考。

1. 判断教师演示教具运用的适宜性

通常，教师演示教具可以分为直观教具与电化教具两种。直观教具，是指实物、挂图、卡片等。电化教具，是指投影仪、录音机、电脑等。每一种教具都有自己的优势和劣势。直观教具有低成本、使用方便的特点，但是随着教育技术的不断发展，电化教具在幼儿园集体活动中开始普遍应用。电化教具的使用不但能增强视觉效果，引发幼儿的直觉思维，还能使活动增色不少。比如，在美术活动"运动的小人"中，电脑视频的动画效果一下子把运动的各种状态呈现在孩子们的面前，突破了活动的难点；又如，在美术活动"沙画：妈妈的卷发"中，执教教师利用投影仪演示沙画创作的全过程，让幼儿观察沙画流动的特质，给他们留下丰富的想象空间，这是一般教具所不能替代的。

观摩者在听课时，要注意观察教师演示教具是否适合幼儿的认知水平，是否与活动内容及目标紧密联系，是否能助推教学流程的顺利开展，是否能增强活动的趣味性及活动效果等。最关键的是，要看它能否真正为幼儿活动的开展提供支架和帮助。

2. 发现幼儿操作学具设计的合理性

幼儿操作学具不仅能激发幼儿的兴趣，而且能促进他们的发展。观摩者在听课时，要注意观察幼儿操作学具是否与教学任务紧密关联，是否能激发幼儿的探索欲望，是否具有很强的操作性等。比如，幼儿园科学发现室里的力学台、闪电魔力板可以让幼儿在摆弄、触摸中，感知现象，获得经验。又如，在大班科学活动"有趣的影子"中，执教教师让孩子们在投影仪上探索手影游戏的秘密，这种学具的应用弥补了传统学具的不足，让孩子们乐此不疲。

但是，如果教师过多地提供电子教具或者在教具准备上过于强调视觉效果的话，往往会适得其反。因此在听课过程中，观摩者要特别关注教具的使用情况，尤其要注意以下两种现象。

（1）**喧宾夺主**。喧宾夺主，是比喻外来的或次要的事物占据了原有的或主要的事物的位置。如果教师设计的教具过于花哨、复杂，导致幼儿对其过分关注，那么教具在活动中不仅没有发挥应有的作用，而且还影响了活动效果。比如，在小班语言活动"故事：蝴蝶衣裳"中，观摩者发现，由于教师呈现的动画背景过于花哨，结果影响了孩子的视觉，导致他们的注意力不在倾听上，而是被花花绿绿的背景干扰。由此可见，执教教师设计的教具并不合适。

（2）**过分替代**。观摩者常常看到，某些教师认为动感强的画面更吸引孩子，于是一味地追求课堂中动态的效果，让PPT、视频代替图片或者玩偶，使孩子总是处于兴奋、惊奇的状态，这就走到了另一个极端。事实上，静态的图片是培养幼儿观察能力、静心思考的良好途径，因此过于替代也不可取。在集体教学活动中，教师应该合理地利用传统教具与电子教具。当图片、头饰、玩偶等能满足活动的需求时，运用传统教具即可；当传统教具不能解决问题的时候，如需要特殊的声效和光效时，可以运用电子教具。

在小班语言活动"圆圆圆"中，活动目标是要求幼儿在学会儿歌（儿歌内容：苹果圆圆，盘子圆圆，挂钟圆圆，看看橘子还是圆圆圆）的基础上尝试替换名词进行创编。教师设计了一张背景图，其中"圆"用圆圈表示，把儿歌中名词所在的位置设计成插入式。这样一来，幼儿就可以一边念儿歌，一边插入相应的圆形物品，非常方便。

综上所述，观摩者在以旁观者的角度审视教具的使用情况时，要关注执教教师运用得是否合理、巧妙、灵活，能否把传统的教具和先进的电子教具以及各种媒体技术结合起来，发挥它们各自的优势和潜在价值，优化教学活动。事实上，合适的教具就是最好的教具。

第三节　幼儿园听课类型

> 不同的目的，有不同的视角。听课，犹如看风景，不同的视角，给予我们不同的感受与启示。

听课时，不同的听课者有着不同的目的。通常，教师通过听课来提高专业水平，园领导通过听课来指导、检查教师的教学水平，教育部门领导通过听课来评估幼儿园教学水平。因为听课目的的不同，产生了不同类型的听课。

根据目前幼儿园的实际情况，我们把听课大致分为：观摩型听课、评比型听课、检查型听课、调研型听课和反思型听课。当然，这种划分不是绝对的，而是相对的。

一、观摩型听课

观摩型听课是以交流、分享、学习为目的的听课活动，是一种比较普遍的群众性听课。比如，某幼儿园组织骨干教师进行观摩活动展示，邀请其他教师或者家长等前来观摩。

（一）观摩型听课的意义

1. 具有示范引领作用

观摩型听课涵盖不同的层面，比如，省、市组织的关于《指南》推进的观摩活动，区、县组织的名师优质课观摩活动，幼儿园内围绕早期阅读等某个话题开展的观摩活动，等等。

观摩型听课中，执教者往往是教师团队中具有较高水平的优秀骨干教师，或者是学科带头人、特级教师等。他们为观摩者提供了优秀的活动范例，供观摩者学习、借鉴。在观摩活动之后，观摩者往往需要结合自己的思考撰写活动观后感，以深化观摩学习的效果，促进自己的专业成长。以下是一位教龄七年的幼儿园教师的听课随想。

听 课 随 想

我非常荣幸能够参加幼儿园骨干教师的听课活动。其中，周老师的音乐活动"筷子舞"给我留下了深刻的印象。

周老师一出场就把孩子们深深地吸引住了，只见她面带微笑，声音清脆，动作优美。之后，活动的每一个环节都让我非常惊喜，原来舞蹈课还可以这样上。最让我折服的是周老师的教学基本功非常扎实。她在孩子们即兴创编后，用简笔画的形式把孩子们创编的动作画了下来，既让孩子们快速地记住舞蹈中的每一个动作，又让他们感受到自己创编动作的快乐，提高了他们活动的主动性。

课后与周老师交流的时候，她说："活动前的准备是非常重要的，这些准备包括对舞蹈的编排、对音乐的熟悉以及对孩子们的经验的了解等。其中，对舞蹈动作的编排和反复推敲尤其重要，这样才能在教学时即兴加进孩子的动作，使整个舞蹈更加完美。另外，在活动中，教师的表情、动作以及语言的提示也非常重要。我们先要带给孩子美的东西，才能让孩子们去表现美、创造美。"

如何上好一节课绝对不是一件简单的事情。对细节的把握，对基本功的磨炼以及与幼儿之间的互动都是一个活动成功与否的关键。有了示范，在以后的教学过程中，我会不断反思，提高自己的教育教学能力，让教学活动更加有效，让自己的课堂也灵动起来。

优秀教师的课堂总是会给现场观摩的教师起到较好的示范引领作用，在促进彼此交流的同时也提升了观摩教师的教学素养。

2. 具有分享推广意义

观摩型听课中，执教教师一般具有先进的教育理念，或者该活动在当前教育背景下承载着创新的使命，具有推广、引荐的意义，能在一定范围或者区域内起到积极的影响。

听课过程是一种直观的学习实践过程，但是由于种种原因，观摩型课并不都是成功、理想的，因此观摩型课的质量也会参差不齐。对于成功的观摩型活动，观摩者要注重吸纳其蕴含的先进的教育理念，学习优秀教师的教学把控能力；对于看上去不那么精彩的活动，或者争议颇多的观摩课，观摩者要善于思考，寻找活动的问题及其症结所在。其实，发现问题本身就是一种水平的提升。作为观摩者，要怀揣谦卑的心态真切地感受活动氛围，从观摩现场中发现问题、分析缘由，学习认真地记录与反思，这同样也是一种不可多得的教育实践。

（二）观摩型听课的一般形式

观摩型听课的一般形式有：交流幼儿园教学理念的公开课，展现教学风采、切磋教学技能的示范课和推广先进教学理念的展示课。这些活动，有的是由省、市、区教育机构组织的，有的是由幼儿园组织的，也有的是由教师发起的。

（三）观摩型听课的步骤

观摩者在观摩型听课活动中，一般要遵循以下听课步骤：

1. 明确听课的目的，带着明确的目的参与听课。
2. 了解执教教师的水平，对执教活动所属的领域、执教活动适用的幼儿的年龄段、执教班级有所了解。
3. 准备听课活动所需要的材料，并且熟悉教材、教学准备以及活动流程。
4. 认真记录活动中的优点，记录并思考活动中的问题与困惑。
5. 与执教教师交流听课感受，供执教教师参考。

（四）观摩型听课的注意要点

在观摩型听课中，观摩者需要注意以下两点。

1. 尊重执教教师的展示活动，把每一场听课都当作学习的过程

观摩者在整个观摩过程中不是单纯地模仿，也不是故意挑刺，而是应该以欣赏的角度挖掘活动的闪光点，学习活动中的优点，找到自己最受启发的内容，这样才能拓展视野，巩固专业技能。

（1）**要尊重执教教师，保持安静**。观摩位置应尽量选在不影响上课教师和幼儿的区域，在上课的过程中不要随意讨论活动环节，切忌随意走动，以免影响课堂秩序。

（2）**要仔细倾听，做好笔记**。观摩者要同时关注执教教师的教与幼儿的学，要采集活动的亮点为自己以后的课堂实践提供参考，要记录自己的疑惑或者问题，待活动结束后与执教教师或其他听课教师进行交流。

2. 坦诚交流个人的看法，把每一次交流都当作提升的契机

观摩活动结束后，观摩者一般会和执教教师进行及时的交流。执教教师首先进行自评，观摩者也纷纷提出自己中肯的建议，要以民主、平等的方式进行交流和互动。值得注意的是，基于观摩课的交流和互动重在吸取优点、探讨问题，促进观摩者和上课教师的互助、互惠，这才是观摩型听课重要的意义所在。

二、评比型听课

评比，顾名思义，是指进行比较，评议高低或优劣。评比型听课的目的是为了评出优秀的选手或者推出优质课，所以评比型听课的参与者必须严格按照比赛的要求和标准进行评价，注重横向比较，力求公平、公正地对待评比活动。一般来说，评比活动既包括省、市、区的各项专业比赛，又包括幼儿园的教学比武等。

（一）评比型听课的意义

1. 推选优秀

评比型听课，是指通过听课的方式选拔优秀的教师或者优质课。一般来说，选手需要逐层推荐或者角逐，且每次角逐都会有一个结果。因此每一次评比型听课都有一定的规则，所有参与的选手和听课者都必须遵守。

2. 注重过程

评比型听课需要听课者根据听课的要求对活动的各项指标进行量化，以此推出优胜者或者优质课。当优胜者或优质课在原有层面或者范围内胜出后将参加上一层面或者更大范围内的角逐，因此这就需要非常专业、权威、公正的人员担任听课者，这样可以使推评活动更具有说服力和解释权。评比型听课后，这些听课者还能提出宝贵的建议，以促进教师在评比过程中获得专业发展。

（二）评比型听课的一般形式

评比型听课一般有优质课评选、优秀教师的选拔课等类型，可以由幼儿园、区教研室、市教研室等组织。同时，它也是选拔、培养人才的方式，以个别典型的优秀教师带动其他教师。有的评比型听课是自由命题，以便让教师发挥特长，如某区教龄为五年的教师的展示活动，由教育部门指定一个主题，具体内容任选；有的评比型听课是统一命题，如同课异构，要求参赛教师必须围绕某一课题进行展示，不能超出范围或背离课题。

（三）评比型听课的步骤

评比型听课中，听课者在听课时一般要遵循以下步骤：

1. 了解评比要求，明确评比任务。评比型听课的目的是通过听课评议高低、分清优劣，因此听课者事先要了解评比的要求和参赛的人选，明确评比的任务。
2. 理解发布的命题要求。
3. 解读评比的标准。
4. 听课并根据实际情况打分，完成课堂记录。
5. 有条件的话，与执教教师交流，分享听课建议。
6. 提交听课评价表，有关负责部门汇总、公布评比的结果。

（四）评比型听课的注意要点

在评比型听课过程中，听课者一般要注意以下几点。

1. 公平性

评比型听课由于有推优评先的作用，因此听课者需要考虑周全，在评比时做到公平、公正，要推选出富有创意的优质课，推选出真正有能力的教师。有时候为了保证听课结果的公平、公正，主办方还会设立"专家评委"和"群众评委"，按照不同的系数设立比分，汇总得出评比结果，这样的结果更令人信服。

2. 评估性

与观摩型听课不同的是，评比型听课的推优过程需要有一个结果，而这个结果是听课者经过客观分析得出来的，是对评比过程的评估。不过，对于听课者来说，不要把评比课作为衡量教师个人水平的"标签"，而是要注重交流教学经验、切磋教学技能，激励教师探索教学规律。

3. 导向性

评比型听课推出的优质课或者评出的优秀教师，应具有正面的榜样示范作用，甚至代表着一种值得推崇的教学价值观。因此，在进行评比型听课时，担任评委的听课者应该推选出具有正确导向的活动，这样才能在无形中起到正面的引领作用。通常，评比型听课需要邀请资深的专家来担任听课评委。

三、检查型听课

检查型听课，一般是指教育部门的领导或者某幼儿园领导，定期或不定期地对下辖幼儿园的教师或者该园教师通过听课进行检测。这种类型的听课目标明确，对于检查什么、怎么检查、什么时候去检查以及检查的目的是什么，听课者事先要有一个明确的认识或预知。

（一）检查型听课的意义

检查型听课有助于保证幼儿园的教育教学质量，有利于教师的专业成长，这是因为听课者可以通过反馈检查情况来督促幼儿园提高教学质量，激励教师提高教学水平。为了保证听课的真实性，提高检查的公平性，大多数情况下听课者是临时抽取班级或者教师进行听课的。

（二）检查型听课的一般形式

检查型听课因检查的对象、目的、时间不同，具体类型也不同。

因检查的对象和目的不同，检查型听课大致分为以下几种：以考查教师教学水平为目的的检查型听课，如管理者走访幼儿园选择某位教师的班级进行听课；以观察幼儿发展水平为目的的检查型听课，如进入相应的年龄班重点关注孩子在活动中的发展状况；以考查整个幼儿园教学质量为目的的检查型听课，如上级部门到下级单位进行督查听课，将考查教师和观察幼儿综合考量等。

因检查的时间不同，检查型听课可以分为定期检查和不定期检查，定期检查通常会在学期初、学期中、学期末时开展。

（三）检查型听课的步骤

在检查型听课过程中，听课者一般要遵循以下步骤：

1. 明确检查的目的、内容，了解活动主题及执教教师的水平。
2. 针对检查的重点进行听课并记录。
3. 分析重点的达成情况。
4. 总结情况，公布结果。

(四)检查型听课的注意要点

检查型听课有时会引起某些教师的误解,他们认为自己被抽到是领导对自己的工作不信任的缘故。因此,听课者在听课时需要注意以下几点。

1. 要课前沟通

虽然有些检查型听课是突击性的,但是检查者在走进课堂后,最好与执教教师沟通一下当天听课的目的,这样容易使执教教师放下包袱,消除不必要的误解,利于他们在常态下组织活动。

2. 要平易近人

不论是教育部门的领导还是幼儿园的领导,"被听课的任课教师不只是下属,在听课的过程中他们更是合作伙伴,而伙伴不能被使唤,只能被说明。"[1] 因此,在检查型听课过程中,听课者不要过于严肃,以免引发执教教师不必要的紧张情绪;也不要交头接耳,以免对课堂造成不必要的干扰。

3. 要有问题意识

检查型听课的效果往往体现在听课者听课后与执教教师的交谈上,即听课者就检查中的问题与执教教师进行沟通,让执教教师真正了解自身存在的问题以及原因,同时还需要沟通一下解决问题的方式或策略,以促进执教教师的课堂教学水平的提高。所以在听课时,听课者应该具有问题意识,应关注教师上课过程中以及幼儿目前存在的问题。

---

[1] 毛亚庆. 知识管理与学校管理的创新 [J]. 教育研究,2003 (6).

听课记录表[1]

教学内容	绘本教学活动：小猪变形记	听课班级	大班	执教教师	毛老师	听课日期	11月2日
活动目标	（1）通过大胆猜测绘本内容，了解小猪寻找快乐的过程。 （2）理解不要盲目地模仿别人，应该找到自己的快乐。						
活动准备	绘本《小猪变形记》。						
活动时间	现场记录			环节点评			
9：15	1. 出示图1 提问：小客人是谁呀？你觉得小猪开心吗？ 幼儿：不开心。 教师：不开心，很孤单，可以说是无聊。 2. 出示图2 提问：小猪遇到了谁，想干什么？ 教师讲述故事。 3. 出示图3 提问：小猪为什么不会成功？ 4. 出示图4 提问：你猜猜它和斑马会做什么？ 教师继续讲述故事。 5. 出示图5 提问：你觉得它能变形吗？ 6. 出示图6 提问：你觉得它们在干什么？ 7. 出示图7 提问：你觉得它们能成功吗，为什么？ 8. 出示图8 提问：小猪开心吗？为什么？ 9. 教师完整讲述故事一遍			* 提问方式重复进行，追问不够深入。 * 重复孩子的回答，提升不够。			

---

[1] 记录者：浙江省杭州市人民政府机关幼儿园园长冯伟群。

续表

> 亮点采集与问题反思:
> (1) 教师语气平淡,建议用追问的方式将问题引向深入。
> (2) 教学策略单一,总结、提升不够。

以上呈现的是一名园长在常态巡班过程中所做的检查型听课记录。从记录中可以看出,这位园长仔细记录了活动的过程,而且提出了具体的问题。活动后,这名园长还与执教教师针对本次活动进行了具体的沟通,让执教教师明白了自己教学的不足之处。这样的检查型听课是非常有效的。

四、调研型听课

调研型听课,是指为了探寻某种教育教学问题的现状、进展,通过听课的方式进行调查分析,获取问题的基本特征。与检查型听课相比,相同的是它们都具有明确的听课目标与计划,不同的是调研型听课更侧重于对问题的探讨分析与经验获得。

(一) 调研型听课的意义

调研型听课的目的是为了更好地了解调研问题的现状或进展,因此它具有导向性、真实性、研讨性的特点,能在一定程度上解决教师遇到的实际问题。

(二) 调研型听课的一般形式

调研型听课一般有以下三种形式。

1. 督导式调研型听课

督导式调研型听课,是指教育部门通过实地查看、现场听课等方式,促进教育教学任务的推进和落实。

2. 走访式调研型听课

走访式调研型听课，是指相关部门为了了解某地、某幼儿园的实际教学情况，采取现场听课的方式进行调研，为后续推行的相关活动做准备。

3. 研讨式调研型听课

研讨式调研型听课，是指听课者围绕某一个需要调研的问题或焦点进行现场听课活动。比如，要想了解某种教材的使用情况或者早期阅读的开展情况，听课者就可以进行相应的研讨式调研型听课。

（三）调研型听课的步骤

在调研型听课过程中，听课者一般需要遵循以下几个步骤：

1. 明确调研的问题，理解调研问题的背景。
2. 确定调研课的执教者、人数、领域、展示地点等。
3. 设计调研的计划与流程。
4. 根据课堂观察得出调研的情况或现状。
5. 总结调研结果并提出改进的建议。

带着调研的问题或者任务去听课，听课者要做到心中有目标、有的放矢，这样调研的结果才具有针对性与实效性。

在大班音乐活动"毛毛虫和蝴蝶"中，听课者始终围绕着这样一个问题——"音乐活动中教师的支持作用"进行观摩调研。

观察一：幼儿在音乐欣赏中是否能安静地倾听？幼儿在教师的引导下能否理解和感受A、B两段乐曲的音乐形象？

观察二：分段欣赏过程中，教师是借助什么策略让幼儿进入音乐情境的？完整欣赏与表演中，教师又是借助什么道具让幼儿完成表演的？

观察三：整个活动中，除了让幼儿的音乐感受和表达能力获得提升外，教师还关注到幼儿其他方面的学习与发展了吗？

以上观察因为事先有了预设的目标，所以听课后的讨论就显得有话可说，这样的调研型听课能收到更好的效果。

（四）调研型听课的注意要点

在调研型听课过程中，听课者要注意以下两点。

1. 要有周密安排

调研型听课前，听课者需要对调研的时间、执教者、上课的内容等做一个整体的安排，然后对听课的结果进行汇总、分析、提炼，撰写相应的调研报告。比如，"成长组培养"负责人想要了解三年内新教师在课堂教学方面存在的主要问题，就需要确定在哪些范围内、选择什么领域比较合适，然后记录并梳理、汇总新教师在课堂中反映的问题。

2. 可以反复循环

对调研的结果有疑问或者产生新的调研问题时，听课者可以反复进行调研。听课者需要对每一次调研结果进行探讨，提出调整或者优化的建议，也有可能为下一次继续研讨生成问题或者方案。

五、反思型听课

（一）反思型听课的意义

反思型听课，就是自己听自己的课。"要让教师听自己的课。用录音、录像的方式记录下自己上课的过程，在课后自己听、自己看、自己分析，或请团队共同参与指导。这是对自己的教学工作进行反思的好方法，是一种自我监督，会使教师尽快提高教学组织管理能力、应变能力和语言运用水平。"[1]这种方式经常出现在行动研究中，具有着独特的意义。

1. 审视问题，适当调整

当教师以旁观者的视角来看自己的活动时，能更加清楚地认识到自己的不足。这种审视和观察可促进教师的专业发展，促使他们找到自己的问题并加以调整。

2. 反复揣摩，螺旋提升

教师在进行专业研究时，如进行小课题研究时，可以借助多媒体设备先记录活动的整个过程，然后反复观看，对自己的语言、行为及活动细节进行反复的揣摩，提出调整的策略，之后再对活动进行进一步的实践研究。

（二）反思型听课的一般形式

自我反思课和小课题研究课都是常见的反思型听课。

（三）反思型听课的步骤

在进行反思型听课时，教师需要遵循以下步骤：

1. 录制上课的视频。
2. 观摩录制的视频并进行记录。
3. 针对问题以及不成熟的地方进行反复推敲与反思。
4. 理清活动的不足并进行调整和优化。

---

[1] 杨丽花. 新课程背景下的听评课 [J]. 教育理论与实践，2011 (2).

磨刀不误砍柴工

在骨干教师示范课上，我选择了《幼儿园体验·探究·交往课程》小班下册的儿歌《小鸡的一家》进行了展示活动。

这首儿歌呈现了小鸡一家不同的形象特征和叫声，读起来朗朗上口。为了便于小班幼儿模仿，我对个别字词进行了修改，把"真能干"改为"都能干"，还在最后加上了"哈哈哈，哈哈哈"，使儿歌内容更加形象、生动。活动中，为了避免说教，我根据小班幼儿的年龄特点，采用了情境法和游戏法，引发幼儿对鸡爸爸、鸡妈妈、鸡宝宝的关注，使他们沉浸在动物形象的叫声中。而且为了加深幼儿对鸡爸爸、鸡妈妈和鸡宝宝的印象，我采用了插入式的图片呈现方式，深深地吸引了幼儿。

但是由于黑板的问题，我在演示教具的时候遇到了尴尬：母鸡图片不小心被钉子钉住了，我好不容易才把它拉出来。这个细节说明：不管在什么时候、何种场合开课，我们只有反复推敲每一个细节才能使活动臻于完美，正如俗话说的"磨刀不误砍柴工"。

活动结束了，有一位听课的教师提出："运用动作学习儿歌，有时反而影响了幼儿对儿歌的朗诵。"这是一个非常有意思的质疑，会促使我对儿歌教学进行新的探索。

以上是一位骨干教师开展公开课后在反复地观看自己的教学录像后所写的反思。从上述案例中我们可以看到，现场展示后的反思反映了教师对自己活动的思考。尤其是对于比较遗憾的细节的反思，以及听课者提出的不同的"声音"，都将引发教师的再实践、再思考，而这种深刻的体会能促进教师的自我成长。

（四）反思型听课的注意要点

反思型听课是自我反思教学的良好途径。不过，教师在进行反思型听课时，需要注意以下两点。

1. 集思广益，发挥团队的作用

为了增强反思的效果，教师在录下自己上课的过程后，不妨以团队的形式进行研磨，让大家的智慧相互碰撞，在群策群力中发挥研修团队的合力作用。

冯老师要代表园里参加区里组织的音乐优质课评比活动，为此幼儿园组织教师共同为冯老师磨课。冯老师选择的活动是小班音乐活动"舞蹈《虫虫停停》"，大家看了她第一次试教的视频后，就七嘴八舌地说开了。

黄老师：这个活动有点像欣赏，有点像游戏，又有点像律动，感觉音乐活动的定位不清楚。

郑老师：我也发现这个问题了，原教材定位在舞蹈，是一个三拍子节奏的抒情风格的舞蹈。

舒老师：本次优质课推评要求尊重原教材，这就需要把这个活动定位在舞蹈上。怎么来解决这个问题呢？

杨老师：现在的目标是"感受歌曲，并乐意用动作表现歌词内容"，是否可以调整为"大胆跟着音乐有节奏地飞和停，尝试表现虫虫停止的造型"？

冯老师：好的。

夏老师：环节上可以设置为：先带幼儿熟悉歌曲旋律，巩固蝴蝶飞的动作；然后带领幼儿完整欣赏舞蹈，鼓励幼儿尝试学习舞蹈；最后教师和幼儿一起跳舞，表达快乐的情感。

舒老师：大家说得有道理！教具可以用花形的梅花桩，这样既可以坐在上面，又可以作为舞蹈的道具。

……

对于冯老师来说，这是一次实实在在的反思型听课。在团队教师的建议下，冯老师调整了活动的定位、目标、环节以及教具。伴随着试教，这样的听课还会有第二次、第三次，甚至更多。通过团队研修的方式进行反思型听课，汇集了大家的智慧，这对于团队中的每一位教师而言，都是一次不可多得的成长机会。

2. 静下心来，正视反思的问题

与其他类型的听课不同的是，反思型听课的执教者同时也是听课者。这个双重身份更要求执教教师本人要静下心来，"咀嚼"活动的过程，不仅要看到自己的长处，更要用心体会自己的不足。一位教师在课后反思中曾这样写道：

观看自己的上课视频，开始的时候我一直不适应，感觉很别扭。本以为自己上的课整体还不错，但是当看到自己为了落实环节而忽视孩子的举手时，为了补充孩子的讲述而打断他们的发言时，我彻底清醒了，原来我在回应幼儿方面做得如此不到位。此外，自己那惯用的手势也影响了孩子的倾听与阅读……

以旁观者的身份看自己上的课，给予教师的感受是如此的强烈！反思型听课，需要教师不仅能听得进批评，以接纳的心态面对不同的"声音"，也要能慢慢领悟和反思问题的症结所在，进一步思考如何调整、优化活动，弥补自身的不足，促进自己的专业成长。

上述这些类型的听课并不是单一存在的，有时候一节课既是调研型听课又是观摩型听课，或者既是观摩型听课又是检查型听课。而且各种类型的听课可以转换，比如，让执教者本人对这些课进行观摩，那么这些课就可以成为反思型听课。不管参与什么类型的听课，只要做一个用心的听课者就够了。

第四节 幼儿园听课记录

> 记录，让教师的成长看得见。三三两两的字迹，一个标记，或一个不成形的图示，既是教师听课的痕迹，亦是教师成长的足迹……

听课过程中，教师需要把实际情况记录或录制下来，即实录。我们通常可以借助一些记录表进行有针对性的记录与梳理。听课记录主要有以下几种方式。

一、完整式听课记录

完整式听课记录，是指观摩者把听课过程原原本本地记录下来，提供的信息要完整、详尽。完整式听课方法目前用得比较多，记录项目一般包括教学内容、执教教师、听课班级、听课日期、活动目标、活动准备、活动时间（即活动从开始到结束的时间，一般以活动环节作进一步划分）、现场记录、环节点评等。其中，现场记录要求记录得全面，要把执教教师的提问、策略和师幼互动的语言都记录下来；环节点评，则是听课者对现场记录的某一点所做的分析或给予的建议。请看下面这个案例。

社会活动"一只很黑很黑的猫"完整式听课记录表

教学内容	社会活动：一只很黑很黑的猫	执教教师	阮老师
听课班级	大一班	听课日期	11月18日
活动目标	(1) 猜测和感受黑猫的心理变化，能接受自己独特的地方。 (2) 敢于坚持自己的观点并说出理由。 (3) 正视和理解自己和他人的缺点，乐于接纳他人的建议。		
活动准备	PPT，黑板，爱心卡片。		
活动时间	现场记录（片段）		环节点评
8:46	（一）黑与白——生活经验链接，引发幼儿对黑与白的讨论 1. 教师出示PPT 1，提问：你看见了什么 幼：一只猫。 师：一只什么样的猫？ 幼：毛黑黑的，眼睛亮亮的猫。 2. 幼儿选择黑或白，表达自己对黑或白的喜好及原因 提问：你喜欢黑还是白？为什么？说说你的理由。 幼1：我不喜欢黑猫，因为看上去有点儿脏。 幼2：白猫比较神气，而且漂亮。 幼3：黑猫在晚上捉老鼠很厉害。 3. 教师小结 师：有些人认为黑带给人庄重、神秘的感觉，有些人觉得白给人以纯洁、干净的感受。这都非常正常，因为每个人的看法不一样，对于自己喜欢的颜色都有自己的理由。		* 黑与白的对比，调动幼儿的生活经验，引发幼儿的活动兴趣。 * 鼓励幼儿换位思考，表达自己的态度。
9:05	（二）黑猫变白猫——分段欣赏故事，揣测黑猫的心理和选择 1. 出示PPT 2，让幼儿欣赏第一段故事 师：从前，有一只很黑很黑的猫…… 提问：这是一只怎样的猫？ 幼：很黑很黑的猫。 2. 出示PPT 3，让幼儿欣赏第二段故事 提问：白白的老鼠和黑猫说了什么？		* 分段欣赏，教师利用故事情节吸引幼儿倾听并积极参与故事讨论，从而揣摩黑猫的心理状态。

续表

活动时间	现场记录（片段）	环节点评
9:18	幼：黑黑的猫，扔进火炉里当黑炭算了。 师：大家一起学一学。 3. 揣摩黑猫听后的感受 幼：黑猫听了心里很难过。 师：很难过还可以怎么说？ 幼：很伤心。 师：除了很难过、很伤心，还可以说很沮丧。 （三）黑猫，你很特别——鼓励幼儿用自己独特的方式赞美黑猫 师：你想怎样来赞美黑猫？ 幼1：黑猫，你真棒！ 幼2：黑猫，你真了不起！ 师：黑猫发现了自己身上的优点，你也来说说自己的优点吧，还可以画下来。	

完整式听课记录比较常用，但是现场详尽地记录是有难度的，因为课堂上的信息量很大，观摩者既要听又要记，确实有些应接不暇。因此观摩者要尽量在课前做好充分的准备，并且在听课中集中注意力做好听、看、想、记的分配，努力使自己的记录客观、完整，尤其是要记下闪光点与问题，为后续的评课提供依据。

完整式听课记录可以较为全面地呈现整个活动的过程，有助于教师学习如何组织一个完整的教学活动。不过，不同的教师在观摩同一活动时，所做的观摩记录也不尽相同。下面是A、B两位教师在没有纸质稿教案的情况下，观摩了一位新教师执教的小班健康活动"我们身体里的洞"后所做的听课记录。

A、B 教师的听课记录对比

A 教师所做的活动过程记录：	B 教师所做的活动过程记录：
(一) 这是什么"洞"	(一) 引出
1. 出示各种洞的照片，引发幼儿猜想	师：今天冯老师给你带来一个很神秘的东西，你们看看这是什么。
指导语：这是什么？	幼：是圆圆的东西，小石头。
2. 玩猜洞洞的游戏	师：旁边有什么？这是什么？
指导语：我们来玩一个游戏，猜一下这些都是什么。	幼：雪橇和洗澡用的花洒。
(二) 我们身体里的"洞"	师：这是什么？（出示火车过隧道的图片）
指导语：洞洞无处不在，我们的身体里也有许多洞洞，我们一起来找找。	(二) 身体里的"洞洞"
1. 幼儿找洞洞：鼻孔、耳朵、嘴巴、肚脐、屁股上的洞洞、眼睛	师：我们的身体里也有很多洞洞，我们一起来找找。
2. 出示 PPT，引导幼儿了解躲起来的洞洞	幼：耳朵、眼睛。
指导语：平常有哪些洞洞是看不到的？	1. 出示人体部位图
3. 小结	师：眼睛这个洞洞有什么用？幼：看东西。
师：我们身上有许多洞洞，每个洞洞都有很大的本领。	师：耳朵这个洞洞有什么用？幼：听声音。
(三) 保护身体里的"洞洞"	师：嘴巴这个洞洞有什么用？幼：吃饭，说话。
1. 出示小人穿衣的图片，说说有些洞洞为什么要保护起来	师：鼻子这个洞洞有什么用？幼：呼吸，闻气味。
2. 请幼儿判断对话，了解有些做法为什么不对	师：毛孔是我们身上最小的洞洞。幼：蒸发汗液。
	2. 躲起来的洞洞
	(三) 保护"洞洞"
	1. 图一：挖鼻孔容易把鼻子里的毛细血管挖破
	2. 图二：(此处没有记下来)
	3. 图三：揉眼睛会把细菌揉进眼睛里
	4. 图四：(挖耳)
	5. 图五：(吃玩具) 平时小朋友会把玩具、纸团塞进嘴里，很不卫生
	6. 图六：(吃手指) 吃手指很容易让人们患上传染性疾病
	小结：不能在阳光强烈的地方看书，要保护眼睛；不能随便去挖肚脐眼，睡觉时也要保护好它，以免受凉。

以上两个实录中,两位教师关注的角度各不相同。A 教师的听课记录是关注教师的实录,B 教师的听课记录是关注师幼互动的实录。

A 教师是一名新教师,她在记录的过程中,非常注重教师做了什么和说了什么,对活动环节进行了全盘记录,但是没有反映幼儿在活动中的表现。在评析中,她还就教师的教态、教具以及教学策略提出了建议。B 教师是一位教龄满十年的骨干教师,她不仅记录了执教教师的策略,还非常清楚地记录了师幼的对话,而且对于部分图片的内容也记录得非常详细。她非常注重师幼互动的过程,在评析中也特别提到"孩子在互动中参与度较好"。这种关注师幼互动的记录能全面地体现活动组织过程中教师和幼儿之间的互动,为评析提供了翔实的依据。

由此可见,在完整式听课记录过程中,我们不仅要关注执教教师是怎么教的,更要关注孩子是如何回应的,要尽量记录下孩子的语言、动作等细节,以便为我们的分析提供依据。这将非常有助于教师的专业发展。

专家型教师的记录又与以上两种记录关注的角度不一样。下面是一位资深园长在园内的检查型听课中,随堂观摩了一位三年内新教师执教的小班音乐活动"大猫小猫"后所做的实录[1]。

---

[1] 记录者:浙江省杭州市人民政府机关幼儿园园长冯伟群。

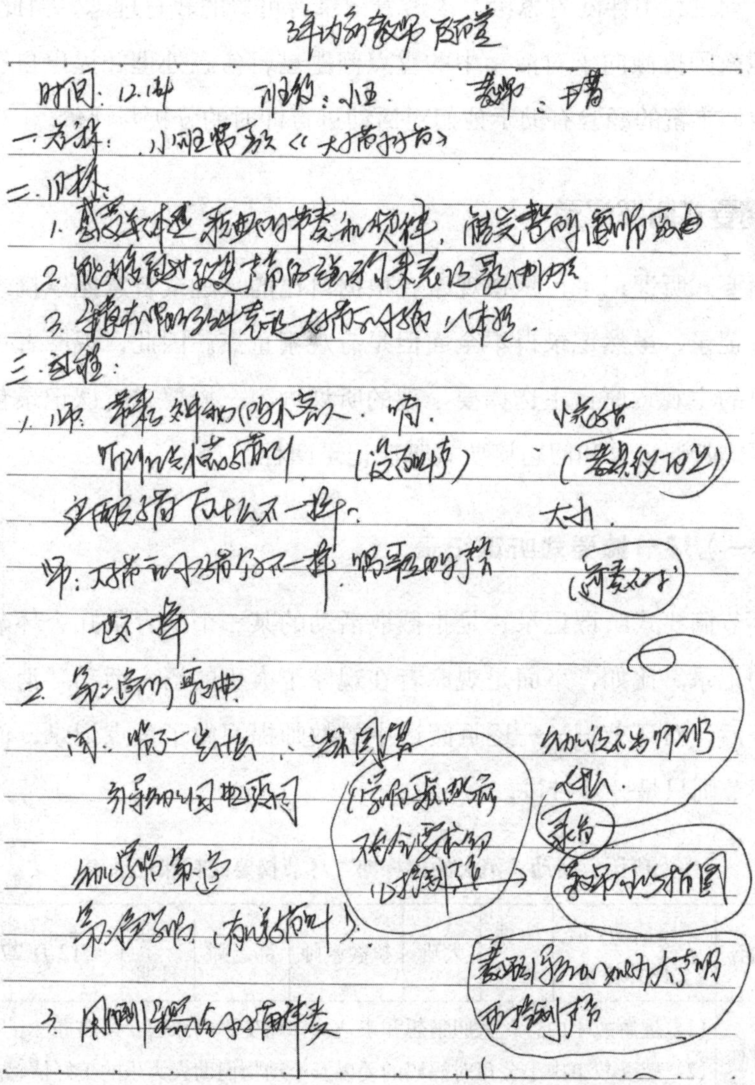

[手写听课记录，字迹难以完全辨认，大致内容如下：]

律动与歌唱 教师：？？

时间：12.14　　班级：小班　　教师：璐

一、名称：小班常歌《大西瓜打鼓》

二、目标：
1. 感受歌曲轻快的节奏和旋律，能欢快地演唱歌曲
2. 能用轻快的歌声有节奏地表达歌曲内容
3. 了解歌曲的节奏特点并尝试创编新歌词

三、过程：
1. 师：老师唱（听不清）哨　　（烧纸？）
   听听老师唱的什么　　（没听清）　（声音较响）
   节奏看得见不太一样。　　　　　太响
   师：我把刚才的节奏变一下。唱轻柔的声音　　（河？？）
   （轻？）

2. 第二遍唱歌曲
   问：听了一会儿，什么风格　　你刚没让幼儿听吗
   引导幼儿回忆歌词　　[学前我就感觉　　（太快
   　　　　　　　　　　　现在要先让　　　　　跟唱）
   加强歌唱第二次　　　幼儿园倾听]　　[老师教太拉图
   第二遍唱。（有节奏叫）　　　　　　　　　　　]
   　　　　　　　　　　[老师把孩子引入大声唱
   　　　　　　　　　　　再控制？]
3. 用小乐器做歌曲伴奏

从上面这个记录中我们不难看出，虽然只有寥寥几笔，但是这位园长不仅记录了师幼互动的过程，还记录了她对活动的随想，尤其是对音乐活动的要求提出了看法（如打圈的部分），关注到了节奏和控制声音歌唱等问题。这样的听课记录既关注了整体，又突出了重点，并且在记录

师幼互动过程中伴随着思考,渗透着记录者可贵的教育理念。由此可见,专家型教师更倾向于对活动中的重点问题进行信息处理并提出自己的看法,他们丰富的经验有助于他们对活动进行即时的分析与评价。

二、摘要式听课记录

摘要式听课记录,是指观摩者根据自己的兴趣或者意愿以摘录的方式进行记录,虽然记录得不全面但是有观察重点。因此,观摩者可以根据自己的主观意愿自主选择要呈现的听课内容。摘要式听课记录包括环节摘要式听课记录和问题摘要式听课记录两种。

(一)环节摘要式听课记录

环节摘要式听课记录,是指截取活动的某一个或者某几个环节进行简要的记录。比如,下面是观摩者在观摩了大班的语言活动"消失的棒棒糖"后,对环节三——逐页阅读中的教师提问做了重点记录,而对于其他环节则只是一笔带过。

大班语言活动"消失的棒棒糖"环节摘要式听课记录表

教学内容	语言活动:消失的棒棒糖	听课班级	大班	执教教师	邵老师	听课日期	12月27日
活动目标	(1)理解故事内容,大胆猜想和表达棒棒糖变小的原因及解决办法。 (2)感受故事中小金鱼对妈妈的爱以及小动物们助人为乐的美好情感。							
活动准备	实物棒棒糖,PPT演示文稿。							

续表

活动时间	现场记录（重点关注第三个环节）	环节点评
9:15	（一）出示实物棒棒糖，引出主题 （二）完整倾听故事，感受小金鱼尼娜与妈妈分享棒棒糖的心情 （三）逐页阅读，大胆猜想故事情节 1.仔细观察画面，发现棒棒糖的变化，找出棒棒糖变小的原因 师：棒棒糖的红色外衣为什么不见了，真的是丢了吗？ 2.猜想小青蛙哈特会用什么好办法来帮助尼娜 师：猜猜小青蛙哈特想到了什么好办法，这个办法能行吗？ 3.仔细观察画面，发现棒棒糖的再次变化，找出棒棒糖再次变小的原因 师：棒棒糖的黄色外衣为什么不见了？ 4.猜想虾妹妹米妮会用什么好办法来帮助尼娜 师：猜猜米妮想到了什么好办法，这个办法行吗？ 5.仔细观察画面，发现棒棒糖的又一次变化，找出棒棒糖又一次变小的原因 师：棒棒糖的蓝色外衣为什么不见了？ 6.猜想乌龟老师托托用什么好办法来帮助尼娜 师：猜猜托托老师想到了什么好办法，这个办法怎么样？棒棒糖还会变吗？尼娜的妈妈能吃到棒棒糖吗？	*用实物与封面引发幼儿的兴趣。
10:28	……	

环节摘要式听课记录适合评比型听课、反思型听课和检查型听课。不过，听课者在使用的时候应注意事先熟悉活动教案，对所听的环节要比较清楚，这样对重点要关注的环节才能进行详尽的记录。

（二）问题摘要式听课记录

问题摘要式听课记录，是指针对某一个问题进行简要的记录，并且

提出调整的建议。如果观摩现场提供了纸质的文本教案,观摩者可以直接标注在文稿上。请看下面这个案例:

大班语言活动"生日礼物"问题摘要式听课记录表[1]

教学内容	语言活动:生日礼物	听课班级	大班	执教教师	徐老师	听课日期	11月19日
活动目标	(1) 结合自身的生活经验,大胆推测并清晰表达自己的想法,理解每一岁的生日礼物意味着什么。 (2) 感受每一岁生日礼物带来的成长的快乐。							
活动准备	PPT 相关音乐、自制大书、操作材料。							
活动时间	现场记录(片段)				环节点评			
10:30—11:00	(一) 情境导入 (二) 理解特别的生日礼物 1. 结合 PPT,理解 1—7 岁不同的生日礼物 (1) 理解 1 岁的生日礼物。 师:宝宝 1 岁了,他的生日礼物会是什么?(幼儿猜测礼物) 教师出示 7 个礼物,提问:你觉得 1 岁的礼物是哪一个,为什么? 师:你喜欢妈妈的怀抱吗?让你有怎样的感觉? 小结:是呀,妈妈的怀抱是温暖的…… (2) 理解 2 岁的生日礼物。 (3) 理解 3 岁的生日礼物。 (4) 分组讨论,推测 4 岁、5 岁、6 岁的生日礼物。 (5) 讨论 7 岁的生日礼物。 提问:还剩下一份礼物,是几岁的呢? 2. 梳理 1—7 岁不同的生日礼物 3. 8 岁生日礼物的猜想				*问题:幼儿对 1 岁的礼物不大了解,讨论未果。 *调整:环节方面,应先出示 1—7 岁的生日礼物,在图中渗透暗示的元素,让幼儿自由交谈 1—7 岁的生日礼物是什么,接着结合礼物自主进行匹配;然后,讲故事巩固幼儿的记忆;最后,通过延伸活动,引导幼儿根据自己对成长的理解来猜想 8 岁的礼物。			

---

[1] 记录者:浙江省特级教师俞春晓。

续表

活动时间	现场记录（片段）	环节点评
	（三）完整欣赏，感受生日礼物蕴含的成长变化 （四）活动延伸：畅想成长的礼物	

上述记录中观摩者点出了活动存在的问题，并且针对问题对环节进行了梳理。由此可见，问题摘要式听课记录能较好地呈现活动中的一些问题，供执教者分析和反思，为评课作参考。

问题摘要式听课记录适合调研型听课、评比型听课和反思型听课。不过，听课者在使用的时候要善于关注问题，将重点关注的问题进行备注，围绕问题进行选择性记录。

三、符号式听课记录

符号式听课记录，是指在听课过程中采用符号的方式进行记录。至于使用哪些符号，因人而异；每个符号代表什么意思，也可以自定义。当然，如果团队决定采用这种记录方式的话，需要事先商定不同符号代表的不同意义。

我们反对机械记录，提倡随堂思考。在记录时，可以使用不同的符号进行标记。比如，亮点或者创新，用"☆"表示；有待进步，用"△"表示；值得思考，用"○"表示，等等。当然，也可以使用不同颜色的笔进行标记。符号式听课记录，不仅记录过程简单，而且能让听课者进行直观的归纳与评价，以提高一边记录一边评价的效率。

请看下面这个案例：

大班语言活动"最好的生日礼物"符号式听课记录表

教学内容	语言活动：最好的生日礼物	听课班级	大一班	执教教师	钱老师	听课日期	5月20日
活动目标	（1）在故事情境中讨论如何为妈妈选择合适的生日礼物，领悟"圈圈是妈妈最好的生日礼物"的含义。 （2）大胆参与表达，体验亲子之间浓厚的爱意。							
活动准备	（1）经验准备：课前开展分组合作活动，让幼儿有一定的合作经验。 （2）物质准备：自制绘本，分组操作材料，大礼物盒，背景音乐。							
活动时间	现场记录						环节点评	
10:00	（一）出示绘本封面，引出主题△ 师：有一个小姑娘，名叫圈圈。她的妈妈要过生日了，可是圈圈却想不出送什么礼物好。 （二）出示各种"宝贝"，讨论什么"宝贝"送给妈妈最合适 师：圈圈找出了自己最喜欢的一些宝贝，想从中挑出最好的送给妈妈。可是她不知道送什么合适，请你们来帮帮她。 1. 幼儿分组进行讨论，记录讨论结果☆ 讨论要求： （1）礼物记录表中有圈圈最喜欢的五种宝贝，大家一起讨论哪些礼物送给妈妈合适，并说出理由。 （2）请组长负责在大家觉得合适的礼物下面贴上一个贴纸，并代表你们组把结果告诉大家。 （3）讨论时，会播放音乐，当音乐停止时，讨论就应该结束，大家要回到座位上。 2. 教师和幼儿分享讨论结果 教师和幼儿逐一讨论送妈妈哪些宝贝合适，并说出理由。						*△引出主题不够简洁。 *☆分组讨论的方式非常适合大班幼儿。	

续表

活动时间	现场记录	环节点评
	（三）讲述故事，了解故事情节发展☆ 1. 了解礼物都不合适的原因 教师配乐讲述故事：从故事开头到"始终找不到最合适的生日礼物"。 师：圈圈为什么始终找不到最合适的生日礼物？（辅助提问：为什么这个礼物不合适） 2. 结合自身经验讨论最合适的生日礼物 师：这些礼物都不合适，圈圈心里很不好受。你们能帮圈圈想想办法吗？ 师：送什么礼物给妈妈比较合适呢？ 3. 揭晓给妈妈的最好的生日礼物，领悟"圈圈是妈妈最好的生日礼物"的含义☆ 教师讲述故事：从"圈圈几乎把自己所有的东西都找了个遍"到故事最后。 师：妈妈打开礼物时，表情怎样？她还说了什么？为什么妈妈会这样说？（引导幼儿理解"惊呆了"的意思，适时引出"惊喜"） 师：妈妈收到了最好的生日礼物，心情怎么样？ 师：看到妈妈这么喜欢自己送的礼物，圈圈会对妈妈说些什么、做些什么呢？ 4. 情感提炼 师：我们都要像圈圈一样，不要把爱藏在心里，要把我们的爱大声地说出来，你们会吗？（引导幼儿学说"妈妈，我爱你"） （四）情境表演"最好的生日礼物"，感受故事所蕴含的浓厚爱意○ 1. 师幼一起表演故事的结尾部分 2. 爱的延伸，体验亲子间的温馨与甜蜜 师：你们知道自己妈妈的生日吗？	*☆教师讲述故事时声情并茂，幼儿很专注地倾听。 *☆让幼儿在"惊喜"中体会妈妈对孩子的爱，点明主题，升华感情。 *○表演环节，幼儿显得非常兴奋，场面有些失控。如何让孩子真切地感受到爱意，值得教师进一步思考。

通常，我们在进行检查型听课的时候，会运用符号式听课记录，这样能在记录的同时对活动过程进行简单的评价，以此作为评估与打分的依据。一般说来，资深教师或者专家型教师更愿意采用摘要式听课记录和符号式听课记录，因为这两种记录方式更能聚焦问题，更能让他们快速地对活动情况进行评析。

为了能客观地呈现活动的过程，凸显课堂中教师的教和幼儿的学，为评价活动提供依据，不管是完整式听课记录、摘要式听课记录还是符号式听课记录，都要是基于真实场景的实录。

值得注意的是，有时执教者为了让听课的教师更加清楚活动的过程，会发放一些纸质稿教案作为参考。至于这类参考教案如何使用，也会对听课教师产生不同的影响。如果听课教师结合活动的纸质稿教案听课，可以节省记录活动流程的时间和精力，进一步聚焦活动的要点和细节，在相应环节处记录反思，提高听课效率。但是，如果听课者过于依赖纸质稿教案，没有很好地记录活动的现场情况，那么长此以往可能导致对听课的关注度下降，不善于捕捉活动的亮点与问题，从而影响教学反思能力，制约自己的专业成长。对于这个问题，听课者要引起重视。

此外，听课记录往往是听课者的个人行为，要想让听课发挥更大的作用，就需要听课者与执教教师"合作"[1]，即听课者与执教教师组成学习共同体，从多个方面讨论教学过程，通过观察分析教学的不足和优点，寻求增强教学效果的方法。如今，各种团队研修活动的兴起，确实让听课与评课发挥出更大的作用。教师们一起设计教案，通过反复试教与听课，提高自己的专业水平。

日本著名教育家佐藤学先生说："与其说，我要观察课堂中发生了什

---

[1] 李峰. 课堂观察：从"感性描述"走向"理性实践"[J]. 教育科学，2008（6）.

么,不如说,我要将课堂中发生的一切都吸纳于心。"我们要珍视每一次听课的机会,进行有效的听课记录,同时让听课中伴随着思考成为一种习惯。

 **实战练习**

1. 课堂上,你观察到教师的教和幼儿的学了吗?听哪个部分对你来说有难度?请想出解决的策略。
2. 听课时,请自主选择完整式、摘要式、符号式听课记录方式进行记录。
3. 比较各种听课记录方式的不同点,然后选择适合自己的方式进行实践。

第四章

幼儿园评课

——教学活动反思与评价

【引言】

所谓评课,顾名思义,即评价教师自己或其他教师上的课。评的前提是听,即先听再评,所以两者有必然的联系。评课就是看完课后要对这节课的成败、得失发表自己的观点,这就要求评课者既要看得懂课,又要说得在理。尽管评课有点难,但它既是培养教师反思性思维的重要途径,又是促进教师专业成长的有效方法。

第一节 幼儿园评课概述

> 评课，没有统一的标准，见仁见智也。但其中有一些基本要素和前人的经验，只有掌握并理解，才能评得客观而准确。

评课是幼儿园经常开展的一项活动。它可以是教师对自己执教的活动进行的反思性评课，可以是教师间进行的研讨式评课，也可以是领导进行督导过程中的督导式评课，还可以是由专家或资深教师进行的点评式评课，等等。

评课是促进教师专业成长的手段之一。教师在评判自己上的课时，需要细细回味，深入反思；在评判别人上的课时，需要带着评价的思路去看课，这样才能看出门道，才能对课堂教学有所思考。当执教者听到评课者对自己的理解、支持时，会感到满足和自信；当听到评课者提出的意见时，会结合自己的备课及执教过程进行综合性反思，以便更好地分析教材、确定目标、把握活动过程。

一、评课的作用

评课的作用是不言而喻的，但具体对教学活动有什么真实的帮助，教师们往往没有认真思考过。在当前幼儿教育改革的背景下，客观、公正、科学地评价幼儿园集体教学活动，对探讨集体教学活动的规律，提高集体教学活动的效率，促进幼儿的全面发展和教师的专业成长，深化课程改革都有十分重要的作用。

（一）践行先进的教育理念

教育理念是集体教学活动的灵魂，也是上好课和评好课的前题。先进的教育理念必须落实到每一个教育行为中才是有效的，包括集体教学活动。执教者应以先进的教育理念为指导设计与实施活动，评课者应运用先进的教育理念去分析、透视每节课，这样一来理念就不再只是教师头脑里的东西，而是真正地落实到教师的具体教育行为中，真正地对幼儿的发展起到作用。比如，基于幼儿的发展规律和学习特点，幼儿学习的更多的是直接经验而非间接经验，他们需要在做中学、玩中学。因此，评课时就应以此为指导，看执教者是否关注幼儿的学习特点，是否给予他们更多的探索与个别化学习的时间与机会。只有一次次地践行先进的教育理念，教师的教育行为才能真正得到改变。

（二）提高课堂教学的有效性

无论是执教教师自己评还是其他教师评，在评课时，都必须反思教学过程的成败，即看在一节课这个单位时间内执教者能否有效地调动幼儿主动学习的积极性，让他们在情感、认知、能力等方面得到最大化的发展。通过评课让执教者看到自己在教材分析、教学目标确立、教学方法选择、教学环节安排、师幼互动状态等方面的优势与不足，然后依据先进的教学理念，提出改进的意见和方法，期待执教者在未来的教学中能汲取经验，逐步改进教学过程中的不足之处，通过努力不断提高课堂教学效率。

影响课堂教学有效性的因素有很多。有些教师因备课时思考得不深入及自身专业水平所限，对运用好各种要素以达到教学有效性把握不好但又不自知。此时，评课者作为旁观者往往能冷静看课，看出门道，发现影响课堂效果的因素是什么。

某位教师执教了一节语言活动,她先为幼儿讲述了一个故事,然后让他们表演这个故事,最后让他们进行故事创编。孩子们被老师拖拽着参与活动,但是兴致并不高,教师上完课感觉很累却不知道为什么。而评课的教师一看就明白了,原来是目标定位有问题。用一节课的时间让幼儿又理解又表演又创编,幼儿自然跟不上。经评课教师一点拨,上课教师立马明白了问题的症结所在:她应该把这一节内容分成两个教学活动来完成,即先带领幼儿深入理解并感受故事,再让他们有感而发创编故事,这样活动的有效性就能大大提高了。

(三)提高教师的执教水平

评课时,我们不仅能看到教师的备课过程,更能看到教师执教过程中与孩子的互动水平。比如,备课时想好的问题孩子回答不上来,教师是怎么调整的?备课时想好的小组合作学习方式不奏效怎么办?教学过程中孩子太兴奋怎么办?孩子的积极性调动不起来怎么办?等等。教师在执教过程中会遇到各种各样的问题,这是在考验教师的教学智慧。评课时,我们可以看到执教教师解决问题的方法,可以把这些问题提出来让大家讨论、分析,同时参与听课的教师也可以进行经验分享。还是那句老话,旁观者清。上课时教师满脑子想的都是怎么教、怎么提问、接下来要干什么,不会注意自己与孩子交流的方式,眼中没有孩子。当评课者把这些问题提出来后,执教教师自己都会感到惊讶:"我刚才怎么会这样说呢?为什么不换个方式说呢?"评课可以让执教教师看到并重视自己与孩子互动的方式,这也是教师专业水平提升的关键。

一位教师执教了一节数学课,她一个环节接一个环节地让幼儿通过操作来完成任务,很有逻辑性。这堂课貌似很成功,孩子也很感兴趣。评课时,评课者提出这样一个问题:"你觉得这堂课哪几个孩子学得比较好?哪几个孩子完成任务有些困难?"执教教师愣了一下说:"我光顾上课了,没去关注孩子。"由此可见,评课让执教者发现了自己眼中只有自己的教,而没看到孩子的学。可是,教师没有关注孩子的原有经验,没有关注孩子的学习水平,又如何教呢?教的起点在哪儿呢?

有些教师教学经验丰富且具有较高的专业水平,那么评课者可以注意去发现和总结这些教师的教学经验和教学特点,并给予充分的肯定。评课时,可以把这类教师的教学经验和教学特点亮给全体听课的教师,让大家分享。这不但可以激励执教教师,还能帮助他们逐渐形成自己的教学风格。

二、评课的原则

在评课时,评课者要注意遵循以下五条原则。

(一)发展性原则

评课是为了什么?既是为了促进孩子的发展,也是为了促进教师的发展,这是每位评课者都应牢记于心的。首先,评价一堂课的优劣不是看教师教得如何,而是要看孩子学得如何。孩子感兴趣吗?有收获吗?有没有注重孩子的主体地位?有没有尊重孩子的个体差异与发展特点?这是每一位评课者首先要关心的,也是评课的核心和本质。但是在幼儿教育实践中,我们经常发现,有些评课者在这个问题上存在一些偏差。比如,他们更喜欢那些教材新、教法新且热热闹闹的课。如果教材新、教法新,孩子爱学又能获得发展是一件好事;最怕的是为了追求新而忘记了孩子的发展,这就有些本末倒置了。还有一些评课者认为,评价孩子的学习与发展太难,有太多的项目要考虑,不如评价教师的教来得轻松,这也是特别需要评课者加以注意的。

位于江南水乡的某所幼儿园的某位大班教师执教了一节课,内容是"桥",因为水乡的孩子有关于桥的经验。这位教师制作了一个有音乐背景的PPT,讲的是水乡各种各样的桥,然后在优美的视频中引导幼儿回忆他们自己认识的各种各样的桥。接下来教师让孩子们用身体表现桥,先是一个人,再是两两合作,最后是一组孩子合作。

就是这样一节教学活动引发了争议。有些教师认为活动效果很不错,整堂课轻松愉快、有静有动,孩子们都很开心。但有些教师持有不同的意见,他们认为,教师关注孩子的兴趣是对的,但并不是让孩子开心就行,而是要让他们在开心的前提下有所学习与发展。大班孩子已经具备了桥的经验,此时让他们仅仅认识这些桥是不够的,还应该提出高一点的要求,比如,让他们自己分出各种各样的桥,并了解不同桥的特点。当然,启发幼儿用身体来表现桥是可以的,但是应该培养他们带着目的去活动的习惯,因此在幼儿用身体表现桥之前可以请他们先思考一下:造什么样的桥?桥面是怎样的?桥拱是怎样的?要有想法、有目的地去完成任务,这对幼儿的发展会更有价值。总之,要评价一堂课首先应关注幼儿的学习与发展。让幼儿获得学习与发展的途径是多种多样的,但发展是根本。

其次,评课的另一目的是促进教师的专业成长。评课不是为了尽显评课者的教学水平,也不是为了评课而评课。评课者应该静下心来怀着敬畏之情细细品味、学习执教教师的每一个教学行为,感知执教教师备课过程中的思路,发现执教教师教学中的闪光点和不足之处。然后,以此为评价依据，与执教教师一起进行对话与交流，从而促进双方的专业成长。

（二）实事求是原则

有些教师在评课时抱有这样一种心理："上课教师千辛万苦地备课，我们就别为难人家了，不痛不痒说两句就好了，别戳到别人的痛处，让别人下不了台。否则，下次别人评我时，我也会不舒服的。"这不是评课者应持有的价值观。评课的出发点不是批评执教者，而是为了帮助执教者发现备课中和执教过程中的问题，然后大家一起讨论解决。因为很多问题不是一个教师独有的，而是很多教师身上都有，所以对共性问题的探索不仅可以帮助执教教师，而且还可以帮助其他教师。当然，评价过程中也要注意挖掘执教者的优势与亮点，并把这些好的东西与大家分享。

可见，评课时应更多地聚焦课堂本身，而不是把矛头指向执教教师。评课时要有实事求是的态度，有优点要评，有不足也要大胆地说，不能你好我好大家好。当然，在评价的时候要注意方式方法，让对方理解并接受是必要的。

还有些评课者不以课为起点，而是夸夸其谈自己的经验与观点，这也不是评课者应有的态度。好的评课就是要以课为依据，不要扯得太远，否则执教者与听课教师听不明白，评课也就失去了意义。

此外，评课时评课者还要以观察到的、感受到的情况为出发点，不能想当然。在笔者的评课经历中，就出现过这种现象。有的教师上课时一开场，就与你自己的想法不一致，于是你就产生了否定心理，对整堂课一味地加以否定。其实一开场还不是下定论的时候，你应该慢慢地看下去，如果你看到的、感知到的和之前的判断不一致，就要改变想法去接受它。

某所幼儿园在进行户外体育活动展示时,让幼儿自由地玩教师设计好的各种运动项目。在当前这种提倡自主的大背景下,评课者一进入现场,心里就有这样的想法:所有的项目都是教师想好的,这不是高度控制吗?但看完孩子的各项活动,再听完园长的介绍,评课者这才明白:其实,幼儿园每天都有自主锻炼的活动,而每周只有一次绕着园内场地进行教师设计的活动的机会,这样做是为了让幼儿的身体机能得到更全面的发展,是很有必要的。基于此,笔者再进行点评时,就能理解并加以解释了。

(三)"跳一跳够得着"原则

评课者在评课时怎么评、怎么说,还必须考虑执教者和听课者,即评谁的课了,听课的是谁。评课的目的是为了激励教师,也是为了发现问题和解决问题。那么,评课者必须关心受众的原有经验和兴趣特点,说他们听得懂的话,分析他们听得懂的问题,提他们"跳一跳够得着"的建议。千万不要为了展示自己的水平,一股脑儿地又是理论又是要求,让教师听得云里雾里、不知所云,起不到评课应有的作用。

一位新教师在课堂展示过程中可能在目标把握、教材分析、流程设计、方法选用、师幼互动等方面都存在问题。那么,怎样评这样的课呢?如果把所有的问题都指出来,执教者可能很难接受,更别提理解和消化了。对于这样的情况,首先应该分析该教师的接受能力,本着"跳一跳够得着"的原则,抓大放小,先解决这堂课中存在的最大问题,在提出改进方法时也要具体而细致,具有可操作性,要鼓励教师在今后的课堂中进行大胆尝试。评课是为了促进教师的发展,评课者态度真诚、讲究策略,能让教师听懂、接受并勇于改变,这才是好的评课。

评课时,还要允许执教教师和听课教师有不同的想法,不强求他们接受评课者的观点。有的教师需要一个慢慢接受的过程,有的教师真的是持有不同的意见,此时评课者就要反思一下自己的观点是否有欠妥之处。

(四)以学看教原则

课堂教学的主体是孩子,教学目标的落实体现在孩子的学习过程中。过去我们评课更多的是看教,而现在我们应以学看教。

关注学的评课,首先要关注的就是孩子是怎么学的。是像过去那样教师讲解,孩子们边听边看逐步理解教学内容,还是让孩子自己学、自己发现,教师有效推动呢?抑或是更多地通过小组学习、个别化学习来实现呢?这就是我们评课侧重点的改革。

过去上数学课认识图形,教师总是出示某一图形,让孩子观察,然后和老师一起找出图形的特点并记住这些特点。现在同样上认识图形课,教师则可能让孩子通过各种途径收集各种图形,并把图形剪下来、描下来。不告知幼儿图形有几条边、几个角,而是让他们在收集、制作的过程中慢慢发现图形的特点。结果,他们不仅认识了正三角形、长方形、圆形等,而且还感知了图形的变式,学会了图形的反转。

关注学的评课,还应关注不同孩子的学。评课时,不仅要看教师是用什么方法让孩子学习的,而且还要注意评价教师是否看到了每个孩子的学习状态,了解到每个孩子所处的不同发展阶段。

绘本《武士与龙》的最后一页讲述了武士与龙合作开了烤肉店,武士的盔甲与龙的武器最后都变成烤肉店的器皿了。以此绘本为载体开展的教学活动中有一个任务,就是让孩子去寻找烤肉店的器皿是由武士与龙的什么变的,并在纸上记录下来。评课者发现,执教教师在课堂上并没有注意到孩子之间的差异,草草点评就收场了。其实,细看孩子的记录纸,再听他们讲一讲,教师就会发现,孩子在思维、观察、表达等方面存在不同水平的差异。有的孩子能对照绘本前后找出所有的转换;有的孩子只看表面,随意一找就不再努力了。执教教师不仅应该关注孩子们在课堂上的表现,而且还要在课后分析孩子们的作品,尽可能去了解每一个孩子,只有这样才有可能真正做到因材施教。

关注学的评课,还应关注孩子的兴趣。兴趣是孩子学的基础。在以往的评课中,有的教师把兴趣简单等同于幼儿高兴,这样做很不妥。让幼儿开怀大笑只是让他们的感官得到满足,但学习与发展不是简单的开心就行,而是需要兴趣,并且愿意为自己感兴趣的事情坚持付出,这点在评课时要加以注意。

以学看教的评课,不能只看幼儿的学习结果,更应关注教师创设的有效教学活动的环境与气氛,关注教师对学习者流动的指导、帮助是否切实有效。

(五)创新与有效性相结合原则

创新,是备受幼儿园教师关注的话题。课堂教学,无论是教材还是教法,都需要创新。就创新这个问题进行评课时,要注意两个方面:一是创新的课是否就是好课,二是从哪个角度看创新。

1. 创新的课是否就是好课

在幼儿教育界很流行的课堂教学的评价方法就是,一堂课中如果出现了没有看到过的教学内容、没有看到过的组织形式就是好课。以至于很多教师为新的内容、新的教法挖空心思,忽视了很多被他们认为太老套但对孩子很有发展价值的教材,忽视了个别学习、小组学习这些"不出彩"的教学方法。能创新是好事,但创新不是一堂好课的首要标准。

2. 从哪个角度看创新

我们谈创新，还是要从幼儿学的角度进行。假如你还停留在教的角度，绞尽脑汁变着法儿教孩子，这样的创新不是我们想要的创新。

有一所幼儿园为了让公开课上出新意，不惜一切代价买来很多肥皂，让孩子在课前练上课时要雕的东西，以追求课堂显性的效果。这样的创新是追求内容的改变。

其实用肥皂雕刻并没有什么不好，但是内容的创新还是要结合教法的创新来进行。因此怎样激发孩子用肥皂雕刻表现自己想要表现的东西才是关键，要反复练习的不是教师教的作品而是雕刻手法，至于作品应更多地留给孩子去表达。

《指南》背景下，幼儿园教师在评课时应减少对新颖与创新的关注度，转而关注常规的但对孩子非常有效的学习，这是非常重要的。

三、评课的标准

评课作为一种质量分析，应该有一种质量标准。但由于幼儿园涉及五大领域，以及托、小、中、大四个年级，再加上每个人对"好课"的评价角度各不相同，因此要制定一个合适的标准来评价"什么是好课"非常难。本文只能综合各个层面教师的想法来谈评课的标准，仅供评课者参考。

首先一堂好课或叫有质量的课，应该是在单位时间内真正有效地促进幼儿发展的课。但幼儿的发展很难具体测量，我们只能从教师的备课和课堂执行过程以及幼儿的反映等方面来做综合判断。

先看教材，也就是教学内容是否源于幼儿已有的经验，能不能激发幼儿学习与探索的欲望。有些教材离孩子的生活经验很远，太难或者太简单，都不利于孩子的学习。

对教学内容做判断还有一个重要的作用，就是为确定教学目标服务。教师在确定教学目标前一定要分析教材和孩子的原有经验。当教学内容来自幼儿的原有经验时，会让幼儿非常感兴趣，也利于他们探究。但一节课时间有限，一个教学内容不一定能在一节课内让孩子全都掌握，这时评课者就得看执教教师有没有分析自己班孩子的现状，从而很好地确定本次教学活动的目标及重难点。

确定了教学目标，就要为实现目标而服务，那么评课者就要看执教教师为了完成目标采用了哪些教学方式，合不合适；要关注教学过程设计得是否合理，环节与环节之间是否循序渐进，是否搭建合适的支架支持孩子的学习。在当前《指南》背景下，评课时还需关注教师采用的组织方式是否多样，是否都是集体活动，是否融入个别学习或小组学习。

评课过程中除了看教师准备好的内容，还需关注教学现场教师与孩子互动的状态；关注教师的提问与回应孩子的方式，能否给予孩子情感、语言、思维上的支持；要看教师在课堂上是否关注个别孩子，是否有意识地了解孩子的学习与发展水平，是否有效地支持个别孩子的学习。

基于这样的思路，具体我们可以从以下几个方面去看课。

1. 教学目标

- 从教学目标的确定评执教者对教材分析的合理性。
- 看目标的合理性，思考依据目标制订的学习任务是否适合幼儿的发展。
- 看目标是否有层次性，以适应不同需求和发展水平的幼儿。
- 看目标的文字描述是否清晰而明确。

2. 教学设计

- 看教学方法是否多样且适宜。
- 看教学环节设计是否合理，环节与环节之间是否环环相扣、循序渐进。
- 看是否搭建合理的支架，以支持幼儿的学习。
- 看教学组织形式是否灵活，小组、个别、集体等组织形式能否灵活转换。

3. 师幼互动

- 看教师是否教态自然、语言规范，且表达清晰、生动形象。
- 看教师的提问是否适宜，以启发幼儿的思维，鼓励幼儿能连续、清楚、生动地回答。
- 看教师回应幼儿的方式是否多样且生动、有效，能否给予幼儿情感、语言、思维上的支持。
- 看教师是否关注幼儿的学习与发展水平，是否有意识地支持个别幼儿的学习。

4. 教学成果

- 看教学活动目标的达成度，估算一下活动后幼儿达成所设定教学目标的人数比例。
- 看活动中各教学环节的时间安排是否合理、恰到好处，教学活动是否流畅、灵动。
- 看活动中幼儿是否有真实的兴趣和自主的操作。
- 看幼儿是否思维活跃，积极、大胆地回答问题，且回答问题质量较高，语言清晰、连贯。

第二节 幼儿园评课内容

> 深吸一口气,理清自己的思路。尽管是对别人的课"说三道四",但只要对自己、对他人有帮助,就要大胆且真诚地说出来。

一、评教学目标的适宜性

教学目标是对教学后幼儿能表现出来的可见行为的具体、明确的表述。教学目标的制订是课堂教学的关键,它决定着课堂教学的总方向,决定着教学策略、教学过程等的设计,因此我们评课时一定要评价执教者的教学目标制订得是否适宜。

听课后,评评者综观课堂的整体情况,同时回顾执教者备课时思考执教的过程,来判断执教者对教学目标的适宜性把握得如何。要评价教学目标的适宜性,可以从以下几点加以思考。

(一)分析教材是否到位

教材分析是确定教学目标的基础,是决定一堂好课的前提。分析教材要抓住以下几个要点。

1. 分析教材的特点,把握教材对幼儿发展的价值

分析教材的特点和此教材对幼儿发展的价值,是我们在进行教材分析时首先要考虑的,这也是制订教育目标的出发点。

幼儿园五大领域的教材各有其特点,分析时的角度也各不相同。比如,语言领域故事、儿歌类教材可以从作品的语言文字特点、故事情节等角度加以分析,音乐类教材可以从旋律特点、歌词意义等角度展开分析,等等。分析过程中，教师会逐步明确这次教学活动旨在利用这些特点让幼儿学习什么、发展什么，以及学到何种程度。

不同特点的教学内容，其教学侧重点不同，幼儿学习的方式也不尽相同。比如，同样是诗歌，有的重在意境，有的重在语言，有的重在内容。那么，重意境的，我们就要让孩子多感受；重语言的，我们就要让孩子多诵读；重内容的，我们就要让孩子多理解。

"纸的故事"这一主题中有很多教学内容（教材），不同的内容有不同的特点。比如，"蔡伦造纸"这一教学内容用描述性语言讲述了古代人们没有纸的不便，以及蔡伦发明纸的动机、用材和过程。这样的教材适合让幼儿了解人类进程中改变人类生活的各种发明。

本主题中还有一个教学内容是"神奇的会站立的纸"。一看到这个题目，我们就会明白这个内容不是靠说、靠讲解就能让孩子明白的，而是要让他们进行尝试，通过自己的尝试了解"纸会站立"的神奇现象。

评课者在评课过程中通过观看执教过程，可以推断出执教者对教材特点的分析和对教材所做的价值判断。

2. 对幼儿原有经验的分析与把握

一堂好课是要链接幼儿的原有经验的，是在幼儿原有经验基础上的"跳一跳"。因此，执教者拿到一个教材，一定要对幼儿的原有经验进行分析与了解。但是原有经验是非常个性化的，不同地区、不同幼儿园、不同班级的孩子其原有经验不同，即便是同一个班级的孩子也有可能不同。所以，教师要基于本班幼儿的具体情况来进行分析，主要有两种方式：一种是基于你平时的观察与了解，另一种是需要回到真实情况中。

一位教师要去参加教学比武，抽到的教学内容是其他幼儿园教师自己创编的一个故事，题目叫"幸运的兔子先生"。

要想让幼儿理解这个故事，就要了解他们（让他们假装是兔子先生）是否能从没挖到胡萝卜的沮丧中转变思路，认识到没有胡萝卜也没关系，还可以吃青草，还可以很高兴。这位教师根据平常自己对孩子的了解，初步判断他们不具备这种接受能力，做这样的转换很困难，因此很难理解这个故事。但是她还是决定在真实的情境中了解一下情况，她把作品念给孩子们听并进行了提问，结果发现他们理解起来的确很困难。针对这一情况教师马上采取了措施，不是直接教这个故事，而是通过一个绘本先让幼儿学习在一件"不幸"的事中转换思维，找到"幸运"的事。等孩子们学会转换思维后，再理解"幸运的兔子先生"就很容易了。

附：故事

幸运的兔子先生

农田里，有一位兔子先生，一整天都没有挖到胡萝卜，可他却说："哈哈！我可真幸运，还有鲜嫩的青草吃！"

马路上，兔子先生被石头绊倒了，可他却说："哈哈！我可真幸运，没有摔伤！"

公交车上，兔子先生被挤得都转不过身了，可他却说："哈哈！我可真幸运，赶上了这班公交车！"

建筑工地上，兔子先生需要搬1000块砖头才能完成今天的工作，可他却说："哈哈！我可真幸运，可以用手推车运砖头！"

饭店里，兔子先生的菜里居然有一颗小石头，可他却说："哈哈！我可真幸运，小石头没有崩坏我美丽的大门牙！"

湖面上，兔子先生划船用的桨掉进湖里了，可他却说："哈哈！我可真幸运，我自己没有掉下去！"

森林里，兔子先生遇到了一只饥饿的大野狼！可他却说……咦，兔子先生呢？兔子先生躲在自己家的门背后，气喘吁吁地说："哈哈！我真是一位幸运的兔子先生呀！"

一个班级那么多孩子，教师要想了解他们每个人的原有经验，就更需要细致思考。教师可以把班上不同水平的幼儿进行归类，区分不同的等级，这样既有利于制订合理的教学目标，也有利于教学过程的设计。

评课者可以从执教者教学目标的定位、教学过程对幼儿的不同要求以及幼儿的学习效果中，判断执教者对幼儿原有经验的把握；也可以与执教者进行交流，了解他们对幼儿原有水平的分析。

3. 判断这节课幼儿应该学多少

在教学中，很多教师有这样的思维定式：一节课就是一个教学内容。所以很多课，孩子们还没感受到什么，就要表演了；孩子们还没理解，就要创编了。这样的现象在日常教学中并不少见。因此，我们在评价一堂课的优劣时，一定要打破常规，在分析教材特点和幼儿原有经验的基础上，认真考虑一节课到底有多少内容量，幼儿究竟能学会多少。

绘本故事《11只猫做苦工》讲述了11只小猫一次次违反禁止牌的规定，最终被怪物抓去做苦工，从而懂得了应该遵守规则的道理。这个绘本故事比较长，文字比较少，要在一节课上看完、读懂，还要深刻理解其社会性价值，对于中班幼儿来说几乎是不可能完成的任务。因此，教师可以通过几个教学活动来达成教学目标。

我们在评课时，一定要关注一节课的内容量是否适合幼儿，从而判断教学目标制订得是否适宜。

（二）分析目标是否具有适恰性与发展性

分析了教材的特点与幼儿的原有经验后，接下来我们就要确定教学目标了。在制订教学目标时，我们一定要考虑它的适恰性，即基于幼儿的原有经验让他们"跳一跳够得着"。

同一年龄段的幼儿，其班级不同，发展水平也不一样；同时，同一班级内的幼儿也存在着个体的差异。评课者在听完课后，一定要了解和判断执教教师制订目标时的想法，然后结合自己看到的幼儿在教学现场的学习情况，对目标的适恰性进行评价。

在大班绘本教学活动"11只猫做苦工"的第一课时中，某位教师在判断了自己班孩子的阅读习惯和阅读能力，以及他们对这个绘本是否感兴趣，绘本画面内容的呈现方式是否能让孩子理解后，把活动目标定位为：以自主阅读为主，初步理解绘本内容。她认为，自己班的孩子努力一下是可以达成这个目标的。

同样是大班绘本教学活动"11只猫做苦工"的第一课时，有的教师把目标定位为：观察绘本图片，推测分析故事情节的发展，掌握阅读的基本方法。这位教师之所以制订这样的目标，是基于对本班幼儿的原有经验的分析：孩子的自主阅读能力还无法让他们完全读懂绘本的内容，因此需要教师先带领孩子集体阅读，以培养他们读图和表达绘本内容的能力，之后再让孩子自主阅读。

也有的教师认为，整个绘本故事太长，如果全部让孩子自主阅读，他们可能坚持不下来，也读得不细。于是她将绘本故事分成两段，让幼儿自主阅读前半段。

评课者可遵循执教教师的思路，根据幼儿的学习情况，给执教教师所制订的目标提出适宜的建议。

（三）分析目标是否具有层次性

教学目标应具有多个层次和不同程度的挑战性，以适应不同需求和不同发展水平的幼儿。这是一个非常值得关注的问题，也是《指南》关注孩子个体差异的要求在教学活动中的有效落实。但是，在现实的课堂教学中，教师对这一问题的关注度并不高。

在评课时，我们不能简单地认为，教学目标中没有写就说明它不具备层次性。我们更需要从教学过程来推断教师在备课及执教过程中是否考虑了目标的层次性，即是否考虑了幼儿的不同发展水平。

1. 不同层次的提问

如果教师在备课中有思考，那么在执教过程中就会进行不同层次的提问，向不同发展水平的幼儿抛出不同的问题。

在大班绘本教学活动"11只猫做苦工"中，当故事讲述到"到了一座危桥，桥旁有不能通过的警示标志"时，教师想让孩子们推测11只小猫是否会看禁止的标志牌，是否会过桥。于是，针对不同语言和思维水平的孩子，教师提出了不同的问题。

A. 你觉得小猫们会过去吗？为什么？（针对能力强的孩子）

B. 前面小猫们没看警示牌摘了花，到这里他们会看警示牌吗？你觉得小猫们会过桥吗？（给能力弱的孩子以思考、推理的支架）

2. 不同层次的回应与评价

如果教师心里有目标的层次性，那么他在教学过程中对孩子的评价和回应方式也是不同的。对于发展速度相对较快的孩子，假如他们的回答没有超出应有的水平，教师就不应马上进行肯定、表扬，而应通过追问、提示等方式激励他们再思考,以达到更高的水平。对于发展速度相对慢一点的孩子,只要他们做出与自己水平相适应的回答,教师就应及时地进行肯定。即便是追问、提问,也要基于他们的原有水平。

在大班绘本教学活动"11只猫做苦工"中,当教师提出小猫会不会过桥的问题后,有的孩子回答:"小猫肯定会过去的。"教师追问为什么,孩子说:"因为他们前面就没有看牌子。"教师说:"那你能不能把你的想法完整地讲给别的小朋友听呢?"显然,教师在确定孩子思路正确的前提下对孩子的语言发展提出了更高的要求。

有的孩子回答:"小猫肯定会过去的,画面上的桥好好的当然就可以过去啊!"显然这个孩子的思维跟图画书前面的内容没有建立联系,他只观察到画面上的桥没断。教师追问道:"可是桥上有警示标志,说明已经有人知道桥是危险的呀。"教师这样追问旨在把幼儿的思路拉回来,提示他要根据绘本的前后内容进行连贯思考。

3. 不同层次的操作材料

有的教师准备的操作材料是有层次性差异的,这就说明他在备课时考虑到了不同发展水平的孩子。

在数学活动中,在让孩子测量自己的身高时,有的教师会提供两种尺子,有刻度的和没刻度的。对于有的孩子来说,只要在没刻度的尺子上准确标出自己的高度就行了;而有些孩子既可以在有刻度的尺子上准确标出自己的高度,还可以根据刻度读出自己的高度。

4. 不同层次的活动要求

评课时,我们可以看到有的教师对不同的孩子会提出不同的要求,让孩子们根据自己的水平进行选择。

在体育活动助跑跨跳中，有的教师会在地上分别布置1米宽和70厘米宽的"沟"，让幼儿根据自己的水平选择、练习。有的孩子胆小，一开始会选择窄一点的"沟"进行练习，慢慢再去挑战难度高的"沟"。

（四）分析目标表述是否具有准确性与层次性

有了之前的思考，评课者在评课时还要分析执教者对目标的表述。

1. 目标表述的准确性

评课者在评课时，首先要看活动目标是表述为教师教的目标还是孩子学的目标。有少数观念比较陈旧的教师仍会站在教师的角度，把目标表述为：教给孩子什么，通过教育教学让孩子理解什么，等等。因此，在评课时要关注目标表述的准确性及语句的流畅与通顺。

一位教师这样表述目标：助跑跨跳距离不少于40厘米的障碍，发展孩子的下肢能力。这样的表述，有从教师教的角度表述目标之嫌疑，不如表述为：幼儿能助跑跨跳距离不少于40厘米的障碍物。

另一位教师这样表述目标：学习测量身高，体会自己长大了，自己的事情自己做。这样表述目标，其准确性也有问题：测量身高涉及很多方面，包括怎样量才准确，用什么方法记录，看不看标尺上的刻度等。具体要引导幼儿学习哪一方面，教师一定要进行更准确的描述。

还有一位教师这样表述目标：利用泡沫砖块让孩子克服自己的心理障碍，变得大胆。这样的表述是无法让别人理解的：用泡沫砖块让孩子干什么？只有干了什么，孩子才有可能克服心理障碍让自己变得大胆啊。

所以，评课时评课者要关注执教教师对目标表述的准确性，帮助执教教师发现并纠正问题。

2. 目标表述的层次性

有的教师表述目标时会出现层次混乱、目标交错等现象,我们在评课时也要帮助他们进行梳理。

中班体育活动:勇敢的小兔

活动目标

(1) 助跑跨跳距离不少于40厘米的障碍,发展孩子的下肢力量。

(2) 在不断增加的跨跳距离中,积极探索、尝试,逐步掌握助跑跨跳方法。

这两个目标表述对象不清且语言啰唆,可以把两个目标表述为一个目标:

积极尝试用正确的方法助跑跨跳过不少于40厘米的距离。

大班语言活动:种瓜

活动目标

(1) 学习儿歌,认识丝瓜和南瓜的种植特点以及"胖与瘦""又大又圆""又细又长"等词汇。

(2) 体验儿歌的乐趣,大胆表达自己对儿歌的感受。

这样的目标表述,把语言目标、科学目标交叉在一起,显得层次不清,可改成:

(1) 理解诗歌内容,感受作品的趣味性,学会朗诵诗歌。

(2) 说出丝瓜和南瓜的外形特征,了解它们生长过程中的相同与不同之处。

二、说活动准备的合理性

评课过程中会涉及教师的活动准备。过去评课者可能更关心物质准备，看其是否具体、形象，是否有利于幼儿的学习。如今在《指南》背景下，评价教学活动准备时应注意以下两点。

（一）从重物质准备转而重经验准备

前面已谈过，评课者在评课时一定要看教师活动前、活动中对幼儿原有经验的分析。如果教学活动离幼儿的原有经验太远，则幼儿无法达成学习目标。经验准备，是指教师在分析幼儿原有经验的基础上，对某些幼儿的不足经验做些弥补。

案例1

在阅读绘本故事《11只猫做苦工》前，幼儿需要具备的经验是会看警示牌，能够遵守警示牌的提示。如果幼儿没有这样的经验，他们就很难理解绘本的内容。因此，在阅读作品之前，教师可以带领幼儿做警示牌，也可以让幼儿看马路上修路改道的警示牌，看池塘、水沟边的警示牌，还可以与幼儿一起讨论警示牌的作用及不遵守警示内容所造成的后果，帮助幼儿做好经验上的准备。

案例2

集体教学活动"一颗超级顽固的牙"，对于没有换牙经验的孩子来说并不合适。等到了大班几乎每个孩子都有了换牙经验后，再进行此活动更适宜。此外，教师也可事先进行一些调查（见下表），唤起并了解幼儿的原有经验。

"超级顽固的牙"调查表[1]

班级_____   幼儿姓名：_____

1. 小朋友，你掉牙了吗？ 没有（ ） 有（ ）
2. 牙齿是怎么掉下来的？
   摇来摇去自己掉下来的（ ）   自己拔下来的（ ）
   家长帮忙拔下来的（ ）   医生拔下来的（ ）
3. 掉下来的牙是怎么处理的？
   丢掉（ ） 收藏起来（ ） 下排牙齿往上丢，上排牙齿往下丢（ ）
4. 当时你害怕吗？ 不害怕（ ）   害怕（ ）
5. 以后会害怕吗？ 不害怕（ ）   害怕（ ）

（二）教具准备要以简洁高效为原则

在评价教师的教具时，首先我们应转换视角，由关注教具转到关注学具。过去讲究教，教师考虑更多的是通过怎样的讲解演示让孩子看，所以在教具上很下功夫。现在，评课时我们更多地把注意力放在幼儿可以操作的物品上，评价幼儿操作材料准备的合理性。其次，要注意材料准备的时间成本。过去，我们强调自制教具。有些教师为了营造所谓的气氛制作了复杂的背景，结果上完课就弃之不用了，实在不值得提倡。如今，我们希望教师能把更多的时间留给孩子，而不是花大量的时间自制教具。所以，我们在评价时更欣赏那些简洁、高效，能完成教学任务的教具。这些教具不一定非要教师亲自制作，可以用教室里、孩子从家里自带的东西替代。

有的教师认为，幼儿的教具一定要具体、直观，其实这要因年龄而

---

[1] 浙江省《幼儿园课程指导》编写委员会. 幼儿园课程指导·教育活动设计：大班下册 [M]. 北京：新时代出版社，2010.

论。托小班幼儿需要直观、形象些的教具，中大班幼儿可略抽象一些，用符号和少量文字替代，以便让他们自己有想象和理解的空间。

教具准备的过程，可以让幼儿参与进来。比如，让幼儿自己制作数学教学活动所用的实物卡片、数字卡片，自己制作调查表；让他们自己准备科学小实验用的物品，如发芽用的豆子、吸水用的纸张等。

在教具准备过程中，有些教师特别喜欢使用多媒体设备，不过应把握好度。我们更倾向于给予幼儿直接的经验，比如，绘本教学可以用PPT展示，但如果能让幼儿直接阅读绘本则更好。

在评课时，评课者可以针对以上几点提出自己的建议。

三、述教学过程的科学性

评完教学目标和教学准备，接下来我们就要评价一下教学过程的科学性了。所谓科学性，是指教师用有效的方法组织幼儿主动学习，达成活动目标，让幼儿获得真实的发展。因此，评课的重点之一就是结合课堂教学过程中幼儿学习的现状，评价教师预设的教学流程的科学性。

（一）评教学方法的使用是否利于幼儿的主动学习

在《指南》背景下，评价教学活动时，首先要考虑的是幼儿是通过主动地学达成目标，还是通过被动地教达成目标。关于让幼儿主动学习的方式，很多幼儿教师并不是很了解，甚至还有一些误区，把热热闹闹的学习场景当成幼儿在主动学习，把幼儿流于表面的兴奋以及缺乏挑战性的学习当成主动学习，追求的是让幼儿"获得快乐"。

怎样的学习是主动学习呢？幼儿是否主动学习了，可以从以下三个方面进行判断：

- 状态——积极主动的情绪状态。

- 方式——相互作用的学习方式。
- 结果——获得真正内化的学习经验。

幼儿的学习不是一个简单的过程，而是一个积极主动的建构过程。因此，评课时首先要看教师设计的教学过程是用什么方法让幼儿学习的。

大班数学活动：量身高

活动的主要目标是学习测量身高的方法。

针对活动目标，A教师是这样做的：一上课她就抛出一个任务："要想量出自己的身高，应该用什么办法呢？"A教师在教室里事先准备了长条纸、尺子、三角尺、绳子、笔等，让幼儿自己想办法测量自己的身高。在幼儿测量过程中，A教师观察了他们所使用的不同的测量方法。等到幼儿测量结束后，A教师让幼儿一起分析比较谁的测量方法好、谁的测量结果准。

之后，A教师提出新的测量要求："要准确测量自己的身高。"幼儿进行了新一轮的操作，教师继续观察，待幼儿测量结束后，再与他们一起讨论："要准确测量应该用什么好办法。"最后，与幼儿一起小结："把长条纸钉在墙上或板上，起点与脚站立的起点一致；脱掉自己的鞋子，人站直，贴近墙上的长纸条；在头上用三角尺压一压，然后在三角尺和墙上的交叉点处做好记号。"

针对同样的活动目标，B教师是这样上课的：她和幼儿围坐在一起讨论："要测量自己的身高，应该怎么办？"孩子们举手发表自己的观点。B教师请一个小朋友上来，一边测量这个小朋友的身高一边提问："小朋友上来后要怎么做？"幼儿回答："脱了鞋站在边上。"教师又问："她要怎么站呢？"在教师的一步步启发、引导下，幼儿知道了测量身高的办法。之后，B教师给每个幼儿分发了一个筐，里面有笔、三角尺等，让幼儿根据教师讲解的方法测量自己的身高。

上述案例中，两位教师实施的教学活动，虽然都包含提问和幼儿的操作，但两者所采用的教学方法是截然不同的。前者是在每个幼儿感知的基础上，引导他们发现问题，然后针对发现的问题抛出新任务，让幼儿再进行实践操作，在此基础上共同提炼操作方法。后者则是教师先与幼儿一起讨论操作方法，再让幼儿进行验证性操作。相比后者，前者幼儿主动学习的机会显然更多。

评课时，我们会发现幼儿主动学习的表现方式是多种多样的。我们要细细观察、体会每种学习方式带给幼儿的发展价值。

在大班科学活动"泡泡器"中，第一步是让幼儿通过探索发现：只要是密闭的镂空形状的物品，就能吹出泡泡来。为此，教师提供了有孔的工具和一两样没孔的工具，让幼儿尝试得出结论。

上述案例中，教师让幼儿通过自己主动探索得出结论，这点是值得肯定的。不过，对于大班后期的幼儿，如果能让他们自己挑选物品做吹泡泡的实验，而不是使用教师准备好的材料，会不会更好呢？这样对幼儿的挑战性更大，更能促进他们的发展。

在大班数学活动"1分钟"中，活动主要目标为：体会1分钟的长短。活动中，教师先让幼儿把1分钟与表盘上的秒针建立起联系，知道秒针走一圈就是1分钟，并和幼儿一起数数感知1分钟就是60秒。接着调动幼儿的各种感观感知1分钟，比如，玩"木头人"游戏感知1分钟，拼拼图感知一分钟，跳绳感知1分钟，等等。

上述案例中，教师调动了幼儿的各种感官让他们主动参与学习。因此，评课时我们要对教师的这种做法予以肯定。

（二）评教学环节递进关系的处理是否得当

每个教学环节其目的都是为了让幼儿有效学习，最终达成目标。因此环节与环节之间的递进关系一定要合理，要环环相扣，这样幼儿的学习才能稳步向前。评课时，一定要对每个环节的合理性进行点评。

1. 梯度合理

所谓梯度，就是几个教学环节要像楼梯一样合理布局。幼儿的学习好比爬台阶，前一步是后一步的准备，后一步是前一步的发展。课堂教学的每个环节都要像楼梯一样各个匀称，否则高了幼儿迈不上去，低了他们又收获不大。评课时，我们常看到教师因教学环节处理不当而影响了教学目标达成的现象。

在大班科学活动"泡泡器"中，其活动过程主要有以下三步：

1. 让幼儿通过自主操作去发现，只要是密闭的镂空形状的物品就能吹出泡泡来。

2. 让幼儿探索将塑胶玩具组合成一个多孔的面吹泡泡，从而发现多孔的面吹出的泡泡的不同。

3. 让幼儿探索将面改为体吹泡泡，从而发现用体吹出的泡泡的不同。

上述案例中，活动过程貌似层层递进、层次清楚，幼儿也很感兴趣。但是听课者发现每一步都是教师在布置任务、幼儿照做，是教师先发现再教幼儿发现，是教师在拉着幼儿往前走，在教幼儿迈步。如果执教者能够等一等，不要马上让幼儿从单个孔转到探索多孔的面，而是让幼儿尽情操作，那么幼儿就有可能自己发现一个孔和多个孔吹出的泡泡是不同的。可见，在评课时要从幼儿的实际学习情况出发去评价教学环节的梯度是否合理。

某位教师为了让幼儿自己测量身高，她是这样实施活动的：先让幼儿进行经验交流，激发他们测量身高的兴趣，然后引导他们学习测量身高，学习内容如下：

①怎样测量自己的身高？谁来帮你测量呢？用什么工具测量？
②认识测量工具。
③认识测量身高的尺。
④认读数字：尺上的数字怎么读，表示什么意思？
⑤尺上一格一格没有数字的地方怎么读？

讨论完以上问题，教师就让幼儿与同伴合作测量自己的身高。

可以想象一下，这样的课堂貌似自主，实际上是乱糟糟的。因为一节课要学习的内容太多，台阶太高，对于幼儿来说是不可能完成的任务，所以他们只会糊弄一通，自然也就不可能达成学习目标了。

也有少量的教学活动，其环节与环节之间的递进关系并不明显，教师没有抓住每一个环节来提升幼儿的经验，幼儿不需要努力就可以完成任务。这样的环节设置，对幼儿的发展助力不大，浪费了发展幼儿的机会。对于这一点，我们在评课时要多加注意。

某位大班教师针对"刨花"这一教学内容，实施了这样一节活动：第一个环节，教师播放了一段事先去工厂加工车间拍摄的录像，内容是关于刨花是怎样产生的。第二个环节，教师出示了很多染过色的刨花，没有让幼儿观察，而是让他们直接将刨花装饰在身上，随便挂在身上什么地方都行，然后放音乐鼓励幼儿进行表演。

第一个环节，在幼儿看完录像后，教师没有和他们讨论刨花是怎么来的，为什么会有刨花，等等，只是让幼儿知道刨花是木头里刨出来的，而这是很多幼儿都有的原有经验。因此，在这一环节，幼儿的原有经验基本没有得到提升。

第二个环节，教师没有和幼儿一起观察、了解刨花的特点，没有和他们一起讨论这些刨花可以用来做什么，也没有提供用这些刨花装饰各种物品的机会。即使只是用刨花装饰自身，教师也可提高装饰的要求，而不是让幼儿挂上去就行。因此，在这一环节，教师放弃了很多可以提升幼儿经验、发展幼儿思维能力的机会，只是让幼儿热闹一番，他们又如何得到发展呢？

2. 搭建支架

每个教学环节都担负着一定的教学任务，要想让幼儿很好地完成教学任务，教师有时候需要为他们搭建支架，即为他们提供一些帮助。帮助是多种多样的，可以是图示，也可以是支持性的问题，还可以是简单的示范，等等。这就好比幼儿在爬台阶时遇到了困难，我们要想个好办法推他一把，让他努力一下就能爬上去，从而获得成功的体验，而不是教给他怎么做或者直接把他带到上一个台阶。

某位教师为了让幼儿学唱《毛毛虫》这首歌曲，是这样设计活动的：引发—范唱—理解—练习。练习环节包括：跟着老师唱；看图谱唱——唱难点；围着钢琴跟着老师唱——完整练唱；跟着录音机唱——处理情感；唱给听课的老师听——表演。

这位教师为了让幼儿学会唱这首歌，搭建了各种支架，引导他们一步步学习，帮助他们顺利而愉快地完成了任务。在实际工作中，有些教师让幼儿学唱的方法单一，总是让幼儿跟唱，幼儿自然不感兴趣。因此评课时，我们要注意观察教师搭建的各种支架，评价支架搭建的重要性和合理性。

在大班语言活动中,教师想让幼儿创编恐龙的故事。如果直接把任务交给幼儿,很多幼儿可能会无从讲起,甚至会害怕这一学习任务。于是,教师先给幼儿搭了一个示范性支架,即她先讲了一个自编的恐龙故事,再请一两个幼儿讲讲他们事先准备好的故事。有了这样的示范,幼儿就有了方向。在幼儿创编故事时,教师还为他们提供了一些图片支架,如恐龙生活的场景、各种恐龙的图示等,这样幼儿讲起来就更生动了。

搭建支架不是为了让幼儿学习时没有难度,而是让难度比较合理,在幼儿可接受的范围内助他们"跳一跳"达成目标。评课时,我们首先应看到执教者搭建的支架,再点评他们支架搭建的合理性。

3. 围绕目标的达成展开

教学环节设计的最终目的是为了达成活动目标,所以每个环节都要紧紧围绕目标展开。点评时,我们不能只看某个环节设计得是否有趣、有新意,更要看每个环节的任务是否得到落实,重点环节是否突出。

有一个教学活动,其目标是通过引导幼儿观察一幅大的海景图和很多小图,学习完整地拼图。本来目标很明确,可教师为了所谓的游戏性,在活动刚开始时增加了很多到达海边的活动,让幼儿又是背起小书包又是坐上小飞机,等等。结果,活动进行了很长时间,幼儿还是不明白老师想让自己干什么。点评时,评课教师建议,将这些迷惑人的所谓的趣味性的内容删掉,紧紧围绕目标的达成来设置环节。

(三)评教学组织形式是否具有多样性

评课的过程中,我们还要看幼儿课堂的组织形式,看教师能否合理地融入个别化学习和小组合作学习，并提供充分的选择性，有效地支持幼儿的个别化创造性学习。

1. 个别化学习

评课时，我们首先要看教师在教学过程中有没有根据教材内容自然地融入个别化学习的机会。比如，有些绘本非常适合幼儿的个别化自主阅读，而且幼儿又具有绘本阅读的经验，那么教师就应尽量先让幼儿自主阅读，必要时再统一进行讲解。

在评价教师组织的教学活动时，我们还要评价它为幼儿提供个别化学习机会的适切性。有的活动虽然包括幼儿的个别化学习，但组织的时机并不恰当，也没有考虑幼儿的原有经验。比如，某些教师组织幼儿学习文学作品、音乐作品，当幼儿的理解与感受还不深刻，当他们对作品的结构还不甚了解时，就让每个幼儿自己创编，结果学习效果大打折扣。

给予幼儿个别化学习的机会，意味着教师要对不同的幼儿提出不同的要求，要为不同发展水平的幼儿准备不同程度的操作材料，这也是教学活动目标层次性的体现。

大班数学活动中，教师让幼儿学习用四个三角形拼出多种图形。她提供了三种不同的材料让幼儿自主选择：（1）四块三角形扁积木，其中两块为同一种颜色。幼儿可以边想边拼，错了可以改；（2）有颜色的三角形纸片，让幼儿把纸片拼在纸上。幼儿要想好再拼，比前者难；（3）若干张纸，让幼儿自己画拼法。这是最难的，没有直观的图形，需要幼儿在头脑中先想好再画。教师提供的这三种材料难易程度不同，幼儿可以根据自己的情况做出选择。

有些教学活动，我们在评课时无法区分操作材料的层次性，但是可以关注教师在与幼儿进行个别化互动时，对幼儿提出的任务和要求，或对不同的幼儿是否有不同的回应。

2. 小组合作学习

合作学习，是指围绕一个共同的任务，孩子们有协商、有分工、有服从、有妥协，大家分头行动，最后共同完成。不过，当课堂上教师把幼儿分成几组，但是他们还需各自完成自己的任务，这就不算是完全的合作学习。合作学习为幼儿的学习提供了一个轻松、自主的环境，有利于幼儿的责任感、合作意识的发展。

在评课时，我们要看教学内容是否适合幼儿合作学习，要看幼儿是否有真合作；要关注幼儿的合作水平，看他们会不会协商，能不能围绕任务开展工作，能否坚持到底；还要看教师对幼儿合作时的指导是否恰到好处，是否是随意点评一番。

教师讲述完故事《拔萝卜》后，发现幼儿不仅理解了故事内容，而且记住了故事中的角色和角色间的对话，于是为幼儿布置了一个新任务：分组表演故事《拔萝卜》。

如何分组？分成几组？每组需要多少人？这是孩子们遇到的一系列真实的问题。这些问题对于孩子来说有点难，需要教师提供一定的帮助。教师先提示："故事里有多少小动物呢？"孩子们数了数。教师再提示："那每组需要几个人呢？"孩子们马上明白了。教师根据班级人数及每组需要的孩子数，建议把全班小朋友分成5组。那全班30个人怎么分到5个组里去呢？最后幼儿想到先选5个老公公，再让老公公来选人。那5个老公公又怎么选呢？

之后，幼儿还遇到很多问题，比如，怎么分配角色？演出时做什么动作，穿什么服装，拿什么道具？怎么制作演出海报？等等。他们需要与小组成员一一面对、一一解决，这就是真实的合作。

四、讲师幼互动的充分性

师幼互动，是指教师与幼儿之间发生的各种相互作用与相互影响。在课堂教学过程中，教师在每一个环节都与幼儿发生着不同形式、不同性质的互动。课堂教学质量与师幼间的互动状态有着密切的关系，评课时要注意这一点。

（一）关注师幼之间的情感链接

过去评课时，我们经常评价教师亲切和蔼，其实这就是在评价教师在教学中与幼儿之间的情感表达方式。在评价这一点时，我们要注意：有些教师在课堂上自己很兴奋、很夸张，从而导致幼儿也很兴奋、很夸张，这不一定是好的互动方式，好的互动方式应该是常态的、平静的、亲切友好的。更重要的是，教师不要自己在课堂上表演，而是要能敏感地察觉幼儿的需要，与幼儿积极互动，给他们以支持性的帮助。此外，还有一些教师在课堂上说话干脆利落、清楚流利，但背后隐藏着对幼儿的控制。所以，我们在评课时不能被表面现象所迷惑。

（二）关注教师的提问、回应是否适切

教师在与幼儿互动时，进行提问、回应是非常重要的。不过，课堂教学中很多教师的提问或回应比较随意，没有经过深入的思考，因此很不贴切；也有的提问不明确，导致幼儿难以回答。因此，评课时我们要注意以下几点。

1. 提问的密度

提问的密度，是指一节课内提问的数量。有的教师整节课都是在"提问—回答"中完成的，且提问形式单一，提问密度过大，这是非常不合

理的。如果课堂中出现这样的情况，点评时应该指出。

2. 提问的质量

评课时，我们要点评教师设置的提问是否合适，是否有关键性的能引发幼儿思考的提问。有的教师提出一大堆问题，就是没有切中要害，没有基于幼儿的原有经验。评课时，我们自己要先明确这堂课需要解决的关键问题是什么，以及怎样提出问题等。然后，结合看到、听到的情境做出点评。

在主题活动"消失的恐龙"中，活动一是理解故事《城里来了大恐龙》。整个故事涉及的关键问题是：大恐龙来到了哪些地方？发生了什么麻烦事？为什么？这三个重点问题解决了，也就理解了整个故事了。

进行课堂提问时，有些教师提出的问题比较开放，有些教师提出的问题则非常封闭。一般情况下，我们鼓励教师提开放性问题。

在主题活动"消失的恐龙"中，活动二是讲述"我知道的恐龙"。执教教师提出这样两个开放性的问题：如果给这些恐龙分类，该怎么分呢？为什么有的恐龙会飞，有的恐龙会游水？

当然，提开放性问题需要基于幼儿的原有经验，基于幼儿的思考。同时，也不是问题越开放越好。比如，在科学探索活动中，经常会有教师问："你发现了什么？"这个问题过于开放，幼儿的回答可能是五花八门的，与此次探究活动无关。有时，教师提出的问题需要相对聚焦。比如，提供三个不同斜度的坡，让幼儿比较并理解坡度与速度的关系。如果让幼儿说说自己发现了什么，他们可能会扯到车子的颜色以及坡是用什么材料搭的等无关紧要的问题。因此，教师可以这样提问："三辆小车从坡顶到坡底需要的时间长短如何呢？为什么？"如此一来，幼儿就会聚焦实验，关注并思考实验结果。

3. 提问的技巧

评课时，我们还要关注教师提问的技巧。课堂教学的情况千变万化，教师在提问时需要灵活处理。比如，有时候教师提出预设的问题后，幼儿无法回答或答非所问，这说明幼儿不明白问题或者问题超出幼儿的认知，此时教师应马上变换提问方式，或者降低问题的难度。又如，有时候教师提出预设的问题后，有的幼儿回答得不完善，有的幼儿回答得不错，这种情况下教师就可以通过质疑、追问、反问、提示等方式与幼儿进行多回合对话，了解他们是如何思考的。评课时，我们要关注教师提问的灵活性，看看他们与幼儿有没有这样的对话及对话的质量如何，对表现优秀的教师要及时予以肯定。

说完了提问，下面来说说回应。回应，是指教师对幼儿发起的互动所做出的各种形式的回复；也可以是教师发起互动，幼儿回应后，教师再一次做出回复。要想给予幼儿适当的回应，教师首先需要认真倾听和理解幼儿的提问和回应，在倾听中认真揣摩和分析其表达的实质，尽量为理解而倾听，而不是为评价而倾听。理解后，教师才能做出正确的回应。因此，评课时我们要评价教师的倾听与理解。

当幼儿回答了教师的问题后，教师对幼儿的回应或者评价不应该是空洞的，如"你真棒""很好"等，也不是把幼儿的回答重复一遍就可以了，而是要从幼儿的回答中挖掘其在表达和思维方面的亮点，做出具体、深入的回应。比如，"你不仅说清楚你看到了什么，而且还说清楚了你在什么地方看到的""你把他们做的动作也告诉大家了"，等等。当幼儿回答得不准确时，我们要关注教师是否急于给幼儿正确的观点和方法，是否急于否定幼儿，是否对他们做出模糊的评价，等等。如果我们看到教师能通过追问、反问引导幼儿，给他们指明思考的方向，比如，"你再想想,如果他不这样会怎么样""现在回答得不对,山坡上又来了三只小羊是多了还是少了?用加法还是减法",等等,那么在点评时就要给予教师肯定。总之,教师的回应要对幼儿的情绪情感、思维语言给予有效的支持,要能引发他们积极的情绪状态以及积极的参与和思考。评课者在评价时,要注意这一点。

(三)关注由幼儿发起的互动

师幼间的互动是双方的,既可由教师发起,也可由幼儿发起。评课时,我们更要关注由幼儿发起的互动。

有的教师在课堂教学中会为幼儿预留出主动互动的时间。比如,有的教师会问:"小朋友们有问题要问老师吗?小朋友有不懂的地方吗?"但要注意的是,有的教师只是形式主义地问一问,有的教师则会通过鼓励、提问等手段帮助幼儿自己提出问题,并对幼儿的表现加以肯定,这对幼儿的主动学习是非常有帮助的。

另外,我们还要关注课堂教学中教师对幼儿发起互动的敏感性。有的教师为了集体活动的流畅性,不太喜欢幼儿突然发起的互动,有的教师则索性视而不见。其实,教师应该接纳幼儿发起的互动,不过回应方式可有所不同。如果幼儿发起的互动是有价值的,但与教师自己预设的不同,也可能打断后面的教学活动,那么教师还是应先与幼儿进行讨论。当然,可以将这种单一的师幼互动,扩展为幼幼、师幼的辐射状互动,以调动全班幼儿的积极性。比如,教师可以这样说:"××是这样认为的,小朋友们觉得呢?"如果幼儿发起的互动是消极的或与课堂教学无关,那么教师可以转移幼儿的注意力。如果幼儿发起的互动有价值但与本次活动关联不大,那么教师可以采用延时回应策略,告诉幼儿课后再讨论。评课时,我们可根据以上这些情况对教师的课堂表现做出点评。

（四）关注师幼的个别化互动

在以往的课堂教学中，教师把更多的时间用于集体提问，然后请全班幼儿或个别幼儿来回答。《指南》背景下，我们提倡让幼儿自主学习，给幼儿更多的个别化学习、小组学习的机会。如此一来，教师与幼儿个别化互动的机会就要相应地增多。

评课时，我们要关注教师是否与幼儿之间开展了积极的个别化互动和交往，以有效地推动幼儿的个别化学习。

针对绘本故事《搬过来，搬过去》设计教学活动时，最初，某教师考虑到该绘本故事比较长，很多细节幼儿可能会漏看，于是想设计成先让幼儿集体观看PPT，然后教师抛出问题、幼儿回答的方式。但是，她又觉得这种教师问、集体答的形式太单一，而且不能了解幼儿的情况。

后来，这位教师把该绘本故事分成四个部分，每个部分都先让幼儿自主阅读。幼儿自主阅读时，不是一个人读，而是和同伴一起讨论，与教师一起讨论。教师在与幼儿个别化互动的过程中，了解到幼儿很多独特的想法以及他们的绘本阅读水平。在此基础上，再来进行集体阅读，引导幼儿把自己的想法充分表达出来。结果，活动收到了意想不到的效果。

五、论教学成果的有效性

点评完教学目标、活动准备、教学过程与师幼互动后，评课者一定要说说课堂教学的整体成效。点评整体成效时，可以从幼儿学习的情况和听课者的观感两个角度展开。

首先，可以从幼儿学的角度展开。我们要围绕目标进行评价，要看教师有没有调动幼儿学习的积极性，幼儿是不是感兴趣，幼儿有没有在学习中表现出良好的学习品质和专注力，是否为达成目标而不懈努力，有没有积极地动脑进行创造与想象。我们要评价教学过程中，幼儿能力的提高与学习方法的获得情况。比如，课堂中幼儿的观察力有没有得到提升，有没有真合作从而促使他们学会协调与妥协，等等。我们还要评价幼儿在教学中知识技能的获得情况。比如，他们是否理解了儿歌、故事，是否会念儿歌，有没有掌握动作，等等。这些方面，我们在点评时都需顾及。

其次，可以从听课者的观感加以点评。比如，可以从教师对课堂教学节奏的把握方面进行点评。有的教师每个环节的时间都把握得恰到好处，教学过程流畅自如，一堂课不知不觉就结束了，孩子上课上得不累，听课教师听得也不累。又如，可以从教师的课堂教学语言方面进行评价。比如，有的教师上课生动有趣、妙语连珠，孩子学得积极、情绪愉快等。不同的教师有不同的教学方式，只要达到教学效果就可以了。"条条大路通罗马。"我们要肯定不同教师的不同教学风格，只有风格迥异，课堂教学才会生动、有趣。

第三节　幼儿园评课方法

> 评课需要勇气。只要我们有认真的态度、专业的眼光、娴熟的技巧，那么信心和底气就会油然而生。

一、评课的形式

评课的形式是多种多样的，在幼儿园采用较多的是以下几种。

（一）点评式评课

点评式评课，是指请一位或几位相对资深的教师或专家来点评大家一起看到的课，点评者需要把自己对活动的看法、评价告诉大家。这种方式对引领教师如何看懂课、如何评价课有一定的作用，适用于看课教师比较多的情况。

有的教师可能会想："点评式评课我只管听就是了，不是我评，不关我的事。"这种想法是不可取的。即使不是自己点评，也要认真看课，自己先评好课，这样再听专家或资深教师的点评时，就很有可能会有意外的收获。首先，你能听懂专家或资深教师的点评，因为你可能事先想过同样的问题，经专家一点拨马上就能恍然大悟。其次，最好把自己听课时的一些想法与专家的评价进行对比，看看自己的点评有没有比他们高明的地方。当然，更重要的是通过对比发现自己评课的不足之处，进而思考是因为看得不全面还是因为教育理念有问题。要对自己的评课进行反思，学会反思是教师专业成长的重要标志。最后，教师应当结合专家或资深教师的点评及自己当初的想法，对这堂课进行整体评价，并且最好把评课过程写出来。这样既能找到执教教师的闪光点，又能学到专家或资深教师的点评方法，一举两得。

当然，还有一点不要忘了，将来的某一天你也可能是点评人。听专家或者资深教师的点评，了解他们从哪几个角度去评，对执教教师的课评价如何，有哪些改进意见，这些改进意见是否合理，等等，对于你自己以后的评课也会大有帮助。

（二）互动式评课

互动式评课，一般会请一个主持人（专家或资深教师）主持，听课教师参与互动。如果听课教师多，就请部分教师参与互动；如果听课教师少，就请全体教师参与互动。

所谓互动，就是参与的教师发表自己对教学活动的评价，主持人可就某位教师提出的某个问题与其进行讨论，在场的其他教师都可以发表自己的意见。待所有教师都评价和讨论完后，主持人可以进行小结或结合大家的评价对这节课进行整体评价。

在互动式评课中，评价前，教师首先需要认真看课、仔细思考，然后在互动时大胆且客观地说出自己的想法、观点。在你表达自己的观点时，主持人可能会与你讨论，你要认真倾听主持人的想法并且认真思考。无论你的观点是否能得到他人的认同，你都要有良好的心态，虚心接纳。

互动式评课中，会有不同的观点相互碰撞，有时主持人会进行一定的梳理，这是最好的；有时主持人梳理得可能会比较简单，这就需要教师仔细回顾大家的各种观点，然后结合自己的想法再对所看到的课进行评价。

（三）研讨式评课

研讨式评课是幼儿园教学活动中经常采用的方式。大多数情况下，不是在评价环节进行研讨，而是在选择内容、确定目标、使用教学方法、编排教学过程时就进行了研讨，最后对教学效果进行评价。当然，也有的研讨活动仅对教学结果进行研讨。

有关研讨式评价，无论是年轻的教师还是资深教师或者专家，都可以参与。在教师执教后，全体参与人员共同反思教学内容、教学目标、教学准备、教学过程和教学效果，细细研究每一个教学环节的得与失，同时要提出教师在执教过程中与幼儿互动时的优点与不足。

研讨是一个大家相互支持、观点不断碰撞、思路逐步清晰的过程，不是一个人说了算的过程。研讨是一个争辩的过程，教师要珍惜这个过程，因为别人的思路可能会点拨你的思路，别人的想法可能会促使你有新的想法，这就是研讨的价值。我们要认真看课，不断参与互动，不断思考，获得成长，不要只是听听结果就算了，这样起不到研讨的作用。

研讨结束后不要一走了之，如果主持人有小结要认真听，然后结合小结和刚才研讨时自己听到的，加上自己的想法，把它们写下来。如果你能坚持，会有意想不到的收获。

（四）督导式评课

督导式评课，一般是指在由上一级教育行政部门组织的教育督导过程中，评课者对幼儿园课堂教学情况进行督导、评价。

督导式评课，一般会请当地的幼教干部、教研员、园长、资深教师等具有一定权威性的人士参与。在进行督导式评课时，评课者首先要注意评价的准确性、客观性。其次，要关注督导的功能，通过一堂或几堂课来判断幼儿园教育教学的现状，由此发现幼儿教师在教学中的优点与不足。再次，评价过程要体现导向性，要针对教师的不足提出改进方向，引领教师在今后的教学过程中朝该方向努力。比如，你在听课过程中发现某幼儿园教师的教学方法比较单一，教学手段属于高度控制型的，那么你在进行督导式评课时就要引导该园教师多使用小组学习、个别化学习的方式，减少教师对幼儿的控制。最后，还要关注评价的激励功能，要对教师在课堂中的积极表现予以肯定。

作为被督导的教师，要认真听取督导人员提出的意见，但也不要一味地接受，可以结合自己的思考，在适当的时候与督导人员进行讨论交流，说明自己的想法与做法。课后，要对督导意见进行整体反思，明确要改进或努力的方向，真正让督导式评课发挥作用。

（五）诊断式评课

诊断式评课在教学过程中很常见。比如，园长为了了解本园教师的教学现状或水平去听课、评课；上公开课前，执教教师在准备过程中邀请资深教师、专家为自己指点、把脉；园长为了提升本园教师的上课水平，请一些专家集体来会诊，等等。诊断式评课主要是针对课堂教学中的问题而来，发现问题从而解决问题；其表现形式也是多种多样的，有自评、他评、集体研讨等。

诊断式评课的评价者，要有较高的观察、评价能力，能发现教师在课堂教学中的问题及其实质，抓住要点，提出自己的看法和意见，并给教师提出合理化的建议。重要的是，通过点拨能激发上课教师和其他评课教师的反思，让他们自己思考如何改进。

诊断式评课的受评者，要有充分的思想准备，虚心接纳各方意见。虽然诊断式评课不是只有批评、没有肯定，但诊断肯定是聚焦问题。针对大家提出的问题，受评者可以提出自己的意见并进行讨论。诊断式评课最好是形成共同的诊断意见，受评教师要根据诊断意见并结合自己的思考对活动进行修改，以达到更好的教学效果。

二、评课的技巧

评课是一门技术活，需要教师全情投入并使用有效的方法；评课也是一门艺术，有一定的规律可循。但评课又是见仁见智的，没有统一的标准，笔者只能在此谈一点体会。

（一）明确评课的目的

评课时，评课者要根据执教教师的课堂教学实例，与大家一起交流思想，总结教学经验，探讨教学方法，提高教师的教学能力。

每一次评课时，大的目标是相同的，但小的目标有所不同。比如，有时候是去听外园教师上课，参与一般性评课；有时候是参与教研活动，进行研讨式评课；有时候是诊断其他教师上的公开课，等等。所以每一次去评课前，一定要搞清楚为什么要评这节课。只有搞清楚评课的目的，才可以有的放矢地去评课。

（二）态度要认真诚恳

要评好一堂课，从一个课例中获得更多的思考与启示，评课者自身的态度是至关重要的。

1. 要了解听课的内容

听课前如果执教教师提供了教案，评课者一定要认真地看，可以先根据教学内容，结合听课班级幼儿的实际情况，分析、判断幼儿的原有经验。在此基础上分析上课教师确定的目标，先预判其合理性，再通过教案看看上课教师的教学方法和教学过程是否适宜。也可以假设一下，如果由你来上这节课，根据你们班孩子的情况你会怎么上。对执教教师提供的教案思考得越多、越仔细，对你的评课越有帮助。因为实际教学过程进展很快，有时可能没有时间让你多思考。有准备地听课，你会从容不迫。

2. 要有认真诚恳的态度

专心致志，才能有所收获。有些教师对待专家上的课态度认真、诚恳，对待一线教师上的课则持无所谓态度，听课过程中不断与他人说话，这是对上课教师的极大的不尊重。无论是谁上的课，只要认真听、认真思考，都会有所收获。

听课、评课过程要怀揣欣赏之心，我们不是来找碴儿的，而是要用公平、公正的心态对待教学过程中执教教师的得与失。

听课、评课是一项艰苦的工作,一定要集中精力全身心投入,不放过任何细节连贯地听,努力做好听、看、想、记四件事。

(三) 明白自己看什么

要评课先要看课,看得明白才能评得清楚,因此评课是一个边看边评的过程。至于怎么看课,本书第三章已经清楚地阐述过了。这里从评课的角度提醒教师,看课时脑子里想的还得是评课的内容。再次强调一下,评课可从五个方面着手,即教学目标的适宜性、活动准备的合理性、教学过程的科学性、师幼互动的充分性以及教学成果的有效性。

1. 关于教学目标

关于教学目标,除了课前的分析,看课时可思考以下几点,看完课后还要结合幼儿的学习兴趣和学习任务完成情况,进行分析、判断、评价。

- 对教材特点和幼儿原有经验的了解与分析是否准确。
- 教学目标定位是否适恰,能让幼儿"跳一跳够得着"。
- 教师在教学过程中是否关注不同发展水平的幼儿,给予他们不同的学习支持。

2. 关于活动准备

可以从以下几点进行点评:

- 幼儿的经验准备是否到位,有没有因经验准备不足而使幼儿的学习效果打折扣的情况。
- 物质准备对幼儿的学习是否有帮助,准备过程是否简单、有效。

3. 关于教学过程

可以从以下几点进行点评:

- 教学方法的使用是否有利于幼儿的主动学习,是否为幼儿所喜欢,是否与幼儿的发展水平相适应。
- 环节之间的递进关系是否合理,是否环环相扣、梯度得当,是否每个环节都注意到幼儿原有经验的提升,有否提供合适的教学支架。
- 教学形式是否多样,有没有给幼儿提供个别化学习和小组学习的机会。

4. 关于师幼互动

可以从以下几点进行点评:

- 教师与幼儿之间有没有良好的亲师关系,教师的态度是否被幼儿接纳并喜欢。
- 教师的提问和回应是否适宜。
- 教师在课堂中是否关注由幼儿发起的互动,并给予积极的回应。
- 教师是否都是与幼儿进行集体互动,有没有很多与幼儿的个别化互动。

5. 关于教学成果

可以从以下几点进行点评:

- 从幼儿学的角度看,幼儿学得如何,目标完成得怎样。
- 从教师教的角度看,教师对教学节奏的把握是否恰当,教学能力是否得到提升。

（四）知道自己怎么评

评课，就是要把自己看到的、听到的、想到的说出来，所以评课时说是很重要的。有的教师评课时绕来绕去，让执教教师不明白他在说什么；有的教师能说出一两个问题；还有的教师只关注细节问题。这些都是评课时应避免的。

1. 评得清楚明确

听课时边听边想，一堂课听完就会有很多问题留在脑子里。我们需要对所有的问题进行归类，这样在说的时候就不会东一榔头西一棒子。一般可以按照评课的内容顺序进行归类：

- 评教学目标。
- 评活动准备。
- 评教学过程。
- 评师幼互动。
- 评教学有效性。

评课者要把听课过程中在脑海里形成的一系列问题，快速归整到以上序列中，明确每个问题的优势和不足，再通过明确的语言表述出来。

2. 评得大家乐意接受

面对同一堂课，大家见仁见智。你的评价要想既被执教教师接受，又被其他听课教师接受，就必须有很好的表述方式和独到的见解。

（1）不要哗众取宠。有些教师为了显示个性，引起大家的注意，把问题说得很绝对或表述方式很极端。

（2）不要战战兢兢，观点不明。有些教师生怕自己说错，不敢大胆表达自己的观点，这样反而让别人听不明白。

（3）不要只说缺点。 有些教师在评价别人上的课时，总是带着批判的眼光，不断指出缺点，让执教教师难以接受。

以上几种方法都不可取。评课讲究效果，你的观点被别人接受、认可，进而帮助了别人，这是非常重要的。要想被别人接纳，首先你要敏锐地发现核心的问题，然后在表述问题时有理有据，不是一味地批评，而是要顺着执教者的思路理解他的想法，指出问题所在并为其指明方向。

大班科学活动：吹泡泡器

设计意图

吹泡泡一直是孩子们喜欢玩的游戏。平时幼儿吹泡泡所用的工具很单一，本次活动将把几根简单的游戏棒组合成一个吹泡泡工具，以激发幼儿动手动脑的兴趣。活动由制作平面工具，逐步提升到制作立体工具，从而帮助幼儿体会制作的乐趣。

活动目标

（1）通过探索发现，只要是密闭的镂空的形状就能吹出泡泡。

（2）尝试用游戏棒在组合平面工具的基础上搭建多面体的泡泡器，体验动手动脑完成科学小制作并利用小制作玩耍的快乐。

活动环节

1. 回忆经验，提炼幼儿对密闭的形状的认识
2. 探索将材料组合成一个面，制作吹泡泡工具
3. 探索将单面体制作成多面体组合吹泡泡

活动点评

一位教师点评道："这堂课上得不好，内容太难了！把这么多任务给孩子，都是老师告诉孩子应该怎么做，孩子很被动。"

另一位教师点评道："这位教师制订这样的目标，对孩子来说其实有

三个要求：一是要知道只有密闭的镂空的形状才能吹出泡泡；二是要将材料（游戏棒）组合成一个多孔的面，探索多个孔吹出的泡泡与单个孔吹出的泡泡有何不同；三是再用材料（游戏棒）组合成一个体（正方体或长方体），看看吹出的泡泡有何不同。请大家想想，大班孩子在一节课内完成这三个任务是难还是易？会导致怎样的结果？如果我们的要求不那么高，会有什么结果呢？慢慢来，让孩子多玩玩。必要时提示一下，说不定孩子就可以自己发现第二点，接着又可以发现第三点。这样孩子不是学得更主动了吗？"

3. 因人而异地评

评课时要因人而异。很多教师可能不理解，评价标准是一致的，为什么要因人而异地评呢？

首先，我们要弄清楚评课是为了什么。评课不是为了显示自己的水平有多高，看出了一节课存在多少问题，而是为了提高自己的反思能力，也是为了帮助执教教师提高教学能力。因此，要让他人接受，我们就不得不考虑对方的接受水平，正如我们上课时要分析幼儿的原有水平一样。

如果你面对的是接受度比较高，理解能力比较强，且有一定经验的教师，那么你评课时可以把你看到的优点与不足，有条有理地说给他们听，必要时可以与他们进行讨论，听听执教教师和听课教师的意见，让大家听明白你的意思并接纳你的观点。在提出改进意见时，不要过于主观，不要觉得自己说的都是对的，可以与大家一起讨论并尊重大家的意见。重要的是，通过你的点拨，能引起上课教师和其他评课教师的反思，让他们自己思考如何改进。

如果你面对的是接受度比较低，经验比较缺乏的新教师，而你要点评的那节课存在的问题又比较多，那么你就要注意不要把自己看到的问题一股脑儿都说出来,让听课、上课的教师丈二和尚摸不着头脑,这样就发挥不了评课的作用。评课时,要针对执教教师和听课教师的接受度,抓主要问题说,把最需要解决的问题说清楚。针对这样的教师,你提的建议要相对具体,可实施。你也可给出几条建议让执教教师根据具体情况再试试。评的时候语速适当放慢,允许教师提问,你要告知其理由,并尽可能让对方理解。只有这样才可能让他接受,对他才有真正的帮助。

第四节 幼儿园评课案例

案例 1

小班音乐活动:两只小鸟

活动目标

在听听玩玩唱唱中,感受歌曲的有趣和游戏的快乐,并初步学唱歌曲。

活动准备

小鸟手偶,椅子;PPT课件,歌曲《两只小鸟》;地上有红点标志。

活动过程

(一)引入和了解:我的小鸟飞来了

1. 看看听听

师:听听谁来了?(聆听鸟叫声)

师:来了几只小鸟?是什么颜色的?(引导幼儿观看多媒体课件)

2. 讲讲做做

师:这两只小鸟在玩什么游戏?

师:什么游戏是要躲起来的?(引导幼儿说出"捉迷藏")

师:小鸟在玩"捉迷藏"的游戏。(教师一边歌唱,一边用手偶做游戏)

（二）感受和游戏：我和小鸟捉迷藏

1. 亲身感受

师：你的小手也来玩玩吧。（师幼一同边歌唱，边用手做动作）

师：我们来玩"小鸟捉迷藏"的游戏吧！（引导幼儿回忆游戏内容）

2. 扮演游戏

师：现在，把你的小椅子变成一棵小树吧。（引导幼儿将小椅子放在红点上）

师：想想你要做哪只小鸟呢？想好了快点飞到小树上去。（幼儿躲到椅子处）

师：玩"捉迷藏"的时候，怎样才能不让人家发现呢？（教师带领幼儿边唱边游戏）

（三）感受和提升：我带小鸟去玩耍

师：我也给你们准备了小手偶。（教师分发手偶）

师：我们一起把这首歌唱给小鸟听吧！（师幼边做手偶游戏边唱歌）

活动点评

《两只小鸟》是一首欢快的歌曲，内容是两只小鸟丁丁和东东愉快地玩"捉迷藏"的游戏。活动中，教师先出示手偶边做游戏边歌唱，然后带领幼儿边做手部动作边学唱，最后让幼儿自己扮演丁丁和东东边用手偶做游戏边歌唱。

教师制订的目标是让幼儿在听听玩玩唱唱中感受歌曲的有趣和游戏的快乐，并逐步学唱歌曲。整个活动下来，虽然幼儿基本达成了目标，但是这个目标制订得比较宽泛，针对性不强。

此次教学活动分为以下三个环节：

第一个环节：教师通过多媒体课件引出两只小鸟，并且边唱歌曲边用手偶做游戏。此环节的设置似乎没有问题，但是活动中教师因为急于进入下一个环节,与幼儿的互动并不充分。其实,学唱之前的感受是非常重要的。当看到幼儿对小鸟很感兴趣时,教师如果可以让他们多讨论一会儿;当引出歌曲后,教师如果能让幼儿多唱几遍,活动效果会更好。

第二个环节:教师想让幼儿边感受边游戏,于是设置了两个小环节,一是让幼儿边学唱歌曲边做手部动作,二是让幼儿自己扮演小鸟做游戏。这两个小环节深受孩子喜爱,且梯度设计合理。本环节是这堂课的重点环节,但授课教师存在"急"和"紧"两个方面的问题。急,表现在孩子学唱环节还没唱够,教师就按照自己之前的预设进入下一个环节,没能根据孩子的实际情况进行有效调节。紧,表现在孩子扮演小鸟做游戏环节,教师为了课堂效果,严格把控孩子的角色分配等。其实,这个环节完全可以让幼儿自主进行。因为他们已经学会了歌曲,也具备了角色扮演的经验,可以自行决定把树放在哪里、自己扮演什么角色及自己躲在哪里等。

第三个环节:教师给每个幼儿分发了两个手偶做游戏,起到了提升幼儿感受和经验的作用,效果不错。

本节课有待改进之处,是教师要处理好快和慢、松和紧的问题。教师上课时不能只想着环节,更要注意幼儿现场的反馈,然后调整方法和速度,确定幼儿学得扎实、有效。另外,在教学过程中幼儿可以自主进行的环节应尽量让他们自主活动。

案例 2

中班语言活动:花蛇弯弯

活动目标

(1)理解花蛇曲里拐弯、易变的特点,并乐意用语言大胆地表达自己的想法。

(2) 对蛇的身体易变的特点产生兴趣，乐意去模仿与探索。

(3) 喜欢文学作品，体验参与活动的乐趣。

活动准备

(1) 经验准备：班里已经开展了"弯弯绕绕"的主题活动，幼儿已初步认识蛇。

(2) 物质准备：PPT课件，纸，笔，毛根，故事卡片。

活动过程

(一) 初步感受"曲里拐弯"

1. 教师用笔在纸上画出"曲里拐弯"的蛇的身体，请幼儿猜测

师：你们猜猜，老师想画什么动物呢？

2. 师幼互动

师：花蛇的身体是什么样的？

3. 师幼一起说一说，做一做

师：这是一条曲里拐弯的蛇。

4. 提问，引出下一环节内容

师：花蛇今天去了幼儿园，它会跟小朋友怎么玩呢？

(二) 阅读理解"曲里拐弯"

1. 阅读卡片，了解故事内容

幼儿自主阅读卡片上的三幅图——滑滑梯、数数、踢球，感受花蛇与小朋友嬉戏的有趣场景。

2. 提问

师：一条曲里拐弯的蛇，在幼儿园变变变！你最喜欢它变成什么？

3. 根据幼儿的讲述逐一出示PPT图片

(1) 出示滑滑梯图片，提问：一条曲里拐弯的蛇，变成高高的滑梯，小朋友怎么上去呢？

小结：花蛇滑梯真好玩。

（2）出示数数的图片，提问：花蛇变得难一点了，它变成了什么？它在与小朋友玩什么游戏？

教具演示：教师出示小花蛇教具，对幼儿说："小花蛇说，如果你们说一声'曲里拐弯变'的咒语，它就会变成一个数字给你们看。你们会说吗？"幼儿说"曲里拐弯变"，教师将小花蛇教具变成"7""0"或者"8"。

幼儿操作：幼儿操作毛根变一变，并就自己变出来的东西进行分享与交流。

小结：原来小蛇曲里拐弯的身体可以变出这么多好玩的东西！

（3）出示踢足球的图片，提问：现在花蛇变得更难了，它在哪里，变成了什么？花蛇这一次变成蓝队的球门，你们知道踢足球怎样才算赢吗？眼看黄队的球就要飞入球门了，小花蛇好着急啊，它可不想让黄队的球进入它的球门。你觉得花蛇会怎么做。（引导幼儿观察图片，理解方位）

小结：花蛇把身体一弯，"砰"的一声，球被挡在了门外。哈哈……花蛇球门，真厉害！

师幼讨论：花蛇的身体曲里拐弯的，它会有一个怎样的名字呢？（教师出示故事题目"花蛇弯弯"）为什么叫它弯弯？

（三）完整讲述故事前半段，梳理花蛇与小朋友一起嬉戏的情节

讲完故事后，还可以跟幼儿讨论他们为什么喜欢花蛇弯弯，关于花蛇弯弯他们有什么问题等。

附：故事

花 蛇 弯 弯

有一条大花蛇，名字叫弯弯。每天早上，它都会游到幼儿园，和小朋友一起玩。

花蛇弯弯一到幼儿园，小朋友们见到就会高兴地喊起来："一条曲里拐弯的蛇！一条曲里拐弯的蛇！"

花蛇弯弯游到草地上，拱起身子，让小朋友在它身上滑滑梯。弯来绕去的花蛇滑梯真好玩！

花蛇和小朋友一起数数，小朋友数到"3"，它就弯成"3"的样子；小朋友数到"6"，它就弯成"6"的样子。花蛇就是一个会变的数字，真好玩！

小朋友请花蛇一起踢足球，花蛇弯成一个球门。足球飞过来，花蛇的身子一弯，挡住了足球。"砰"的一声，足球被弹出去了。"哈哈……"花蛇当球门，真有趣！

小朋友们太喜欢花蛇了，都对它说："花蛇弯弯，我爱你！"花蛇曲里拐弯地绕成一颗"心"的图案，好像在说："我也爱你们！"

小朋友们要回家了，花蛇请小朋友们骑在自己身上，曲里拐弯地往前游。小朋友们开心地喊起来："曲里拐弯车来喽！我们回家喽！"

【改编自《幼儿园建构式课程（中班下册）》（中国学前教育研究会编，华东师范大学出版社 2011 年版）的故事《花蛇弯弯》】

活动点评

文学作品可以把一条现实生活中可怕的蛇，变成一条"曲里拐弯"的可爱的蛇。选择这一作品符合中班幼儿的年龄特点，易于他们接受。

教师把活动目标重点放在"感受、理解蛇的造型易变，身体曲里拐弯"，让幼儿在此基础上表达、模仿。因为是语言活动，所以活动目标不应是重点感受蛇的这一特点，而是应利用这一幼儿感兴趣的特点让他们尽可能多地表达、表现。鉴于此，环节的侧重点也要相应调整。

教学过程中的第一个环节，教师引出幼儿的原有经验，让他们用身体表现花蛇的特点，初步感受花蛇的"曲里拐弯"。环节设计得很好，但还需更充分一些，要让每个环节都为达成目标服务，而不是走一下过场。

第二个环节，是本次教学活动的重点环节。教师先让幼儿自己拿着卡片静静阅读，让他们了解花蛇变成了滑梯、数字、球门等造型。此时，教师如果能在幼儿自主阅读的基础上鼓励他们相互之间进行交流，并积极与他们互动，不但可以了解他们的语言水平和想法，还能培养他们大胆说的能力。之后，教师用PPT放大三张图片与幼儿一起阅读，通过提问帮助幼儿理清了思路。其实，此时教师应留一些空间让幼儿发起互动，让他们提出自己的疑问，这样更能激起幼儿表达的欲望。当然，幼儿说完后，教师还是应该有一定的梳理。本环节的最后，教师让幼儿为故事取名，归纳、梳理他们自己对故事的理解，很有必要。

第三个环节，教师配乐讲故事和延伸讨论设计得很好。因为故事不是很长，所以配乐讲故事时可以让幼儿多听两次，并且让他们跟着教师一起讲故事。活动结束后，教师还可以把故事书放在区角让幼儿反复阅读、讲述。

大班数学活动：我长高了

活动目标

（1）学习测量身高，体验自己长高、长大了，自己的事情自己做。

（2）对测量活动感兴趣，能与同伴合作完成。

活动准备

贴有量尺的KT板、粘贴纸、记录纸、笔、纸箱、直尺、卷尺、三角尺。

活动过程

（一）交流经验，引起测量身高的兴趣

师：你们是幼儿园最大的哥哥和姐姐，也即将成为小学生。怎样证明你们自己长大了呢？

（二）学习测量身高

1. 思考测量工具和方法

师：怎样测量自己的身高呢？谁来帮你测量呢？用什么工具测量？

2. 认识测量的工具

(1) 认识测量身高的尺。

(2) 认读量尺上的数字：尺上的数字怎么读，表示什么意思？（介绍量尺的单位——厘米）

(3) 提问：尺上一格一格没有数字的地方怎么读？

3. 与同伴合作测量

(1) 两个人商量：谁是被测量的人？谁是测量的人？

(2) 提问：测量的时候，被测量的人站在哪里？测量的人站在哪里？

(3) 将测量的结果记录在纸上。

（三）测量自己的身高

1. 幼儿两人一组互相合作测量彼此的身高，并将测量的结果填写在记录纸上

2. 介绍自己测量的身高

讨论：每个人都长高了吗？怎样知道自己的身体长高了？

3. 比较去年 9 月份自己的身高与现在的身高

(1) 提问：你原来的身高是多少，现在的身高是多少，自己长高了吗？

(2) 讨论共同发现的问题。比如，有人测量的数字变小了，是数字写错了还是测量出错了，该怎样正确认读，等等。

4. 演示测量身高的正确方法

请两名幼儿演示正确测量身高的方法，并用粘贴纸表示长高的部分。

5. 测量核对

鼓励幼儿运用正确的方法再次测量，并与第一次测量做比较，发现

问题并加以纠正。

（四）和班里的孩子比比身高

幼儿穿过纸箱，感受彼此间身高的差距。

活动点评

教师之所以设计本次教学活动，是因为她想在大班毕业前夕，通过让幼儿学习测量自己现在的身高，并与去年9月份保健室的身高资料做比较，从而感受到自己长高、长大了。设计意图很不错，可以让幼儿很直观地感受到自己的变化。

从课堂效果来看，尽管活动中幼儿一个个测量得都很认真、开心、自主，但都没能完成老师布置的任务。他们不能准确地测量自己的身高，不知道该怎样读刻度，现场很混乱。

问题出在哪里呢？问题就出在目标定位上。教师在制订目标前一定要先分析教材的特点和儿童原有的经验，再来确定适宜的目标。

本堂课的主要目标是让幼儿学习测量身高，那我们先来分析一下幼儿在学习时面临的几个关键难点。

（1）测量方法，包括：把长纸条贴在墙上，让纸条的下端紧挨地面且与地面齐平；脱掉鞋子，身体站直，后背紧贴墙壁上的纸条；在头上用三角尺压一压，然后在三角尺和墙上的交叉点处做个记号。

（2）学会读尺上的刻度，知道米、厘米、毫米怎样读。

（3）合作测量时知道一高一矮怎么测量，会记录。

（4）会比较自己现在的身高与去年的身高。

分析完幼儿面临的学习难点后，教师就要根据幼儿的原有经验来判断这堂课他们可以做什么，要让大部分幼儿"跳一跳"能够完成学习任务。本活动中，教师把目标定位为学习测量身高，囊括的内容太多，这对于测量经验不足的大班幼儿来说，用一节活动来完成有点难度。就这样,因为教师对教学内容和幼儿的原有经验认识不够,导致幼儿在活动中出现了各种问题。

不过,活动过程中,教师有两点做得不错。其一,让幼儿采用自主和小组合作的方式进行测量,并且提供了直尺、卷尺、三角尺等各种不同的测量工具,以确保幼儿能完成测量任务。其二,教师的提问比较开放,允许幼儿有各种各样的答案,并能从中找出恰当的答案,与幼儿再次互动,进行追问与质疑。活动中教师与幼儿的个别化互动很多,虽然因幼儿问题太多,教师被他们拉来拉去,但她始终能保持和蔼的态度。

如果要让幼儿真正有所收获,教师一定要降低要求,根据自己班级幼儿的原有经验来确定本节课的学习内容。后续活动中,教师可以把本次教学内容分成两节课来完成。比如,第一节课,让幼儿两两合作学习准确测量身高的方法(不包括看尺上的刻度);第二节课,让幼儿看刻度测量身高,并且比较自己现在的身高与去年9月份的身高。

案例4

大班音乐活动:两只奇怪的老虎

活动目标

(1)尝试运用变换音色、仿编歌词、仿编动作等方式趣味化地演唱歌曲,享受表现与创造的乐趣。

(2)感受并欣赏同伴创意演唱中的幽默与诙谐,乐意给予赞美和建议。

(3)懂得接纳和欣赏"与众不同",能够获得积极的心理体验。

活动准备

音乐,黑板,老虎图片,视频。

活动过程

（一）回顾歌曲，用有趣的声音来演唱

1. 聆听歌曲前奏，引出歌曲《两只老虎》，师幼完整演唱

2. 引入情境，变化嗓音唱，如气喘吁吁地唱、神神秘秘地唱等

（二）仿编歌词，把老虎奇怪的样子唱出来

1. 提问，引起幼儿仿编的兴趣

师：老虎除了没有耳朵和尾巴，还有哪些奇怪的样子？小朋友一起来编一编。

2. 把幼儿仿编的内容唱出来

教师出示老虎图片，根据幼儿的讨论，在老虎图片的某个部位做记号，依次演唱。

3. 歌唱接龙，比比哪一组的老虎更奇怪（它没有××，它有××）

（三）创编动作，把老虎奇怪的动作做出来

1. 教师介绍两只奇怪的老虎（不停打嗝，不停地笑），引导幼儿用动作把两只奇怪的老虎表现出来

2. 教师提供四只老虎的形象，让幼儿分组创编动作，用夸张的动作来表现

3. 玩游戏"你做我猜"

一组幼儿做老虎奇怪的动作，其他组幼儿来猜测，并对同伴的创意表达进行赞美或提出建议。

（四）话题延伸

1. 观看视频，介绍"与众不同"的小狗

2. 师幼分享感受

活动点评

本次活动是借班上课，教师选了一首幼儿耳熟能详的儿歌《两只老

虎》，让他们学习用奇特的方式演绎它，进而感受音乐表达的多样性，设计意图非常不错。

本次教学过程，分为以下四个环节：

第一个环节，先回顾歌曲，让幼儿变化嗓音、变换情境演唱。除了适当的示范，教师还引导幼儿自主变换情境唱，给了幼儿自主表现的机会。因此，幼儿表现出很大的兴趣。

第二个环节，让幼儿仿编歌词，把老虎的怪样子唱出来。为了让幼儿表达时更直观、形象，教师提供了一个支架——一张老虎的图片，要表现怎样的老虎就在上面做个记号。最后，还通过歌曲接龙的方式让幼儿表达自己的创意。此环节幼儿活动的积极性很高，活动进行得也非常顺利。

第三个环节，教师要求幼儿分成四组用动作表现两只奇怪的老虎，结果幼儿打打闹闹，不能按照老师的要求完成任务。怎么回事呢？这个环节对幼儿来说有两个难点，一是用动作表现，二是要合作完成。因为该班幼儿没有合作经验，所以他们不会分工，不会轮流，更不肯服从。执教教师事先对幼儿的原有经验了解得不够，导致活动目标定位有点高，幼儿活动出现混乱。

第四个环节，教师想让幼儿从两只老虎过渡到两只小狗，感受"与众不同"，有点牵强。而且这样一来，活动目标太多，因此建议删除。

活动中出现的这些问题提醒教师，无论是在本班上课还是借班上课，课前一定要了解幼儿的原有经验，这是上好一节课的前提。然后，根据幼儿的原有经验调整教学目标，不要突然升高环节间的梯度。此外，还要注意培养幼儿的合作学习能力，这不是一蹴而就的，而是在一次次合作任务中慢慢形成的。

案例5

大班社会活动：11只猫做苦工

活动目标

（1）能大胆地用语言表达自己的想法，明白"禁止"的事情不能做。

（2）通过了解生活中常见的规则标志，进一步增强遵守社会性规则的意识。

活动准备

PPT，凳子，牛皮筋，标志牌，警报声。

活动过程

（一）11只猫去旅行

1. 播放PPT，提问

师：看，他们是谁？11只小猫排着整齐的队伍去旅行，看一看他们的心情是怎样的。

师：这次旅行他们会经过三个地方，即花园、吊桥、草坪。这三个地方各有一块牌子，让我们一起看一看。

2. 认识"禁止采摘""危险，禁止通过此桥""禁止进入口袋"三块标志牌

（二）辩论会：小猫会怎么做

1. 辩论一：花园

（1）提问：小猫们经过花园看到这么多美丽的花，会不会采摘呢？

（2）幼儿自主分成两队，说明各自的观点及理由。

（3）验证小猫的做法。

2. 辩论二：危桥

（1）提问：小猫们经过吊桥会怎么做呢？

(2) 幼儿自主分成两队，说明各自的观点及理由。

(3) 验证小猫的做法。

3. 辩论三：大口袋

(1) 提问：小猫们在树上看到草坪上有个大口袋会怎么做呢？

(2) 幼儿自主分成两队，说明各自的观点及理由。

(3) 教师继续讲述故事。

4. 讨论

师：11只小猫为什么会被抓去做苦工？

5. 小结

师：因为小猫不遵守规则，禁止的事情也去做，所以就被怪物抓走了。

(三) 玩游戏"营救小猫"

游戏玩法：几个小朋友扮演小猫躲在教室的一角，其他小朋友要爬过"铁丝网"去救他们。"铁丝网"很低，要爬过去很困难，但为了救小猫，小朋友必须遵守规则，努力爬过去。

(四) 生活中的标志

1. 了解幼儿园里的标志

师：其实在幼儿园里也有很多指示牌，我们一起来看一看。

2. 了解生活中的标志

师：生活中也有很多标志牌，让我们一起来看一看。

3. 寻找更多的标志

师：平时我们要注意看标志牌，一定要遵守规则，做个文明的宝宝。现在，让我们一起到外面去找找标志牌吧！

活动点评

执教教师以绘本《11只猫做苦工》的上半部分内容为载体，设计了本次社会领域的活动内容。

本次活动目标有两个，一是让幼儿通过阅读绘本明白遵守规则的重要性，二是将这样的规则延伸到生活中，使幼儿萌发遵守规则的意识。让幼儿的社会性学习生活化。执教教师的出发点是好的，但看完整节课我们就会发现，因为执教教师力图使这两方面内容达到均衡，所以两个目标的完成度都打了一些折扣。

本次教学活动包括四个环节，前两个环节通过11只小猫去旅行的情节，让幼儿认识标志牌，讨论小猫会怎样做。在绘本的处理方面，教师没有把着力点放在幼儿阅读能力的培养上，而是注重让幼儿理解规则。而且为了突出遵守规则的重要性，教师把规则标志前置，然后让幼儿就小猫会怎么做、为什么会被抓去做苦工等进行辩论。孩子们讨论得非常热烈，积极表达自己的观点，整体学习效果非常不错。但是在与幼儿互动方面，教师还存在不足。比如，在幼儿回答完问题后，教师用表扬、肯定或重复幼儿的回答来回应，没能深入与幼儿讨论，挖掘幼儿答案背后的想法。又如，针对标志牌提问后，对于幼儿发散的回答，教师没有跟进提示幼儿注意事物间的因果联系。此外，因为要给后面的环节留时间，此环节讨论得也不够充分。

第三、四个环节，教师根据社会性教学应重体验的思路，先设计了一个游戏体验环节，再让孩子与生活经验相链接。其中，第三个环节的游戏虽然让孩子们玩得很高兴，但是感觉教师对幼儿的社会性学习重生活、重体验的理解还不够，还是有点教体验的痕迹。

最后，提醒一下教师，幼儿的社会性学习重实践、重体验，强调的是在真实情境中的真实践、真体验。所以在课堂上通过故事让幼儿知道遵守规则的重要性后，教师一定要在日常生活中督促孩子遵守规则并体验遵守规则的重要性。幼儿社会性行为的习得是一个润物细无声的过程，不是一两节课就能教得会的，因此教师一定要把课堂教学与日常生活相衔接。

实战练习

抓住每一次听课的机会，认真听课，积极参与评价。如果现场没有参与评价的机会，则建议你把自己的想法写下来，要注意先按照书上的建议理清思路，再逐步分析，逐步评价。